国家社科基金项目"语言社会化模式与城市新生代方言传承的关系研究"
(项目编号:18BYY071)阶段性成果

语言社会化与城市新生代语言传承

王玲 著

南京大学出版社

目　录

第一章 绪 论

语言社会化(language socialization)理论发展于 20 世纪 80 年代,指个人通过语言使用实现社会化和社会化中如何使用语言的过程(Schieffelin & Ochs 1986,2003)。该理论强调特定社区文化环境制约个体所接触的语言类别,同时对个体如何使用语言产生影响。基于语言社会化理论的研究,其目的是深入分析语言与社会文化相互影响、相互依存的关系,重点探讨社会文化环境对个体语言使用、语言能力发展的影响。本章将梳理语言社会化研究的主要成果与发现,并在此基础上分析将语言社会化理论与方言传承研究相结合的理论依据以及研究的理论基础。

第一节 研究缘起及研究意义

一、研究缘起

当前我国城市语言生活中多言多语特征日趋明显,这给语言学界带来了新挑战。比如,方言传承问题、普通话与方言的关系问题等。方言不仅是某一地区的交际工具,也是地域身份认同的工具,同时还是联结地域文化与地域情怀的重要桥梁。十八大以来,党和政府高度重视中华传统文化的传承发展。习近平主席在中共中央政治局第十二次集体学习时的讲话中指出,在 5000 多年文明发展进程中,中华民族创造了博大精深的灿烂文化,要使中华民族最基本的文化基因与当代文化相适应、与现代社会相协调,以人们喜闻乐见、具有广泛参与性的方式推广开来,把跨越时空、超越国度、富有永恒魅力、具有当代价值的文化精神弘扬起来,把继承传统优秀文化又弘扬时代精神、立足本国又面向世界的当代中国文化创新成果传播出去。① 2021 年 5 月 9 日,习近平在给《文史哲》编辑部全体编辑人员回信中指出,增强做中国人的骨气和底气,让世界更好认识中国、了解中国,需要深入理解中华文明,从历史和现实、理论和实践相结合的角度深入阐释如何更好坚持中国道路、弘扬中国精神、凝聚中国力量。②

语言社会化理论旨在将个体语言习得、使用与语言态度、认同等主观行为相联系,同时也将社会文化语境等影响因素包括其中。这一理论汲取了人类学、社会学、心理学、社会语言学等不同学科领域的知识与理论,从兴起之时,就带有明显的交叉学科的性质。将这一理论运用到方言传承研究中是在继承传统的基础上进行创新,试图从新理论与调查相结合过程中寻找影响方言传承的新因素或者促进方言习得的新动力。

西方继承语研究的学者们,非常强调家庭在继承语传承中的重要作用。"父母在很多方面是继承语的看门人,父母是否使用这些语言与子女交流,父母对维持这些语言的态度,是否为子女提供接触或正式学习它的机会,父母是否在家里提供关于这些语言的阅读材料……所有这些都可能对子女是否以及在多大程度上习得这种语言产生影响"(Silvia 2015:27)。多语社会中通常会存在一种主导的强势语言,这迫使很多少数民族裔语言(非强势语言)只能依靠家庭的力量才能得以维持与传承。在城市化发展初期,我国方言传承面临的挑战较少。随着我国城市化率的提高、社会流动的加速、普通话强势地位的确立,这些变化给我国城市方言的传承带来挑战。当前时代

----

① 《习近平:建设社会主义文化强国 着力提高国家文化软实力》,2014 年 1 月 1 日,来源:http://politics.people.com.cn/n/2014/0101/c1001 - 23994334.html,2022 年 12 月 20 日。

② 《习近平给〈文史哲〉编辑部全体编辑人员回信》,2021 年 5 月 11 日,来源:https://baijiahao.baidu.com/s?id=1699430480791358115&wfr=spider&for=pc,2022 年 12 月 20 日。

背景下,城市家庭用语出现多元分化趋势,方言不再是家庭成员交际的唯一选择;家庭内部出现多人一语、多人多语、一人多语以及一人一语等多种类别(王玲 2021)。家庭用语的分化使得家庭不再是方言传承最稳妥的阵地。一些研究显示,由于家庭力量的削弱,当代年轻一代方言能力发展不容乐观,方言传承面临较大危机;还有学者指出方言的传承可能会断层,因为很多青少年在语言关键期之前不讲方言,如果在这个年龄段不讲方言,意味着这种方言会被放弃。家庭确实是方言传承的重要影响因素,但在踏入社会之后,其他因素也会影响个体语言的习得与使用。

二、研究意义

语言社会化视角的方言传承研究有其不可忽视的重要意义。首先,通过对个体语言意识形成机制的研究,揭示方言能力发展与语言社会化过程的关系;并从理论上阐释新生代方言能力发展过程中面临的挑战和具有关键作用的社会文化因素。其次,运用定性与定量相结合的方法,从一个城市到多个城市的横向比较,使得语言社会化理论更加具有代表性和解释力度。以往语言社会化研究多以定性为主,且主要集中在一个城市的个案研究。另外,这类研究可以为宏观语言规划研究或相关决策部门提供有意义的实证支持。本研究对语言态度、语言意识的关注以及语言社会化过程的描述,是从宏观语言规划层面到微观的实践中的语言规划的重要尝试,也可以为方言的长久传承与发展提供新数据和新结论。在此大背景下,本研究以城市新生代(90、00 年代青年人)为调查对象,聚焦语言意识、语言社会化过程与城市新生代方言传承之间的关系,并考察影响城市新生代方言能力发展的社会因素。

第二节 相关研究概述

一、语言社会化的已有研究

早期研究集中在母语或第一语言习得领域。研究者将本领域和社会化研究领域的已有框架进行融会贯通,借此观察母语或第一语言习得过程中儿童与他人之间的言语互动过程,分析言语互动过程中儿童的社会化过程,并根据这些案例验证社会化理论与母语或第一语言习得研究相结合的程度,最终目标是讨论儿童母语习得过程与社会文化的相关性(Schieffelin & Ochs 1986)。

学者们发展出儿童母语习得的目标—手段的语法发展模型,该模型主要发现儿童母语习得环境形成过程中语言目标与语言学习手段之间的关系(Ochs & Schieffelin 1984;Garret & Donald 2012)。有些研究讨论了学校、社会等环境中的其他社会因素(比如大众传媒、社会民众的态度等)对社会化过程和母语习得的影响,并发现儿童的母语习得是由社会、民众以及家庭等多种力量共同构建而成(Paugh 2005;Bayley 2012)。除了关注儿童母语或第一语言习得的情况,语言社会化理论后来也被用来考察青春期少年群体以及成年人群体的母语或第一语言习得情况。概括来说,在母语或第一语言研究领域,结合语言社会化理论展开的研究,从研究内容来看主要可以概括为两类:一类是儿童认知能力在语言习得和语言社会化过程中的作用;另一类是家庭环境因素与儿童语言社会化的关系以及对儿童语言发展的影响。重要启示是,语言与文化的习得以及认知水平的发展均取决于特定的社会文化环境,并深受后者的影响(Watson-Gegeo & Nielsen 2003;Paugh 2005;Park et al. 2012)。基于上述思考,一些学者指出,语言社会化理论不仅适用于儿童母语习得研究,而且也能解释成人第二语言习得现象。

各种社会文化因素也会直接影响二语学习者所学语言的具体形式以及语言的表征方式。第二语言习得过程与儿童习得母语或第一语言的过程及规律存在较多相似之处;而且在第二语言习得过程中,个体语言习得与其社会化过程的发展是密不可分且相互影响的过程。语言社会化理论可以为第二语言习得提供新的研究视角或者更具说服力的解释。Firth 和 Wagner(2007)对学习者个体二语社会化过程的研究发现,第二语言学习的过程中,如果学习者能够增强自身语言使用的互动范围,有助于更有效地了解语言背后的社会文化特征;而对社会文化了解的深入反过来会促进第二语言的学习。语言习得是一种社会现象,社会化的过程为语言学习、主观认知与社会行为之间搭建了彼此沟通、融合的桥梁(Thornton & Wexler 1999)。随后,语言社会化理论从母语或第一语言习得研究延伸到第二语言习得领域,关注第二语言学习者语言社会化过程及对语言学习影响的研究逐渐增多。很多学者开始对第二语言或第三语言课堂中学习者个体的二语或三语社会化过程与影响进行追踪调查(Ruth & Kanagy 1999;Premsrirat & Uniansasmita 2012;Saito 2014)。多数研究详细地阐释了将语言社会化理论引入第二语言习得研究中的必要性与重要性,同时也深入地介绍了两者结合研究的理论基础与研究方法(Watson-Gegeo & Nielsen 2003;Watson-Gegeo 2004)。总体来看,二语习得领域结合语言社会化理论开展的研究仍较少,许多基础性研究仍需要强化;另外,二语社会化过程中涉及的各种关系和影响因素也有待明确。上述种种,是学者们未来需要解决的难题与挑战。

近年来,学者们开始运用此理论分析双语(或多语)环境下家庭继承语传承问题。关于家庭继承语概念,至今学界存在争议,但关于继承语的主要特征,多数学者达成共识。继承语是多语社会中的弱势语言,它通常由社会中某一特定群体掌握使用,传承主要依靠家庭环境,学习与传承该语言的主要目的是为了维持与某一特定族群或族群文化的联系,学习者一般有较为强烈的文化认同感。家庭继承语的传承与母语(或第一语言)、第二语言的习得过程确实存在差异,但三者之间也存在很多相似的特征与规律。相比之下,家庭继承语的传承影响因素更为复杂。除了个体者自身的因素之外,家庭语言环境、社区语言文化环境以及整个社会的政治经济文化环境等因素均会影响家庭继承语的习得与传承。语言社会化理论强调语言、个体主观能动性与文化三者之间的互动和联系,这种主张给家庭继承语的研究带来新的启发与思考,许多学者开始将语言社会化理论与家庭继承语研究相结合。最初,学者们主要是将继承语学习者与第二语言学习者的习得过程进行比较,并以此为基础讨论社会文化环境、言语交际互动等对语言习得的影响。Godson(2004)以美国西亚美尼亚社区为调查单位,考察了影响这一社区继承语传承的社会因素。研究结果证明社区强势语言、社区主流的社会文化语境对继承语习得有非常重要的影响;一些研究还发现,与非继承语学习者相比,继承语学习者在学习继承语的过程中,在口语表达、听力、语法能力等方面的表现均强于非继承语学习者;在继承语习得过程中,移民的年龄差异、接触继承语的时间、学习者的语言水平等因素均会对社会化过程、继承语习得和维持产生影响(Byon 2003;Chinen & Tucker 2005)。此外,家庭成员对继承语的使用情况会受到学习者继承语水平的影响。如果学习者继承语水平偏低,父母及其他家庭成员会有意降低使用继承语的频率;另外,父母及家庭成员对学习者继承语水平的消极反应也会影响学习者学习的热情与动力(Xiao 2008;Wong & Xiao 2010)。此后,有些研究开始从学习者社会身份形成和转化、学习者的情感认同和社会认知等角度开展研究。Lynch(2003)认为继承语社会化的影响因素包含社会阶层、性别、社会网络、语言态度和认同、语言学习能力和教学策略等;Wong & Xiao(2010)认为社交角色是社会化过程中的重要角度,可以解释继承语学习者在言语社区中如何完成身份的转化和扩展;Oh 和 Fuligui(2010)的研究发现,继承语水平较低的儿童和成人对继承语背后的文化以及社群认同度较低;Geerlings 和 Jolien(2015)的研究发现,继承语能力的发展与族群认同密切相关且会互相影响;继承语能力的提升与频繁的继承语的使用有助于产生积极、正向的族群认同,反过来,积极的族群认同又会影响继承语的学习和使用。从近年来的研究来看,继承语领域,语言社会化研究的主题包括以下几类:(1) 关注语言社会化过程与身份建构的研究。研究结果显示,一方面,继承语学习者在语言社会化过程中,对继承语及其相关文化的认识会产生差异,而这种差异会影响个体的身份认同与身份建构;另一方面,不同的身份认同与身份建构也会影响个体继承语的学习与语言能力的发展。(2)关注语言社会化过程中学习继承语的挑战与困难。在语言社会化的过程中,继承语的学习者会更加清晰地认识到继承语在主流社会中的价值、地位以及与社会主导语言的关系,这些认知状况会影响学习者对继承语的情感以及对它的认同情况,最终影响他们学习继承语的热情与动力。学者们以双语和多语社区青少年为研究对象,研究包括青少年语言社会化过程中对继承语情感、认知等变化状况,情感认知变化对青少年群体学习继承语的影响以及继承语维持的挑战与困难等等内容(He 1995;Godson 2004)。(3)关注语言社会化过程中影响继承语维持的因素。研究发现,家庭社会经济阶层、家庭成员的语言文字背景、家庭语言环境、社区语言使用等因素会影响个体的语言意识或语言态度,也会影响其语言社会化过程,最终影响继承语的学习。其他研究还发现,青少年与父母使用继承语交流机会的增多、祖父母以及兄弟姐妹的语言使用情况、家庭成员的语言价值观、父母的家庭影响力等因素均会对继承语的社会化产生影响。整体来看,在家庭继承语领域,语言社会化理论引入之后的一些研究,其重要的发现包括:(1)家庭成员的语言社会化是不可忽视的重要因素,直接影响语言的传承(Lanza 2007;Li, Li & Gao 2019)。(2)语言社会化是一个终身性和动态性的过程。语言社会化可以发生在语言学习者与社会成员交际互动过程中的任何一个环节,而且它不是代际知识传播中静态的、自上而下的过程,而是动态的、辩证发展的过程(Wortham 2005;Riley 2008)。(3)青少年自身的语言社会化,会改变其对语言的认知和语言的使用(Crago, Annahatak & Ningiuruvik 1993;Katz 2001)。可以看出,西方学者在第一语言习得、第二语言习得以及继承语领域关注语言社会化与语言习得的研究成果逐渐增多,也取得了一些颇有价值的发现与成果。与西方学者相比,国内结合语言社会化理论关注方言传承或少数民族语言传承等内容的研究较少。

二、方言传承的已有研究

我国是个多方言的国家,方言既是地域文化的载体,也是各方言区人们日常交际和感情沟通的重要工具。城市化进程中,频繁的社会流动带来不同方言之间的接触与交流。为方便交际,越来越多的城市居民开始在公共场所使用普通话,普通话在公共场所交际用语中的主导地位逐步确立,城市语言生活中普通话与汉语方言并存并用的局面也逐步形成。随着普通话逐渐在交流中占据强势地位,方言的使用空间逐渐压缩,越来越多地向家庭领域倾斜,方言传承与家庭之间的联系越来越密切。如今,一部分青少年的母语开始变为普通话,家庭在语言教育上出现首选普通话倾向,方言的地位逐渐下降,新一代青少年的方言使用率也在降低。基于这一背景,汉语方言的传承在某种程度上与西方多语社会中的继承语有了相似之处。

国内学者关于方言传承的研究,主要集中在方言使用变化和青少年方言传承两个方面。从研究内容看,方言使用变化的已有研究集中在两方面。有些学者主要关注的是方言的实际使用状况。薛才德(2009),黄立鹤、贺蔼文(2013),郑子安、原苏荣(2017),刘群(2017)等的研究发现,方言使用的空间逐步向家庭内部收缩,其中青少年群体方言的使用主要是出现在家庭语域,而且有些青少年即使在家庭内部也开始使用普通话;此外,方言的使用出现底层化趋势,方言使用率最多的群体主要集中在郊区的农民或者城市社区的工人阶层。还有一些学者关注的是方言系统中语音、词汇系统中的磨损现象以及变化的规律趋势。比如,鲍明炜(1980)结合已有的方言成果考察了南京话向普通话靠拢的语言变化,发现在老南京话的基础上形成了新南京话,而且新南京话已经取得支配地位,他认为新南京话是老南京话向普通话靠拢的过渡产物。王玲(2012)利用问卷法和访谈法相结合的方式,对合肥、南京和北京城市居民的语言适应行为及其特点进行了考察。研究结果发现,未来城市生活中普通话和方言的发展轨迹是标准普通话—地方特色普通话—杂糅的普通话—新混合语;地道方言—普通地方话—杂糅地方话—新方言。

青少年方言传承方面的研究,一部分集中在青少年方言能力发展现状方面。关于青少年方言能力的现状,学界的研究结果是存在差异的。有些学者认为当前青少年的方言能力是良好的,只是在不同年龄阶段呈现出不同的表现,存在年龄级差,最终会随着年龄的增长而不断增强(孙晓先等2007;王立 2008;俞玮奇 2012);有些学者则认为当前青少年方言能力不容乐观,方言的传承可能会出现断层(汪平 2003;钱乃荣 2012)。还有一部分研究关注的是方言传承的影响因素方面。学者们发现,影响方言传承的因素复杂多样,包括社会经济发展、语言声望、实用价值、语言认同、家庭环境等。费嘉(1993)对上海、无锡、苏州等地的方言认同进行研究,结果发现,历史文化和经济发展会影响居民对社区方言的认同度,也会逐步影响方言传承;其他研究发现,推普政策、学校的教育语言、外来人口的增多、方言的发展局限、影视节目的冲击、社区环境变化等因素均对方言传承产生影响;当代青少年对地区方言的实用价值认可度普遍较低,也因此使得青少年的方言使用率偏低。俞玮奇、杨璟琰(2016)对 15 年来上海中小学生方言能力展开调查,调查结果显示第一语言习得、语言使用习惯、语言使用态度和家庭语言环境是影响青少年方言能力的重要因素。伍巍(2003)通过对两个家庭20 年语言实践的变化描写发现,影响家庭方言使用变化的内部原因是家庭成员的变化,外部原因是迁移带来的社会环境。王立(2008)认为父母的语言期望影响了中小学生语言发展。汪卫红、张晓兰(2019),单韵鸣、李胜(2018)均在研究中指出,方言使用语域家庭化倾向造成方言学习动机不足、身份认同不够,导致方言能力弱化;父母作为中介人在祖父母辈、孙辈间的媒介转译现象影响了孩子对方言的接收。邹春燕(2019)通过对广州客家方言代际传承研究,指出祖父母辈对方言传承的意义。祖父母辈在多大程度上坚持和孙辈使用方言交流决定了这一方言在家庭内部的传承力度与效果。王玲(2016)通过对南京市区家庭语言使用状况的调查,指出父母语言意识决定家庭语言规划和家庭内部的语言实践行为,其影响力伴随儿童社会化程度的提高而减小。

从上述成果来看,学者们结合实际调查结果基本确定了青少年方言传承中的弱化趋势,但对传承的影响因素分析方面,较多研究聚焦的是宏观层面的因素,如社会政策、传媒等因素。微观角度关注到语言态度,但是语言态度与语言实践、语言认同与语言实践之间的不完全对应关系使得它们对青少年方言能力的影响具有不确定性。一些动态性的影响因素(如个体主观的语言意识、家庭成员的语言规划、个体语言社会化过程等)未受到重视。很多西方继承语的研究已经显示,它们对个体语言社会化和语言传承的影响更为重要。为何有些年轻人具备方言能力却不去使用,这不仅是其自身语言态度和能力的问题,更涉及很多社会文化因素。方言的学习、使用以及传承不是固定的、静止的,在关注方言能力的同时,也要重视个体的主观能动性以及社会性对于方言传承的影响。目前多数关于方言传承的研究,较少把语言习得和使用与文化、社会结合起来进行综合考察。

在语言社会化理论中,语言意识是其中最重要的一环,对家庭内部的语言管理、个体语言实践均有重要影响,但当前的研究中将语言社会化、语言意识与方言传承相结合的研究偏少。如前所述,将语言社会化理论运用在方言传承研究,是符合当前研究需要的。方言的传承和维护首先从家庭互动中开始,语言习得者幼年时期在家庭和学校中被动获得语言(包括普通话和方言)。随着社会文化环境的变化,他们在不同的社会交际互动中,语言意识逐步形成,其语言使用、语言能力随之发生变化。每个语言学习者在社会化过程中的体验各不相同,他们将这些经历融入家庭和社会的日常交际中。有人倾向于继续使用方言,有人倾向于转用普通话,有人则会根据需要交替使用普通话或方言。将语言社会化引入研究,可以为方言传承研究提供新的视角;该视角可以探究年轻一代在社会文化等因素影响下的语言习得与语言选用,可以分析他们利用方言或普通话融入城市语言生活的特征与规律,进而讨论影响语言传承的深层动因。

第三节 语言社会化概念及理论

社会学认为,人的社会属性是人和动物的最根本区别,而人实现社会属性的唯一途径是人的社会化。"人的社会化也就是人通过交往,逐步融入到社会关系中去,从而降低生物性,提高社会性。人的社会化也是一个学习的过程,学习的目的是增强自身与社会的同质性,降低异质程度"(陆洋、风笑天 2015:65)。社会化强调的是社会个体在某个社会文化环境中,学习和掌握技能、知识、社会规范、价值观等的社会行为方式以及在此过程中形成的个体人格特征,适应社会并积极作用于社会的过程。社会化是人和社会相互作用的结果。个体社会过程是一个长期的、持续终身的过程。语言学界将社会化概念引入语言学的研究中,也使得语言社会化与社会化既有区别又存在联系。

一、关于"语言社会化"界定

语言学研究中,学者们关于社会化的定义虽不尽相同,但均指向个人和社会的关系,学者们认为社会化以显性或隐性的方式影响儿童或某一语言的学习者,社会化以交际互动的形式展现被期望的行为方式、思维方式和情感认知。20 世纪 80 年代,美国学者 Ochs 和 Schieffelin 较早将社会化的概念引入语言学研究中,并逐步发展出语言社会化理论。Schieffelin 和 Ochs (1986)指出,语言社会化指通过语言使用实现社会化(socialization through language use)和社会化语言的使用(socialization to use language),儿童或某种语言的学习者通过接触和参与言语交际活动,掌握关于社会规范、社会文化风俗以及其他知识体系。这一定义强调语言社会化的两个过程:社会化过程中习得语言和通过语言习得完成社会化。其中语言习得是重点,社会化是目标,二者关系紧密,是同一过程中不可分割的两个方面。Duff

(2008)强调,语言社会化指的是个体通过语言实践和社会互动,习得特定社会的知识、信念、风俗等社会文化知识的过程,而且这一过程会伴随终身。虽然学者们对语言社会化的界定存在差异,但主旨均是从新的视角考察个体在某一社会的社会适应能力以及这种社会适应能力对个体习得和使用某种语言能力的影响;强调的是语言习得、语言使用与社会文化语境之间的关系。根据 Duff 的界定,个体对某种语言的习得,需要借助一定的社会互动交际才能实现。也就是说,利用这种语言与使用这种语言的社会成员进行交际互动,才能深刻了解这种语言的社会地位价值以及语言背后承载的文化。这些背景知识的了解又可以为语言学习者提供某种动力或者刺激,或者有助于促进这种语言的习得,或者促使学习者放弃学习这种语言。后来,Garret 和 Baquedano-Lopez(2002)对语言社会化也做出了界定。他们认为,语言社会化指的是儿童或新手获得知识、技能、行为倾向、行为惯例的过程,主要目的是通过这一过程,有效、合适地参与到特定社团的社会生活中。

二、语言社会化理论的主要内容

语言社会化包括"在社会化过程中使用语言"(socialization to use language)和"通过语言使用实现社会化"(socialization through language use)两个部分,两者互为依托,是同一过程的两个方面(Schieffelin & Ochs 1986)。儿童或新手通过语言互动了解并接受社会秩序中的原则、知识和观念,社会文化知识根植于对话中,通过特定的语言特征和语言结构体现出来。主要内容包括:

首先,语言社会化包括两个过程。第一个过程,学习者个体在社会化过程中习得某种语言。具体指的是儿童或某种语言的学习者在被社会化过程中习得并使用这种语言,在这个过程中,语言是个体社会化的工具,是个体增强其社交能力的手段(Ochs & Schieffelin 2012)。在这个阶段,语言的学习者在其社会化过程中,尤其在与他人社会交际互动过程中,详细地了解到居住社会中使用的各种语言的地位与价值,从而会影响其选择习得哪种语言或者在交际互动中选择使用哪种语言。个体社会化过程中,是何种社会因素影响其语言习得或语言的使用,是语言社会化研究中需要关注的重要内容。影响个体语言习得或语言使用的社会因素复杂多样,包括社会文化规范、语言文字法规政策、各种语言资源价值与地位、社区的语言态度以及家庭成员的语言意识等等,至于何种因素更为重要与关键,则是研究者需要关注与探索的内容。第二个过程指的是语言学习者在习得某一(或某些)语言的过程中完善其自身的社会化进程。在这一过程中,语言学习者通过语言习得或语言使用逐步融入所在社会或社区并成为目标文化中的主要成员。在融入社会或社区的过程中,语言不仅是社会化过程中的交流工具,也是和社区或社会建立某种纽带与联系的关键因素(Schieffelin & Ochs 1986)。在考察这一过程的时候,研究者着重关注的是学习者是如何通过语言融入某一社会或社区的。融入的方式、特点或者类型是研究者的重要研究内容。在习得某一语言的过程中,语言学习者与社会或社区成员的交际互动增多,也逐步获得社区成员的接受和认可,学习者在获得自身社会角色的同时完成个体身份构建,从而实现其社会化的目标。语言社会化是特定言语社团中的新手成员获得语言能力、社区成员身份及社区中合法地位的过程。这个过程以语言交际互动为媒介,交际互动的目标是掌握这种语言的语法、语用的规则,获得合适的身份、社区成员的认同,建立个体语言意识;此外,学习者个体还能够掌握和目的语群体行为准则相符合的言语交际行为(Duff 2007;Schieffelin & Ochs 1986)。

"在社会化过程中使用语言"主要指儿童在被社会化中习得和使用语言,以语言作为媒介,接受特定的社会文化知识,增强社会交际能力,主要关注影响儿童语言习得和使用的社会文化因素;"通过语言使用实现社会化"主要是指儿童通过语言习得和使用社会化为目标文化中的主要成员,主要关注儿童如何使用语言进行社会交际以获得社区成员认可,融入目标文化,获得社会角色,完成社会身份构建。结合该理论,本研究将聚焦讨论城市新生代群体在社会交际互动和社会融入过程中的语言意识、身份认同以及语言能力的发展变化状况。研究假设是,在社会化理论框架下,城市新生代群体在日常生活中的语言使用中,在社区成员、家庭成员之间的互动中会经历身份重塑和转换,不同的社会因素也会影响、推动或制约他们身份建构、语言意识的变化。因此,这些城市新生代群体会随着环境和语言意识的变化重构自身的语言认同、身份建构,在语言习得或语言使用的过程中完成语言社会化的个体内化。

其次,语言社会化包括隐性和显性语言社会化两类。显性语言社会化指的是某些专家、教育家等专门人员,通过介绍、解释社会或社区常用的语言规范、语言表达等内容,将相关的社会文化知识背景传递给语言学习者,这些行为会让语言学习者自身逐步认识和接受某一语言背后的社会文化规范、习俗等内容并完善自身的社会化。当这些抚养者或者教育者公开指导学习者学习某种社会文化规范或语言知识时,他们会明确地给学习者发出指令或制订相应的学习计划,此时语言学习者进行的是显性语言社会化。隐性语言社会化不仅包括间接传递社会文化意义,也包括通过社会交际互动间接获取相关的社会文化规范和语言知识。显性语言社会化强调的是专家学者主动、主导且公开地向语言学习者阐释、介绍社会文化规范和语言知识并使其受到影响的过程;而当专家通过常用的语言表达将社会文化和语言知识以间接的、隐秘的方式传递给初学者时,语言学习者进行的是隐性社会化。隐性社会化可能发生在家庭成员、教师、同伴交流等社交活动的过程中。这些社会交际活动可以让语言学习者在潜意识中获得社会文化规范并进一步强化学习者自身的语言知识结构。简言之,当语言学习者在社会交际互动或工作交流中,受到周围人语言使用和语言表达的影响,有意或无意习得某种语言或某种文化,这个属于隐性社会化;而当专家、老师或父母明确告诉学习者应该习得或使用某种语言,或者应该如何使用某些语法时,这就属于显性社会化。隐性和显性语言社会化贯穿在个体社会化的过程中,这两类社会化过程会交替影响个体的语言习得和语言使用。隐性语言社会化可能比显性语言社会化更有效,因为学习者不太容易反对早已存在的社会或社区中通用的社会文化习俗和语言使用规范,但他们却可以自主地选择是接受或拒绝专家、教育家们给出的语言使用的建议和指导(Byon 2003;Duff 2007)。结合这一理论,本研究将考察城市新生代与其他社会成员互动中,显性社会化和隐性社会化以怎样的形式发生,分别对他们的语言习得和语言使用产生怎样的影响。

另外,影响语言社会化的重要因素是语言意识,又被称为"隐形语言规划"。近年来,一些关注家庭语言规划研究的学者们发现,语言意识是推动或者改变个体语言社会化过程的一个重要因素。语言态度是对某一种特定语言做出的特定反应,而语言意识则与更广泛的信念、规范或价值观体系相联系。个体公开表达的语言态度,可能会反映语言意识,但有可能反映出的仅仅是人们语言意识中的某些方面(King,Fogle & Logan-Terry 2008;King & Fogle 2013)。语言态度是对某语言的价值评价和行为倾向,它受语言感情倾向、语言社会地位等因素影响(游汝杰、邹嘉彦 2004)。父母语言意识是由父母语言态度及语言信念构成,而语言信念是父母关于自身语言使用与语言管理对孩子语言学习的影响的认知(De Houwer 2007)。可见,语言意识不仅包含对某种语言的评价,可能还包含对他人语言使用及语言学习方面的信念和认知,所以语言意识比语言态度概念的内涵要广。Ling & King(2022)指出,父母语言意识可以引导家庭语言管理,进而影响子女的语言使用和社会化的过程,最终也有可能影响继承语的维持和未来地位。Curdt-Christiansen 认为父母语言意识是对特定社会中语言的社会效用、权力、价值的信念和假设,父母语言意识形成的过程会受到很多因素的影响,因此,她的研究关注了影响父母语言意识形成与发展的因素。她指出,King 等人的研究大多是家庭环境下父母和儿童之间相互作用的微观分析,但对于应该习得何种语言、对不同语言为何赋予不同的价值、家庭环境是如何促进双语发展等问题的关注却很少。Curdt-Christiansen(2014,2016,2020)克服 King 等人研究父母语言意识时将其置于单一家庭环境的局限性,视角更广,将外部宏观因素与家庭内微观因素结合起来分析父母语言意识形成原因的复杂性。她认为社会中存在着各种力量和环境,会对家庭语言意识和实践产生影响,任何语言规划的实现过程都需要对语言意识的形成及其来源进行更细致的分析。她将语言意识(Language Ideology)的影响因素分为宏观因素和微观因素。宏观因素包括社会政治、文化、经济、语言因素。社会政治因素涉及个人教育、公民活动、政治决策的平等权,强调对社会不平等现象、排外现象以及语言政治功能的关注;社会经济因素是指某一种特定语言所产生的经济力量,与语言的使用价值有关;社会文化因素是指特定语言所代表的符号价值,具体来说,语言被视为文化的表现,比如国家或民族层面的身份认同;社会语言因素涉及社会对某种语言是否具有优势及是否被接受的认识。微观因素包括家庭成员语言文字背景、父母期望、父母教育和语言经验、父母双语知识等内容。语言干预部分,包含父母的经济投入、父母的语言文字知识、父母社会网络等内容。Curdt-Christiansen对这些因素进行了补充和完善。(1)将原来的宏观因素、微观因素改为外部因素、内部因素,除了宏观和微观因素,也存在中观因素,所以家庭内、外部因素更具概括性。(2)将原来的父母背景和家庭环境因素细化为情感、认同、家庭文化和传统、父母影响信念和孩子主体性等因素。具体而言,情感因素是指代与代之间的情感联系;认同因素是指语言与民族象征和身份认同的联系;家庭文化和传统是指家庭的文化认同与文化实践;父母影响信念是指父母对自己创造语言环境以培养孩子语言习得的责任和能力的认知;孩子主体性是指子女对语言使用的积极性和主动性。(3)它比之前的框架更丰富,细化了语言意识、语言干预、语言实践的内容,指出语言意识包含信念和价值观;语言干预包含家庭识字环境、继承语;语言实践包含语言和文化环境。除了父母语言意识,青少年随着自身认知能力的发展,其语言意识也会逐步形成,也会影响其语言习得和语言使用。语言社会化是一个终身性、动态性的过程,它发生在人们与他人交际的任何地方。随着年龄的增长,青少年逐渐脱离家庭的环境,脱离父母及家庭成员的影响,逐渐建立起自己的社交关系。研究表明,青少年从 14 岁开始,社会认知会在高密度的社交中快速发展。青春期阶段是青少年自主意识(包括语言意识)形成的关键期。儿童进入青春期,身心快速发育,自主意识显著上升,重视自身受到的评价,形成内心的主观看法。

概括来说,社会交际互动中语言和社会文化语境的关系是语言社会化的本质,因此在研究时,语言社会化中的交际互动(interaction)和社会影响因素不可忽略。学者们对社会交际互动和社会影响因素进行了概括,他们认为社会日常活动和人际交往互动是语言社会化研究的核心,因为这些活动均是在特定的情景中发生的,是日常生活中的常见行为。通过研究这些日常活动可以发现隐藏在交际互动之后的制约和引导这些互动的社会规约与文化规范。语言与社会文化规范相互依存,社会交际活动、社会文化环境与行为准则是影响语言习得与语言能力发展的重要因素。所以,本研究会聚焦城市新生代群体语言习得、社会交际互动、社会因素之间的关系,分析年轻群体借助语言的交际功能参与社会交际互动的模式与特点,探究他们在社会化过程中将社会文化规约与语言习得、语言使用相融合的过程。

第四节　研究内容、方法和著作结构

一、研究内容

本著作以城市社区(如南京、扬州、杭州、上海、深圳等)为调查范围,以90年代、00年代的年轻群体为研究对象;并将这类群体分为两类,一类是已经具备较好的方言能力,一类基本不会说方言。具体的研究框架见图1.1。

在这一总框架之下,主要研究内容包括:

第一,城市新生代语言能力(包括方言能力)基本状况的调查研究。南京话、扬州话、杭州话、上海话等每个城市社区的方言,其方言的地区声望、使用范围与功能、受普通话影响的状况、社区对方言环境的维护和努力以及传承状况等均存在差异。基于事实数据构建的语料库的基础,本研究会考

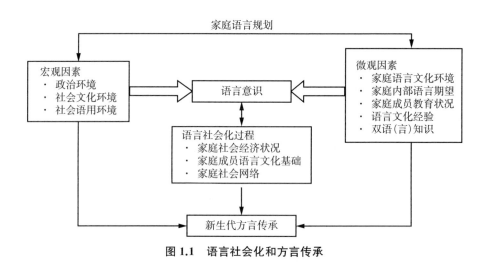

图 1.1　语言社会化和方言传承

察当前城市新生代方言传承状况的总特征,同时比较不同城市之间青年群体语言能力存在的差异。

第二,个体语言意识(或隐形语言规划)对语言社会化过程的影响研究。如前所述,个体语言意识,又被称为微观层面的隐形语言规划,它是人们对于语言本质以及语言在人类生活中所起作用的敏感和自觉的意识。语言意识虽然是隐形的,但它不是一个抽象的概念,它强调个人和群体对语言的功能、语言形式等的感悟。个人语言意识对语言社会化过程的影响是确实存在的,这是研究过程中需要探讨的重要内容之一。

第三,语言社会化过程对新生代语言传承的影响。继承语的研究发现,语言社会化过程中,由于家庭构成的差异,家庭内部语言的选择和使用有六种类别。(1)"一人一母语"。父母亲母语各不同,其中一人的母语是整个社区的主体语言;父母分别用自己的母语与孩子互动。(2)"一语境一语言"。父母亲母语各不同,其中一人的母语是整个社区的主体语言;父母使用非社区主体语言与孩子互动。(3)"一个非主体家庭用语"。父母母语相同,且不是社区的主体语言,父母用自己的母语与孩子互动。(4)"两个非主体家庭用语"。父母母语不同,且不是社区的主体语言,父母用各自的母语与孩子互动。(5)"非母语的父母亲"。父母说同一种母语,且是社区的主体语言,但父母选用另一种非母语与孩子互动。(6)"混合语言"。父母亲是双语(或多语),父母与孩子互动常出现语码转换或混合用语。基于以往的研究,本研究会考察不同家庭结构下,不同的语言互动模式中,语言社会化过程如何影响青年个体对方言的选择与使用。

第四,语言社会化的类型与特征。已有研究将语言社会化过程分为显性与隐形语言社会化两类,但这些社会化过程的区分主要是从抚养者、语言专家、教育家等视角进行的。本研究关注的是城市新生代的语言社会化过程。如前所述,语言意识是影响语言社会化的重要因素,而城市新生代自主意识是不断发展变化的。随着年龄的增长,他们经历了从缺少自主语言意识到发展出独立的语言意识的变化,语言意识的这种变化会对他们的语言社会化过程产生什么样的影响? 中国城市新生代语言社会化的类别和特征是否会与已有的发现出现差异? 这些也是本研究关注的重点内容。

二、研究方法

当前针对青少年群体语言状况的研究,大多采取问卷调查的方式搜集数据,侧重于分析青少年的语言能力、语言态度和语言使用现状,这些定量的分析有利于展示青少年语言能力发展变化的趋势;但如拟深入探究青少年语言社会化的过程,还需要使用一些质性研究的方法,这样才能深入挖掘青少年社会化过程中的语言习得态度、意识或者语言使用状况发生变化的原因,可以结合社会文化因素分析青少年语言传承中面临的挑战与存在的问题。综上,本研究使用的方法包括:

(1)问卷调查法。这种方法主要用来收集了解城市新生代的语言能力现状、个人和家庭成员的基本信息(比如,个人及其父母的年龄、职业、受教育程度、居住地、上学地、家庭构成情况等)、新生代不同语域的语言使用情况、对当地方言看法等信息。采用 SPSS 软件对问卷数据进行录入与统计,并对数据进行单因素方差分析、卡方检验、相关性分析。

(2)半结构式访谈法。这种访谈方法"融合了非结构化、开放式访谈的灵活与统计调查工具的按部就班,可以在因素层次上生产出聚焦的、质性的文本资料……可以检验理论直觉或命题的统计调查,可以为其他形式的解释性研究提供基础"(斯蒂芬等 2012:104)。通过访谈法,本研究可以了解城市社区新生代语言社会化及其语言使用情况,同时还可以了解到新生代家庭通婚结构、抚养方式、语言掌握情况、语言态度、语言习得经历,在家庭域、学校域、公共域的互动方式和语言使用习惯等内容。访谈法的实施过程是,在确定调查社区后,通过滚雪球的方式抽取新生代群体作为调查对象,每个城市的访谈样本数量尽量保持均衡。访谈以家庭为单位进行,分为新生代访谈和父母访谈两部分。研究过程中,以新生代访谈为主进行分析,父母访谈作为新生代访谈内容的辅证,也对新生代未详尽回答的内容进行补充。

(3)叙事转向方法。叙事是人类在特定环境下的言语活动,它将人的思维和社会文化连接起来,人在叙述中充当主体和客体,人的叙事活动带有主观性和能动性;而且叙事是一种符号工具,可以调节人和社会结构之间的关系(兰良平 2016)。后经典叙事学阶段,叙事研究不再是文学的专利,同时也是社会语言学、社会人类学以及社会心理学等多门学科的研究课题(范湘萍 2015)。20 世纪 90 年代以来,叙事转向开始发生在文学叙事之外,可以用于解释一般的叙事,主要体现在既把叙事作为研究对象,也把叙事作为一种方法。叙事转向可以从三个层面来理解:第一层面,把人的叙述作为研究对象;第二层面,用叙事分析来研究对象;第三层面,用叙述来呈现并解释研究的发现。叙事转向方法已经成为近年来语言学及应用语言学研究中普遍使用的方法。具体包括重要事情分析法、"小故事"分析法以及时刻分析法等等。在对受访者访谈时,研究者重点关注受访者谈到的经验性的内容,尤其是提到的或附带的生活中微观的、稍纵即逝的体验。访谈中,研究者根据受访者提到的话题进行追溯访谈,进一步了解更客观、更细致、更真实的内容。

在本研究中,当受访者提到某个可以深挖的信息点时,我们会引导受访者回忆过往经历。通过一步步叙事追溯捕捉到细节信息,这有助于细致地了解受访者的语言使用情况和影响其语言发展变化的原因,也有利于深入分析深层的影响动因。访谈信息的分析重点是关注受访者所谈到的经验性内容,尤其是直接影响其语言意识、语言社会化过程的微观的、稍纵即逝的体验。开展研究的时候,我们会对访谈语料进行整理。根据反思性原则,笔者尽可能站在受访者的角度,对参与者的叙述性数据进行分析,反复剖析受访对象的回答内容。此后,对受访者比较零散的访谈信息进行整理,以时间或逻辑顺序进行串联,描述他们的经历;同时,按照主题来组织、挑选并展示最合适的例子。下面以一段访谈语料为例,展示这种方法在研究中的使用情况。

(1)访谈语料原片段:

调查员:你小时候是谁带大的呢?

受访者:爷爷奶奶和爸妈。

调查员:是一起带的吗?

受访者:不是,小时候是爷爷奶奶,后来就是爸妈。

……

调查员:你小时候在家里跟爷爷奶奶、爸爸妈妈说什么话呢?

受访者:爷爷奶奶是汕头话,我们家以前基本都是汕头话吧。

调查员:为什么呢?

受访者:因为两边老人文化水平都不高,都不太会普通话的,老一辈嘛,都磕磕绊绊的那种,而且他们的朋友,接触的人,整个氛围都是纯汕头话的,我小时候学说几句普通话,奶奶会说听不懂,我当时没觉得怎么样。我妈普通话还不错,可能因为我舅舅是主持人,她有些接触,所以我长大以后我在学校说普通话时间很长,跟我母亲说话的时候就会情不自禁说成普通话,我奶奶也会说听不懂,但也不会生气,但我就觉得不太好了,我小时候好像几乎没有普通话。

调查员:跟爸爸说话呢?

受访者:我爸比较差,他很少接触,文化也比较低。

调查员:你刚刚说长大以后觉得不太好是因为你想法上有什么变化吗?

受访者:可以这么说,我现在觉得他们大人讲话都是汕头话,有我加入才有普通话,奶奶听不懂是真的不好。

调查员:那你做法上会有什么变化吗?

受访者:我就努力说,说错了他们会调侃,我觉得不好意思,就会让他们帮我纠正一些发音,下次就不会这样了。

(2)分析整理结果:

"我小时候是爷爷奶奶带大的,后来就是爸妈,我跟爷爷奶奶都说汕头话的,我们家以前基本都是汕头话吧。我爷爷奶奶、外公外婆文化水平都不高,都不太会普通话的,老一辈都磕磕绊绊的那种,而且他们的朋友,接触的人,整个氛围都是纯汕头话的,我小时候学说几句普通话,奶奶会说听不懂。我妈普通话还不错,可能因为我舅舅是主持人,她有些接触,我爸比较差,他很少接触,文化也比较低,我小时候家庭环境好像几乎没有普通话。"

"长大以后我在学校说普通话时间很长,跟我母亲说话的时候就会情不自禁说成普通话,我奶奶会说听不懂,但也不会生气,我小时候没觉得怎么样,现在觉得他们大人讲话都是汕头话,有我加入才有普通话,奶奶听不懂是真的不好,我就努力说,我说错了他们会调侃我,我觉得不好意思,就会让他们帮我纠正一些发音,下次就不会这样了。"

通过比较可以发现,原始语料中,受访者对于自身经历的描述是碎片化的、无逻辑的。分析整理的过程中,研究者尽最大努力保留最真实且最能恰当表现主题的语料,然后站在受访者视角,根据受访者对访谈问题的回答,对访谈语料进行梳理;并在论述过程中,根据研究主题,按受访者叙事中的时间先后整理为两个陈述性的片段作为后续论证的依据。

(4)比较分析法和社会语言学分析法。比较分析主要是分析不同类别的家庭,个体语言意识的共性与差异,语言社会化模式的比较以及新生代方言传承状况的变化情况。社会语言学分析法,主要采用SPSS社会统计分析软件,从年龄、性别、职业、家庭经济状况、家庭社会网络、居住时间等角度分析新生代方言能力发展、语言社会化过程中的社会影响因素与影响机制。

三、著作结构

结合事实语料，本著作的研究重点是探讨语言社会化与语言能力发展、语言传承的关系。一方面考察城市新生代通过什么样的渠道构建发展自己的语言意识，同时这种语言意识在多大程度上影响语言社会化的过程；另一方面，讨论什么样的社会因素影响新生代语言能力的发展与方言的使用。

本书由七个部分组成。第一章绪论主要的内容包括研究背景、语言社会化和方言传承领域的相关研究以及研究的重要概念和理论基础；第二章主要分析城市新生代的两种语言社会化类型，具体包括被动性语言社会化和自主性语言社会化；第三章结合访谈语料，讨论了城市新生代语言社会化的总体特征；第四章主要考察了语言社会化与城市新生代双言能力发展的关系；第五章的主要内容聚焦在语言社会化对城市新生代语言使用状况的影响方面；第六章讨论了语言社会化与城市新生代语言态度的关系，具体分析了新生代习得多语资源的态度、普通话态度、方言态度以及双言态度，并分析了影响新生代语言态度发展变化的重要因素，最后是本书的结语。

第二章　城市新生代语言社会化的类型

　　如前述,语言社会化包括两个过程,第一个过程强调的是儿童或某种语言的初学者在被社会化过程中习得并使用这种语言;第二个过程指的是儿童或语言的初学者通过语言习得或语言使用逐步融入所在社会或社区的过程。这两个过程中,儿童或语言初学者的自主性状态是存在差异的。在第一个过程中,儿童或语言的初学者基本处于被动接受的状态,而在第二个过程中,他们的自主性显著增强。语言社会化理论早期主要用来研究儿童习得母语的过程,这一过程中的儿童年龄很小,缺少自主意识,主要依靠父母或其他家庭成员,或其他抚养者的照顾与培养,习得何种语言更多取决于这些抚养者的语言选用和语言实践;在第二语言习得或继承语领域,语言学者除了儿童之外,也有成人学习者。这些成人学习者在社会化过程中,自主意识逐渐增强,自主性的社会化成为主导。基于这些发现,学者们将语言社会化分为显性和隐性两类,这种分类主要是从儿童抚养者、语言教育专家和学者的立场出发进行的划分与界定。当这些抚养者或者教育者有这类语言行为,比如公开指导语言学习者学习某种语言,为学习者制订明确的学习计划,发出指令引导其语言习得或语言使用等,这一过程是显性语言社会化,反之,则为隐性语言社会化。

　　本章从语言学习者(城市新生代)的角度来讨论语言社会化的类型,因此将语言社会化分为被动性语言社会化和自主性语言社会化,主要以城市新生代自主意识的强弱为依据进行划分。自主意识由强到弱的过程中,个体对需要掌握何种技巧、能力、态度、社会文化规范等内容会形成自我认知体系。国内外学者研究显示,随着社会互动行为的增加和个体认知能力的发展,一般在 14 岁前后,儿童的自主意识会逐步形成,这个阶段是儿童自主意识发展的关键时期。在发展的关键期,青少年的逻辑思辨能力越来越强,他们开始重视自身内心看法,不再人云亦云,并开始关注他人对自身的评价和看法。这种自主意识在青少年语言习得或语言使用的过程中会逐渐发展形成一种个体的语言意识。语言意识的形成有助于青少年或者成人学习者思考语言的使用、语言的功能、价值和地位等等内容,从而对某种语言有更深入的理解或形成对某些重要语言问题的批判式思维。由学者对语言意识的研究可知,语言意识包含的内容非常复杂,既包括语言的知识体系、习得语言的策略意识、教学语言的方法意识、语言需求意识和跨文化交际的语用意识,也包括语言的态度和语言的认同、语言的功能和价值等内容。语言意识能有效提升语言学习者对语言的形式和功能的敏感性,从而提高他们的整体语言认知状况。在幼年时期,城市新生代尚未形成自身语言意识,在社会化过程中,主要处于被动学习的状态。而进入青春期之后,他们的语言意识逐步增强,在社会化的过程中,对习得语言的地位、价值等知识有了更清晰的认识与评判。随之,他们的语言意识也会影响自身语言习得和语言的使用,语言习得和语言使用开始有了较明显的自主选择的特征。本章讨论的是新生代语言社会化的类型,主要依据的是在上海、南京以及扬州等城市搜集的数据。

第一节　调查社区、调查对象和研究问题

一、调查社区

本次调查选取上海、南京和扬州三个城市作为调查社区。超大城市上海地理位置优越,贸易、金融、文化等在全国占有举足轻重的地位。城市方

言上海话(亦称"沪语"),属于吴语。上海话有广义和狭义之分。狭义上海话主要使用范围在上海市区,以本地吴语为基础,并杂糅了一些上海开埠后各地移民方言的一些特征。广义上海话除了市区上海话,还包括市郊的一些话,比如浦东话、松江话、嘉定话、崇明话、金山话、青浦话、奉贤话等。市区上海话和郊区方言在词汇、语音等方面存在一些差异。除了按照使用区域进行划分之外,根据使用者的年龄差异,上海话还被划分为老派、中派和新派等类别。随着城市化的深入发展,上海的外来人口逐年递增。作为特大城市,上海的人口流动也很频繁,另外由于与国际社会往来密切,上海也是一个国际化程度很高的城市。上海的人口构成复杂多样,有城市新移民,也有国际新移民,这些都使得上海城区的语言生活状况复杂多样,语言环境的变化也会对新生代的语言传承产生影响。

特大城市南京是长三角地区的重要城市之一。南京话属于北方方言系江淮次方言,也有广义南京话和狭义南京话之分。狭义南京话的使用范围主要在玄武区、秦淮区、建邺区、鼓楼区等市区范围;广义南京话除了上述区域的南京话,还包括浦口、六合、溧水、江宁等区域使用的方言。老南京话,俗称"白话",主要的使用者是南京城南地带的老南京人;新南京话的语音系统比较接近普通话,有南京普通话之称(俗称"南普话"),并且逐渐成为南京市区居民常用的方言。

大城市扬州地处江苏省中部,是江苏省的历史文化名城,也是很有特色的旅游城市。扬州话是江淮官话的代表方言,同样有广义和狭义之分。狭义的扬州话,亦称为"街上话",是扬州人通常所指的"扬州话",主要在扬州城区、广陵区使用。广义的扬州话除了"街上话",还包括扬州郊区及邗江、江都、仪征东部的方言。城市化过程中,扬州话的语音系统、词汇系统均受到普通话的影响,出现向普通话靠拢的趋势,因此年轻一代使用的扬州话还被称为"扬州普通话"(简称"扬普话")。

选择这三个城市作为调查社区的依据包括三个方面:(1)城市经济发展状况。城市化是衡量一个地区社会经济发展水平的指标,城市化率越高,城市发展规模越大,城市人口数量越多,城市经济发展水平也就相对越高。

已有研究显示,城市经济发展状况会影响居民的语言选择和语言实践。
(2)城市规模。根据城市与人口的规模,我国的城市可以分为超大城市(城市人口为 1000 万以上)、特大城市(城市人口为 500 万—1000 万)和大城市(城市人口为 100 万—500 万)。不同规模的城市中,居民的语言使用、语言认同状况不同,这些状况也会影响语言社会化的发展变化。(3)地区方言特征。不同的城市,其城市方言的特征和地区声望存在差异,这些差异在一定程度上会对个体语言社会化过程产生影响。选择这三个城市,目标是对比不同层级城市新生代方言社会化的共性及个性特点。截至 2022 年,上海人口数量为 2487.09 万人,城镇化率 89.3%;南京人口数量为 942.34 万人,城镇化率 86.90%;扬州市人口数量为 457.56 万人,城镇化率 71.42%。从城市类别看,上海、南京和扬州分别为超大城市、特大城市和大城市。

二、调查对象

调查对象为上海、南京和扬州三个城市的 90 后新生代。90 后是指出生于 1990 至 1999 年的人群,年龄介于 24—33 岁之间。新生代,是相对于老一代人群而言。国内学者一般倾向于依据出生的年代划分群体,如 70 后、80 后、90 后、00 后等群体。目前学者普遍认为新生代是指 1980 年之后出生的新时代人群,这些群体出生并成长在剧烈突变的社会环境中,与之前出生的老一代群体存在较大差异。本研究聚焦 90 后新生代群体,主要基于以下考虑:首先,这一群体出生之后,国家开始大力推广普通话,整个社会的语言环境发生巨大变化。我国政府从 1986 年开始逐步把推广普通话作为国家语言文字工作的重要内容,并在全国范围内宣传和推广使用普通话。这一语言政策对方言的使用和传承造成较大冲击。在这样的社会语言背景影响下,90 后群体语言能力、语言实践以及方言传承状况值得关注并进行深入探究。其次,90 后群体已全部成年,并逐渐成为社会的中坚力量,是各个行业的主力军,其语言意识、语言实践等状况不容忽视。这一群体的语言行为有承上启下的特点,承上是指他们的语言行为受到老一代群体的影响,启下指的是他们的语言实践、语言态度等会影响比他们年轻的下一代,因此他们是语言传承的重要力量。调查这一群体的方言传承状况、语言社会化的特点等可以预测未来方言发展的趋势,所以关注 90 后新生代,对于方言的传承研究极为重要。此外,城市化、工业化、全球化、信息化等各种社会变革也深刻影响着 90 后新生代群体的成长和发展。这一群体经历过改革开放、一孩政策、义务教育普及、普通话推广等许多重要的变革。90 后所处的时代,互联网飞速发展、社会交流便捷密切、英语的国际地位日益强化,因此,他们的语言使用状况具有更为明显的时代变化特点,其语言能力状况会为语言的多样性和多元化注入新的元素,极有可能给方言的使用情况带来变化。对 90 后新生代方言社会化状况的调查,有助于了解城市方言的传承状况和未来发展趋势。根据研究需要,受访的 90 后限定条件为:其父母需要具有当地户籍,90 后需要出生且在上海、南京、扬州三地长大。本研究重点关注的是语言社会化是否会对方言习得产生影响,着重考察社会文化因素影响下 90 后的方言使用情况,所以本研究不考虑访谈对象的居住区域,不管受访者居住于三个城市的哪个区域,只要符合上述限定条件,均为本调查的研究对象;此外,本研究也不考虑不同区域方言的差异,只要受访者说的是广义的上海话、南京话和扬州话,也均符合本研究对象的条件。例如,上海嘉定地区受访者通常会强调自己说的是嘉定话,但因为属于广义上海话的范围,本研究也通常认为受访者说的是上海话,只不过是广义的上海话;再如南京高淳地区的高淳话、扬州高邮地区的高邮话,当地受访者均认为它们与狭义的南京话、狭义的扬州话不同,但我们均认为其所说的就是南京话和扬州话;还有"南普话"、"扬普话",本研究也将其归为南京话、扬州话的范围。三个城市的调查对象信息见表 2-1。

表 2-1 调查对象信息情况表

背景信息	分类	上海($n=61$)	南京($n=55$)	扬州($n=51$)
性别	男	23 人/37.7%	19 人/34.5%	25 人/49.0%
	女	38 人/62.3%	36 人/65.5%	26 人/51.0%

（续表）

背景信息	分类	上海(n=61)	南京(n=55)	扬州(n=51)
受教育程度	大专及本科	44人/72.1%	41人/74.5%	32人/62.7%
	硕士及以上	17人/27.9%	14人/25.5%	19人/37.3%
通婚结构	本地人＋本地人	42人/68.9%	34人/61.8%	31人/60.8%
	本地人＋外地人	10人/16.4%	15人/27.3%	16人/31.4%
	外地人＋外地人	9人/14.8%	6人/10.9%	4人/7.8%
抚养方式	父母抚养	32人/52.5%	39人/70.9%	31人/60.8%
	祖辈参与抚养	29人/47.5%	16人/29.1%	20人/39.2%

三个城市总共访谈90后167人。性别方面，男性、女性样本比例为37.7%和62.3%；南京的男性占比为34.5%，女性为65.5%；扬州男、女样本大致均衡，占比为49.0%和51.0%。中西方学者的研究发现，男性、女性在语言意识、语言实践等方面存在差异，一般而言，与男性相比，女性更倾向于使用具有较高声望的标准变式。由于此次调查是以滚雪球的方式进行的，所以三个城市的性别比例不太均衡。笔者使用SPSS软件中的卡方检验分析法，比较了男性、女性在不同城市中所占的比例，见表2-2。

表2-2 三个城市性别构成比计算结果

	值	自由度	渐进显著性（双侧）
皮尔逊卡方	2.541[a]	2	.281
似然比	2.524	2	.283
线性关联	1.342	1	.247
有效个案数	167	/	/

注：a指实际观测值。

统计结果显示，渐进显著性（双侧）概率为0.281/0.283/0.247，均大于0.05，说明三个城市性别占比无显著差异，所以三个城市新生代的方言能力的差异不是由于性别比例不均衡造成的,是其他因素方面的影响而导致出现差异。在 2000 年 10 月 31 日通过的《中华人民共和国国家通用语言文字法》中,第十条明确规定,学校及其他教育机构以普通话和规范汉字为基本的教育教学用语用字。法律另有规定的除外。学校及其他教育机构通过汉语文课程教授普通话和规范汉字。使用的汉语文教材,应当符合国家通用语言文字的规范和标准①。如前述,90 后成长的时期正是国家大力推广使用普通话的时期,学校则是推广和使用普通话的重要场所。90 后受教育程度越高,其在校学习的时间越长,使用普通话的频率也越高,普通话能力也相对较高;随着普通话能力的提高,其方言能力或许会受到影响,因此,受教育程度是一个不可忽视的重要影响因素。上海、南京和扬州三个城市 90 后的受教育程度均较高,多数人为大专及以上学历,其中学历为"大专及本科"以上的受访者最多,占比均在 60％以上。

城市化进程带来城市人口的频繁流动,不同地区、不同民族的人群杂居过程中,家庭通婚结构也发生了变化。改革开放前,本地居民与本地居民通婚是最主要的结婚方式;改革开放之后,尤其在城市化较高的城市,外来人口数量剧增,本地居民与外地居民通婚的方式越来越普遍,城市家庭通婚结构开始改变。家庭通婚类型呈现出多地域通婚的趋势,跨省、跨市乃至跨国婚姻越来越普遍。前期的访谈数据显示,家庭通婚结构不同,子女的语言能力和语言使用状况也存在差异,也就是说,人口流动导致的家庭通婚结构变化会对语言使用产生影响。所以在调查中,考察了三个城市中居民家庭的通婚结构情况。在关注通婚结构的研究中,学者们主要将出生地或婚前居住地作为划分通婚结构的类别依据,一般分为四种类型:"父亲本地—母亲本地"、"父亲本地—母亲外地"、"父亲外地—母亲本地"、"父亲外地—母亲外地"。基于上述成果,本研究根据家庭内部父母婚前的主要居住地进行分类。为方便统计,笔者对分类进行整合,将 167 组家庭分为本地人家庭("本

---

① 《中华人民共和国国家通用语言文字法》,2000 年 10 月 31 日,来源:http://www.gov.cn/ziliao/flfg/2005 - 08/31/content_27920.htm,2022 年 12 月 20 日。

地人＋本地人"通婚)和外地人家庭(包括"本地人＋外地人"及"外地人＋外地人"通婚)两大通婚结构类型。本地人通婚家庭,指的是父母一方是上海、南京或扬州当地出生且一直持有当地户籍的家庭;外地人家庭指的是父母一方是外地出生(包括跨国、跨省、省内跨市三种情况),婚前由于工作或生活原因迁移至当地并获得当地户籍的家庭。

抚养方式,主要是从抚养人视角进行划分。西方继承语研究发现,抚养人对幼年时期的子女语言习得有重要影响,子女通常会受到父母或者其他抚养人语言实践的影响。中国的社会文化习惯中,祖父母辈常常会参与到下一代的抚养。有学者指出,中国家庭抚养方式主要有三种类型:一是由幼儿的亲子父母直接抚养的亲子抚养,二是由祖辈家长代为抚养的隔代抚养,三是由亲子父母和祖辈家长联合参与的混合抚养(周宗奎 1998)。在访谈中,笔者发现中国家庭中的"隔代抚养"与"混合抚养"较难界定,所以在研究过程中,将家庭抚养方式归并为"父母抚养"和"祖父辈参与抚养"两大类。从三个城市的抚养方式来看,父母抚养的比率均高于祖父母辈参与抚养,另外,与南京和扬州相比,上海的祖父母辈参与抚养方式占比最低。

三、研究问题

如前述,幼年时期的语言学习者,其智力发展轨迹、社交特征、情感表达方式会受到社会经济发展状况、社会制度、文化习俗、公共规则及家庭的社会经济地位、家庭语言实践、社会身份、信仰、价值等各种因素或力量的影响与制约;随着年龄的增长,语言学习者的自主意识逐渐形成,随着社会互动交际能力的提升,其对语言、社会语用规范、文化习俗等相关内容产生独立思考。不同时期的语言学习者经历的语言社会化过程是否存在差异? 如果存在差异,影响或者制约的机制是什么? 基于此,本章结合事实数据,关注以下几个问题:(1)新生代语言社会化的类型;(2)新生代不同类型语言社会化的表现与特征。

语料来自半结构式的访谈,这种访谈方式可以追溯受访者的语言习得细节,可以获取到受访者各个年龄阶段的语言实践活动。对语料的分析,重点聚焦在受访者叙述性、描述性的内容,通过他们提供的社会文化活动、不同语境的语言互动内容分析其语言能力发展的特点、轨迹和方言社会化的特点。

第二节　新生代被动性语言社会化

被动性语言社会化,指的是在青春期之前,语言初学者被动性地习得或者使用某种语言或方言的过程以及被动接受社会化的过程。幼年时期,90后新生代自主意识未完全形成,语言、社会文化认知以及语言文化观念的形成均处于被动接受的状态,大部分受访者幼年时期的语言学习、语言使用主要受到家庭语言环境和校园语言环境的影响,因此被动性方言社会化主要发生在家庭和学校两类语境下。家庭语境,可以说是90后新生代方言社会化的起点,也是影响他们社会化过程的重要场所,学习什么语言、使用什么语言均会受到家庭成员的影响;入学之后,学校语境成为除家庭以外的另一个重要的社会化场所,对90后的语言使用和语言能力发展同样产生重要影响。而且由于学校语境的权威性,一些影响会通过强制性、渗透性教育影响90后群体的被动性方言社会化。

一、90后的方言能力状况

在分析家庭语境被动性方言社会化之前,首先来了解一下上海、南京和扬州三个城市90后群体的方言能力状况。由于研究目的与视角差异,学者们对语言能力的界定存在分歧。笔者采用的是戴曼纯(2002)关于语言能力的界定。语言能力由语言知识和语言技能两部分构成。语言能力的知识体系包括语音知识、语法知识、语篇知识、语用知识、交际策略知识等内容,语言技能体系包括听说读写等技能。由于大多数方言没有文字系统,所以本研究主要考察受访者方言的听说能力。受访者方言能力掌握状况分为以下四类：(1) 听不懂且不会说；(2) 能听懂但不会说；(3) 只能进行简单交流；
(4) 能进行熟练交流。出现第 1、2 类情况，判定受访者"不会讲某种方言"；
处于第 3、4 类，则判定受访者"会讲某种方言"，只不过方言能力略有差异。
只会说简单几句方言的受访者，也被归为不会说某种方言。比如，在访谈
中，某些受访者表示会简单说几句南京话，比如"啊要辣油啊、多大事、臆怪
巴拉的、真来斯哦"等表达，则判定该受访者不会说南京话。还需要说明的
是，笔者在利用 SPSS 分析各项因素间方言能力差异时，对方言能力进行了
赋值。"听不懂且不会说"赋值为 1，"听懂但不会说"赋值为 2，"只能进行简
单交流"赋值为 3，"能进行熟练交流"赋值为 4，数值越高或均值越高，表示
受访者方言能力越强。

调查数据显示，上海、南京和扬州三个城市的 90 后受访者方言能力状
况存在差异，但整体情况良好；三个城市均有 60％以上的受访者会说当地
方言。具体来看，上海、南京和扬州能使用方言熟练交流的比率分别为
60.7％、85.5％和 88.2％，上海市新生代方言掌握情况弱于南京和扬州两个
城市；能使用方言进行简单交流的比率分别为 32.8％、1.8％和 9.8％；上海、
南京和扬州三个城市中能听懂但不会说方言的受访者比率分别为 6.6％、
12.7％和 2％。

二、家庭语境被动性方言社会化

城市化过程中，虽然普通话的推广与普及对家庭语境的方言使用产生
了影响，但与其他语境相比，家庭语境仍是方言习得与使用的重要场所，也
被认为是当下方言维持与发展的最后堡垒。此外，家庭语境是新生代幼年
时期语言习得的重要起点，是他们社会互动交际活动最频繁、延续时间最长
的一个场所。在本地人家庭或者在主要语言为当地方言的家庭中成长的青
少年，接触和使用方言的时间多、使用频率高，相应地，其方言能力也会有较
好的发展。对于这类 90 后，当地方言就是他们的母语，出生之后，他们就处
于方言环境中；方言也是他们最初与外界交流的媒介，由于方言文化的渗

透和家庭成员语言实践的影响,在不知不觉中,他们即会习得方言,并以方言为媒介顺利实现与他人的沟通交流。很多会说方言的受访者表示,自己学会说方言的主要原因是"小时候家里都说方言,听着听着就学会了"。西方继承语的研究者强调,家庭是本领域研究中的一个重要的分析单位,是维持或传承某种继承语的重要因素,家庭具有极强的社会化功能,也是首要的社会化场所。在访谈中,笔者发现,在中国的家庭语境中,由于抚养方式、家庭通婚结构的不同,90后方言社会化存在明显差异。我们从抚养方式和家庭通婚结构两个层面分析家庭语境中90后的方言社会化过程及其特征。

1. 抚养方式与方言社会化

家庭语境是新生代幼年时期语言习得的起点和语言使用的重要场所,不同的家庭抚养方式对于子女社会认知能力、心理情感的成长发展包括语言能力的发展等均有显著影响。在西方继承语的研究中,学者们发现家庭抚养方式,尤其是由祖父母辈参与抚养的华人家庭中,下一代的中文传承状况相对较好。Curdt-Christiansen(2014)的研究发现,海外华人家庭的祖父母辈在子孙辈习得中文方面有潜移默化的作用。在数代同堂的华人家庭中,当祖父母辈参与抚养学龄前儿童的时候,子孙辈在上学前与祖父母辈接触较多,这在无形中为他们提供较多的习得和练习说中文的机会,从而有助于其中文能力的发展。一些关注中国地区方言传承的学者也认为,由祖父母辈参与抚养的家庭中,子女或者更年轻下一代的方言能力发展状况较好。多数祖父母辈错过了学习普通话的黄金年龄,其普通话水平总体偏低,在与下一代相处的过程中,他们倾向于使用方言。婴幼儿时期是语言习得的关键期,如果儿童长期沉浸于方言环境中,这种语言氛围无疑会影响他们的语言习得。由此,很多学者认为,祖父母辈参与的抚养方式有利于方言的传承和发展。本次的调查数据也证实,祖父母辈参与抚养的家庭,受访者的方言能力普遍高于没有祖父母辈参与抚养的家庭。不同抚养方式下新生代的方言能力状况见表2-3。

表 2 - 3 不同抚养方式下 90 后的方言能力

抚养方式	方言能力	上海	南京	扬州
祖辈参与	听不懂不会说	0	0	0
	听懂但不会说	0	0	0
	只能简单交流	9 人/31.0%	0	0
	可以熟练交流	20 人/69.0%	16 人/100%	20 人/100%
父母抚养	听不懂不会说	0	0	0
	听懂但不会说	4 人/12.5%	7 人/18%	1 人/3.2%
	只能简单交流	11 人/34.4%	1 人/2.5%	5 人/16.2%
	可以熟练交流	17 人/53.1%	31 人/79.5%	25 人/80.6%

由表 2 - 3 可知,上海、南京和扬州三个城市,由父母抚养的家庭中,受访者"可以熟练交流"占比为 53.1%、79.5% 和 80.6%,由祖父母辈参与抚养的家庭中,受访者"可以熟练交流"占比为 69.0%、100%、100%。三个城市中,祖父母辈参与抚养家庭中,受访者能使用方言熟练交流的比率均高于由父母抚养的家庭。还可以发现,不管在何种抚养方式下,超大城市上海能使用方言熟练交流的受访者比率均低于南京和扬州两个城市。不同抚养方式与受访者方言能力发展是否有统计学意义的差异呢? SPSS 独立样本 t 检验结果见表 2 - 4。

表 2 - 4 SPSS 独立样本 t 结果

地域	显著性 Sig.(双尾)	平均差	标准误差值
总体	.001	—.270	.081
上海	.070	—.283	.153
南京	.004	—.385	.125
扬州	.017	—.233	.092

注:平均差是指不同抚养方式下方言能力均值的差值,父母抚养家庭均值减祖父母辈参与抚养家庭均值的结果。

根据数据统计结果,上海、南京和扬州三个城市,家庭抚养方式与新生代方言能力之间存在显著性差异(Sig.=0.001/0.017/0.004＜0.05);不同抚养方式下,受访者的方言能力发展状况存在差异。上海市家庭抚养方式与方言能力之间虽然无显著性差异(Sig.＝0.070),没有达到统计学意义上的相关性,这可能与样本数量较小有关,即使如此也可以发现,在上海,所有由祖父母辈参与抚养的家庭,受访者均会说方言。参考三个城市总体的统计结果,可以得知,抚养方式的确会对新生代方言能力产生影响。不同抚养方式下成长的新生代,其方言能力存在差异。根据平均差值,祖父母辈参与抚养的家庭中,新生代方言能力均值高于父母抚养家庭中的受访者。访谈信息揭示出,不同抚养方式下 90 后的方言社会化情况存在差异,最终造成 90 后方言能力发展的差异。

案例 1:"我记得我小时候扬州话说得还是不错呢。因为我父母小的时候工作比较忙,照顾我相对比较少……我爸爸妈妈上班的地方离我学校很远,小时候主要是爷爷奶奶带我。他们都是扬州本地人,不会讲普通话,只会讲方言,我很多的方言都是跟爷爷奶奶在一起的时候学会的,那时候也不懂,就是听着爷爷奶奶讲,然后跟着他们说。……虽然上小学直到现在上大学,用普通话多了,但是每次回家在爷爷奶奶面前还是一直用扬州话和他们说。"(扬州样本 3)

城市化过程中,随着城市社会经济的快速发展、城市生活节奏的加快,父母由于时间、精力的不足,无法照顾子女的生活,有些父母就邀请祖父母辈参与抚养下一代。近年来,中国城市家庭中,隔代抚养、混合抚养占比上升。案例 1 中的受访者在幼儿时期,对方言的感知、使用等均在社会化过程中获得。此外,她的社会化过程是被动性的,主要受家庭中祖父母辈的影响,缺少自主选择的能力与意识。受访者由祖父母辈抚养长大,小时候祖父母辈讲方言,因此在方言社会化过程中,在方言为主导的家庭语言环境中,说方言的习惯逐渐养成,也潜移默化地习得方言,最终发展出较为稳定的方言能力。祖父母辈参与抚养的方式在我国城市社区较为常见,所占比率也较高,三个城市中有 39％的家庭是由祖父母辈参与抚养的,案例 1 的情况在调查中并不是个案,而是普遍存在的。

"小时候我会讲上海话,上幼儿园之前我是和爷爷奶奶住的,他们都和我说上海话,那时候就学会了。只是上学以后要求讲普通话,我父母也开始用普通话了,我现在上海话讲得不是很流利。"(上海样本 13)

"小时候我和爷爷奶奶住一起比较多,上海话说得不错。上学以后说普通话多了,上海话就少了。有时候无意中说普通话,爷爷奶奶会要求我转成上海话,所以我会根据家人来调整。"(上海样本 43)

"我爸不会说南京话,虽然我妈会说,但大家在家里也是说普通话。我和外公外婆从小住在一个院子里,小时候是他们带大的,一直从幼儿园带到小学,他们平时都说南京话,我就是受他们影响学会的。"(南京样本 12)

"我小时候爸妈在外地打工,爷爷奶奶一直带我到小学,所以我肯定会说溧水话(溧水是南京市辖区)。后来他们回家来工作了,我弟弟就是我爸妈带大的,他就不会说方言。"(南京样本 29)

"五岁前一直是外公外婆带我,所以我先学会说扬州话的,幼儿园才开始学普通话。"(扬州样本 7)

"我爸是南京人,不会扬州话,我妈是扬州人,但是日常生活中普通话比例比较高。小时候我是外婆带大的,所以我就学会了仪征话(仪征是扬州辖县级市),现在在家里能用普通话就用普通话,只有回到仪征老家才讲方言。"(扬州样本 33)

上述访谈案例的共性是,受访者父母在家庭日常交际互动中均使用普通话与其子女交流。这些 90 后之所以会说方言,主要是因为他们都是由会说当地方言的祖父母辈抚养长大,在与祖父母的互动过程中学会讲方言。第四个案例中,受访者与其弟弟的情况形成鲜明对比。受访者由祖父母辈抚养长大,其方言能力发展良好,能熟练使用方言。弟弟出生后,家庭抚养方式发生改变,主要由父母抚养长大,家庭语言使用习惯因此改变,弟弟没有获得方言能力。在弟弟的语言社会化过程中,由于抚养他的父母主要使用普通话,缺少习得方言的语境。由于对方言的接触与了解较少,弟弟缺少学习方言的平台与动力。虽来自同一个家庭,由于抚养方式的差异,语言社会化过程中获得的语言输入形式不同,两人语言习得结果和语言能力发展状况也完全不同。

总体来看,祖父母辈多数人习惯讲当地方言,有些祖父母辈完全不会说普通话,有些不习惯说普通话,还有些会强制要求下一代在家里只讲方言,所以处于方言环境中的新生代,其语言使用习惯、语言能力受到祖父母辈营造的家庭语言环境的影响,在被动性社会化过程中逐渐完成其方言习得。不同抚养方式下,90后被动性方言社会化存在差异,祖父母辈参与的抚养方式有助于促进新生代的方言习得,也会增加新生代使用方言的比率。

2. 家庭通婚结构与方言社会化

访谈信息显示,即使在同一种抚养方式下,虽然方言社会化过程类似,比如,均有祖父母辈参与抚养的家庭中有些90后的方言能力仍存在差异,这一结果提示,除了抚养方式,其他因素,比如家庭通婚结构也会对子女的方言社会化产生影响,进而影响其方言能力的发展与方言的使用。对于由父母抚养的家庭来说,家庭通婚结构对新生代语言习得的影响格外重要。不同家庭通婚结构下,90后的方言社会化呈现出不同的特点。在被动性方言社会化中,家庭内部的语言交际互动主要发生在父母与子女之间,子女的语言习惯、语言使用深受父母语言文字背景、父母语言意识、语言使用方式等各种因素的影响。

多语社会移民家庭年轻一代语言习得状况显示,8岁以下是儿童学习语言的最好时期。而且这一时期的儿童语言系统是在父母的影响下逐渐形成的。该结论同样适用于中国城市新生代的语言习得情况。在三个城市中,家庭语境下,如果父母是会讲方言的当地人,且在家庭中使用方言,90后在方言社会化过程中方言掌握程度相对较好;如果父母是外地人,不会说当地方言,孩子在方言社会化过程中方言掌握程度会受到较大影响。

表 2-5　不同家庭通婚结构下 90 后的方言能力差异表

通婚结构	方言能力	上海	南京	扬州
本+本	听不懂且不会说	0	0	0
	听懂但不会说	1 人/2.4%	1 人/2.9%	0/0
	只能简单交流	11 人/26.2%	0/0	1 人/3.2%
	可以熟练交流	30 人/71.4%	33 人/97.1%	30 人/96.8%
本+外	听不懂且不会说	0	0	0
	听懂但不会说	1 人/10.0%	2 人/13.3%	1 人/6.3%
	只能简单交流	6 人/60.0%	1 人/6.7%	2 人/12.4%
	可以熟练交流	3 人/30.0%	12 人/80.0%	13 人/81.3%
外+外	听不懂且不会说	0	0	0
	听懂但不会说	2 人/22.2%	4 人/66.7%	1 人/25.0%
	只能简单交流	3 人/33.3%	0	1 人/25.0%
	可以熟练交流	4 人/44.5%	2 人/33.3%	2 人/50.0%

由表 2-5 可知,上海、南京、扬州三个城市中,家庭通婚结构为"本地人+本地人"的受访者中会说方言的比例为 97.6%、97.1%、100.0%,"本地人+外地人"的受访者中会说方言的比例为 90%、86.7%、93.7%,"外地人+外地人"的受访者中会说方言的比例为 77.8%、33.3%、75.0%。不同的通婚结构下,90 后会说方言的占比由高到低为"本地人+本地人"、"本地人+外地人"、"外地人+外地人"结构。这一结果表明,家庭通婚结构对 90 后方言能力的发展会产生影响。表 2-6 显示的是 SPSS 单因素方差分析法(One-way ANOVA)的统计结果。

表 2-6　家庭通婚结构与子女方言能力的统计结果（LSD 检验）

地域	（I）家庭通婚结构	（J）家庭通婚结构	平均差（I－J）	标准误	显著性
总体	本地人＋本地人	本地人＋外地人	.256*	.105	.016
	本地人＋本地人	外地人＋外地人	.736*	.143	.000
	本地人＋外地人	外地人＋外地人	.480*	.159	.003
上海	本地人＋本地人	本地人＋外地人	.490*	.207	.021
	本地人＋本地人	外地人＋外地人	.468*	.216	.035
	本地人＋外地人	外地人＋外地人	－.022	.271	.935
南京	本地人＋本地人	本地人＋外地人	.245	.199	.223
	本地人＋本地人	外地人＋外地人	1.245*	.284	.000
	本地人＋外地人	外地人＋外地人	1.000*	.310	.002
扬州	本地人＋本地人	本地人＋外地人	.125	.087	.155
	本地人＋本地人	外地人＋外地人	1.000*	.135	.000
	本地人＋外地人	外地人＋外地人	.875*	.143	.000

　　根据表 2-6 中三个城市的总体统计结果,"本地人＋本地人"、"本地人＋外地人"、"外地人＋外地人"三类通婚结构下,显著性概率(sig.)均小于0.05,这说明在家庭通婚结构的影响下,90 后的方言能力存在显著性差异。平均差数值(I－J＝0.256/0.736/0.480)显示,不同的家庭通婚结构中,90 后方言能力的差异表现为:"本地人＋本地人"通婚的家庭中 90 后方言能力高于"本地人＋外地人"的通婚结构,而"本地人＋外地人"通婚结构下 90 后方言能力又高于"外地人＋外地人"家庭。具体来看,在上海、南京和扬州三个城市,"本地人＋本地人"通婚家庭与"本地人＋外地人"、"外地人＋外地人"通婚家庭之间均存在显著性差异。不过,上海市"本地人＋外地人"与"外地人＋外地人"、南京和扬州市"本地人＋本地人"与"本地人＋外地人"之间没有显著差异,这可能是样本量太小、抽样误差等因素导致没有出现统计学意义上的显著性差异。

　　三个城市的总体统计结果和三个城市单独的统计结果的共同特征是:"本地人＋本地人"与"外地人＋外地人"通婚家庭,90 后方言能力都具有显著性差异,统计的平均差值均为正数,这些数据表明,"本地人＋本地人"的通婚结构下 90 后的方言能力显著高于"外地人＋外地人"通婚结构。可见,家庭通婚结构在 90 后方言社会化中会对其方言能力发展产生影响,父母均为本地人的家庭环境中,受访者方言熟练程度高于父母为外地人的家庭。

究其原因,家庭通婚结构会通过父母的语言使用习惯和父母的语言意识影响家庭语言环境,家庭语言环境又会影响 90 后的语言使用和语言能力,也会对 90 后的语言社会化产生影响。父母双方均为本地人的家庭中,家庭成员交际互动的主导语言为当地方言的概率较高;父亲或母亲若有一方为外地迁入人口,家庭内部使用的语言类别增多,或者为普通话,或者为父母双方的方言,也或者为普通话、方言等多言环境。被动性方言社会化阶段,90 后在被动习得语言或方言时,会模仿父母的语言使用习惯,家庭中父母的语言意识和实践会影响 90 后的语言习得与使用。父母均为本地人的90 后,在被动性方言社会化过程中受当地方言影响的可能性远大于父母为外地人的受访者。总体上,这类家庭中的 90 后方言能力也会普遍高于父母为外地人的受访者。笔者 2016 年对南京市区居民家庭语言使用状况的调查中已经发现这一影响,父母双方同为南京本地人的家庭中,家庭内部使用南京话的比率最高,一方为外地人的家庭次之,父母都是外地人的家庭最低,而且父母的语言选择和交际策略会影响子女的语言使用。

另外,本次访谈,笔者还发现,本地出生的父母,对当地方言的认同感较强,父母的语言态度,在子女被动性方言社会化中,会不自觉影响子女对当地方言的看法。外地迁入的父母对当地方言的认同感较弱,很少强制要求子女学习当地方言。所以在社会流动频繁、外来人口日益增多的背景下,来自不同家庭结构的受访者在父母语言意识影响下,其语言使用情况出现差异。

案例 2:"我父母都是老南京人,他们虽然也会讲不太标准的南京普通话,但是在家里基本都用南京话交流。……我小时候主要是跟父母一起学会南京话的吧,其实也不用学,从小一直都讲,自然而然就会了。周围的街坊邻居以及小伙伴也大都是南京人,平时都是使用方言交流。我自己也认为南京话比较好听,交流起来比较自然随意。"(南京样本 36)

案例 3:"因为我妈妈是南京本地人,爸爸是武汉人迁到南京的,我爸爸南京话讲得不好,所以在家里主要讲普通话,我妈妈以前习惯讲南京话,但是受到爸爸影响后来就开始讲普通话了。……从小我爸就教我普通话,上学前我可以听懂南京话的,但是很少会说,在家里和父母交流主要用普通话。"(南京样本 45)

案例 4:"我父母都是泰州到上海的,他们慢慢就学会上海话了。虽然他们都会说(上海话),但是在家里可能还是不习惯吧,在家里我们三个人都讲泰州话。……记得小时候上学前家里就一直讲泰州话。上海话嘛,父母毕竟会,所以小时候无意中也会听到他们和朋友同事说一些,所以能听懂。"(上海样本 21)

上面的三个案例,其家庭结构分别为"本地人＋本地人"、"本地人＋外地人"和"外地人＋外地人"三种类型。案 2 中的受访者父母均为本地人,所以家庭语言一直是地方方言(南京话)。受访者在社会化过程中,其南京话发展很好,受父母以及居住社区居民的影响,本人对南京话的认同度很高。这种积极的方言认同感又反过来促进其对南京话的学习与使用。案例 3 中,受访者的母亲虽然是本地人,但父亲是外地人且南京话说得不好,在家庭内部,身为当地人的母亲,其语言使用习惯逐渐受到父亲的影响,由使用方言转为使用普通话,最终家庭内部形成以普通话为主导的语言使用环境。在这一过程中,受访者在与父母言语互动过程中了解到父母对普通话和方言的看法和使用习惯,并在这一社会化过程中,放弃学习南京话,而转变为主要使用普通话的语言习惯。案例 4 中,受访者父母均为泰州人,是由泰州迁入上海的外地人。但受访者父母对自己的家乡话泰州话认同度较高,即使在上海生活,他们的家庭语言一直以泰州话为主,普通话和当地方言(上海话)基本不出现在家庭中。受父母影响,受访者从小讲泰州话,对当地方言上海话了解和接触较少,因此本人虽为上海人,上海话却讲得不好。从这三个访谈案例可以看出,通婚结构会影响家庭内部语言的选择和使用,也会影响90后方言能力的发展。如果父母为外地人,家庭内部使用普通话和外地方言的情况较为常见,在这一语境下,90后接触当地方言的机会变少,其方言能力的发展也会受到限制。

吕斌(2017)的研究指出,如果家庭成员中有外来迁入的人口,那么家庭内部出现双语或多语现象的可能性增大;外来迁入人口组成的家庭中,外地迁入的父母在融入和接触新文化环境时体现的"地方化"意识以及"文化适应"行为会影响家庭的语言使用,若双方都是外地人,地方化意识弱,则家庭中使用当地方言的可能性较小。案例4受访者的父母均为由泰州迁入上海的外地人,因此在他们家,受访者表示,"家里人更习惯在家中说泰州话,毕竟从小都说习惯了,而且家里说上海话很别扭吧。在上海生活这么多年,虽然也学会说上海话了,但是不说好像没什么不方便,也没有不适应。"受访者父母在融入上海的过程中,没有因外地人的语言差异感觉到交际障碍。他们不说上海话也可以很好地适应上海的社会生活,无须刻意通过讲上海话构建上海人身份,所以上海本地的"地方化"意识较弱,家庭语言也一直维持说泰州话习惯,没有因居住地变化而改变。受访者在家庭语境下的语言社会化中受到上海方言熏陶较少,上海话能力因而较弱。大量的访谈数据显示,被动性方言社会化中,父母一方或两方均为外地人的家庭结构下,多数90后方言掌握状况弱于父母均为本地人的家庭,他们的方言的使用率也会相应下降。在方言学习和使用方面,父母均为本地人的家庭更具有优势,这与上文SPSS统计结果相一致。所以,在被动性方言社会化中,家庭通婚结构会影响家庭语言使用,而后影响90后的方言习得和方言使用。

三、学校语境被动性方言社会化

虽然家庭是多数90后最早接触到的语言习得场所,它的作用不可忽略,但是在社会化过程中,它却不是唯一的场所。学校语境对90后的语言习得和语言使用也极为重要。Watson-Gegeo & Nielsen(2003)指出,虽然与社会环境相比,学校环境提供给学生的语言资源相对较少,但学校环境仍然具有社会属性,其对学生语言能力的影响不容忽视。因此,学校语境也存在方言社会化过程,而且这一过程值得研究。除了家庭,成长中的90后消耗时间最久的场所就是学校,这一语境也是影响其语言社会化的重要因素。在中国的社会文化背景下,学校语境对方言社会化主要体现在两方面:学校语境下语言使用的氛围、语言使用习惯以及学校对学生语言使用的要求与规定。这两个层面体现的是非常典型的显性语言社会化,即通过明确的指令和要求向学生传递语言使用要求。从90后视角看,则是他们在学校语境中被动性方言社会化的过程。

1. 宏观语言政策与被动性方言社会化

90后在学校中的被动性方言社会化同我国宏观语言政策与规划密切相关。受国家推广普通话政策的影响,90后在方言社会化中,非常重视学习普通话,学说普通话,方言在学校语境中的使用空间远小于普通话。推广普通话一直是我国语言文字工作的重要内容之一。自1956年始,我国政府就开始推广普通话。随着我国城市化进程的深入发展,基于现实交际的需求,2000年10月31日,第九届全国人民代表大会常务委员会第十八次会议通过《中华人民共和国国家通用语言文字法》。语言文字法明确提出,地方各级人民政府及其有关部门应当采取措施,推广普通话和推行规范汉字。此后,我国各地在推广普通话方面成果显著。截至2020年,全国普通话普及情况抽样调查数据显示,全国范围内普通话普及率达到80.72%,比2000年的53.06%提高了27.66个百分点,圆满完成语言文字事业"十三五"发展规划确定的目标①。2017年,教育部、国家语委印发《关于进一步加强学校语言文字工作的意见》,指出"学校是推广和普及国家通用语言文字、培养国民语言文字规范意识、增强国民文化自信的重点领域,使用和推广国家通用

---

① 国家语言文字工作委员会组编;郭熙主编:《中国语言生活状况报告(2021)》,北京:商务印书馆,2021年。

语言文字是各级各类学校的法定义务,是学校依法办学的基本要求。学校教育教学是提高国民语言文字应用能力、提升人力资源素质的主要渠道。学校师生是传承弘扬中华优秀传统文化、革命文化和社会主义先进文化的重要力量。扎实做好学校语言文字工作,是切实发挥语言文字事业基础性、全局性作用的关键环节"①。在这种背景下,在校学习期间 90 后对普通话的学习热情增加,普通话能力大幅度提升;而这些又会在某种程度上影响方言的习得与使用,他们方言能力的发展会出现变化。学校教育对 90 后语言习得和使用的影响在他们青春期之前影响较为明显。这一阶段,是 90 后被动性语言学习阶段,自主意识尚未形成,语言使用主要受到校园语言氛围与语言使用的影响。学校里大力推广普通话,对老师和学生的普通话水平都有明确要求,不仅要求老师尽力保证普通话教学,也要求学生在校园内用普通话进行交流。社会化过程中,90 后接收到学校关于普通话使用的规定和要求,并逐渐形成对普通话较高的认同感。实际生活中,与年长一辈相比,多数 90 后的方言使用比率明显降低,校园语境下比率更低(见表 2-7)。

表 2-7　上海、南京和扬州校园语境 90 后语言使用情况表

	上海($n=61$)		南京($n=55$)		扬州($n=51$)	
	人数	占比	人数	占比	人数	占比
当地方言	0	0	0	0	3	5.9%
普通话	54	88.5%	29	52.7%	26	51.0%
普通话+方言	7	11.5%	26	47.3%	22	43.1%

在学校语境下,三个城市的 90 后课后的交际互动中,使用普通话交流的比率分别为 88.5%(上海)、52.7%(南京)和 51.0%(扬州);普通话和方言交替使用的比率,上海、南京和扬州分别为 11.5%、47.3% 和 43.1%;上海和南京两个城市中,没有人在校园里说方言,扬州的受访者中,也仅有 5.9% 的人会在校园里使用方言与老师或同学交流。根据访谈信息,采用普通话和

① 《教育部国家语委关于进一步加强学校语言文字工作的意见》,2017 年 1 月 17 日,来源:http://www.moe.gov.cn/srcsite/A18/s3129/201702/t20170208_295894.html,2022 年 12 月 20 日。

方言交替使用的方式中,多数人是以普通话为主,只是中间偶尔掺杂方言中一些特殊的词汇或者比较有特色的表达。比如,"阿行啊、很犯嫌、干么斯啊"(南京话);"只有伊一个人憨问相、请侬切饭哦、好伐啦"(上海话),等等。

受政府推广普通话政策和学校语境显性社会化的影响,总体来看,90后在学校中语言使用基本规律是,课堂上师生全部使用普通话,课堂下普通话交流为主导,普通话和方言交替使用为辅助,方言基本消失在校园语境。访谈结果显示,宏观语言政策下的显性语言社会化确实对90后的语言意识和语言使用产生重要影响,因此形成上述的校园语言环境和语言使用习惯。

案例5:"我爸妈都会说上海话,家里也习惯讲上海话,我小时候上海话主要是跟父母学会的,上学前我的上海话讲得很不错。"

"但是自从上幼儿园以后**学校规定讲普通话**,课上老师使用的都是普通话进行教学,回答问题也是同样都用普通话。学校要求讲普通话,所以我们小时候都觉得讲普通话是正确的。我二年级的时候还**担任过推普员**,监督其他小朋友,如果有人**说上海话要制止**,所以有的小朋友只敢在洗手间说。……课下同学之间的交流也受周围环境影响都是普通话,渐渐地,我的方言说得也没有原来那么好了,在学校以及平时在外面主要用的是普通话。"(上海样本32)

案例6:"上学前我在家里一直讲南京话,上学之后学校规定不让说方言,因为要学汉字拼音什么的,所以大家都不说了。"

"有一次学校里有一个校园'小小解说员'的实践活动,记得当时班里要选拔几位小朋友参加,我报名但是落选了,就是因为**选拔条件是普通话要标准**。……我刚上小学,普通话说得还不好,当时还挺失落的,后来就很认真学普通话了。"(南京样本9)

案例7:"我的父母都不会讲普通话,平时在家里只会讲扬州话,所以小时候在家和父母使用的基本都是方言。"

"上小学后,我们学校里推广使用普通话,教室里**有牌子写着请讲普通话**。虽然周围同学都是本地人,当然也有乡镇里的农村人,大家都会说扬州话,但是在学校里都不会说。我们很多老师普通话不标准,但是他们也在尽力说好。上课的时候,老师讲带点扬州话口音的普通话,但是回答问题的时候学生还是用普通话。……学校里规定我们讲普通话,所以慢慢就被训练出来了,看见周围没人说所以自己也不会说,觉得开口很奇怪,现在自己讲普通话更习惯。"(扬州样本 16)

上述案例中,受访者虽然生活在不同的城市,但经历的语言社会化过程基本相同,形成的语言使用习惯以及语言使用方面的变化也基本相同。在家庭语境被动性方言社会化过程中,父母与受访者说方言,家庭语言环境以使用方言为主。受父母语言实践的影响,三个受访者在家庭内部已经学会说方言,语言使用习惯基本与父母一致(说方言、认同方言)。入学之后,三人经历的仍然是被动性语言社会化,可学校语境被动性语言社会化对他们产生了较大影响。案例 5 和案例 6 的受访者均来自上海,入学后两个受访者均明确接收到来自学校的关于语言使用方面的政策与规定。比如"学校规定讲普通话""学校规定不让讲方言""有人说上海话要制止"等等内容;除了制定一系列的规章制度,学校还举办了一些活动,或者采取了一些措施,帮助或者激励学生讲普通话,提升学生普通话能力。例如,学生"担任过推普员监督其他小朋友,如果有人说上海话要制止";选拔校园"小小解说员",条件是"普通话要标准",等等。在校园被动性社会化过程中,受访者接受了学校规定的语言使用政策,在参与校园交际互动的过程中,意识到普通话的重要性并开始认真学习普通话。随着时间的推移,校园语境下的被动性社会化的影响超过了家庭语境被动性社会化;受访者逐渐改变了在家庭语境下形成的语言使用习惯,从使用方言改为使用普通话,方言的使用逐渐减少。案例 7 的受访者生活在扬州,从城市经济的发展状况和发展规模来看,扬州均与上海和南京存在差距。可根据访谈信息,在扬州的校园语境里,学校倡导的语言政策与上海和南京相同,同样呼吁学生在校园里说普通话。

比如,"学校里推广使用讲普通话""教室里有牌子写着请讲普通话"等。扬州的校园语境下也形成说普通话的氛围。三个案例的共同特征是,学校均大力倡导学生在校园里使用普通话。在学校普通话政策影响下,三位受访者接受"校园中禁止讲方言"的要求和规定,语言使用状况发生改变。由于自主语言意识尚未形成,再加上学校具有较高的权威性和影响力,在社会化过程中,90后自然而然地受到学校政策、教师的影响,形成新的语言使用习惯。另外,校园语境下,同侪压力也对90后产生影响,"看见周围没人说所以自己也不会说,觉得开口很奇怪"。在同伴语言习惯的相互影响作用下,90后在校园语境下使用普通话的比率提高,方言使用比率下降。不过,同学之间之所以选择使用普通话,根本原因是与学校严格执行国家宏观语言政策、倡导师生在校园里使用普通话,且采取多项举措、举办相关活动等努力有关。推普工作长期有效的落实,势必导致方言在校园环境中使用空间缩小。

校园语境是90后第二个最为关键的语言社会化的场所。上海、南京和扬州三个城市的调查结果显示,不管城市规模如何,在校园语境中使用普通话基本成为主流趋势。"上学之后普通话说得多了"、"在学校时间长了,所以回家也习惯说普通话"、"学校里不说上海话,所以我现在才说得越来越差"。从这些受访者的访谈信息中,可以看到校园普通话语言环境给90后被动性语言社会化带来的影响。校园普通话环境除了对90后产生直接影响外,甚至也对90后父母产生间接影响。有受访者表示,"小学时学校要求我们说普通话,那时候我爸妈在家里也和我转成普通话交流"、"我回家经常讲普通话,爸妈时间久了也会顺着普通话说了"、"他们(受访者父母——笔者)可能怕我普通话说不好,所以家里说普通话的情况慢慢就多了"。90后父母为了与学校的规定同步,帮助90后学好普通话,甚至会在家庭内部改变家庭用语的习惯。由此可见,家庭中方言社会化会受到学校政策的影响,学校语境下语言社会化的影响会超过家庭中方言社会化的影响。家庭和学校两个语境的社会化过程均强化了90后说普通话的意识,从而形成普通话用语习惯以及普通话使用模式。这在一定程度上,可以解释为什么城市中某些家庭内部会出现以普通话为主导的交际互动方式,也可以解释为什么有些 90 后不会说方言。

推广普通话政策是影响 90 后被动性方言社会化的一个关键因素。推普政策下成长的 90 后在学校长时间被动接受普通话教育,所以方言习得、方言能力和方言使用都会在推普语言政策影响下产生持续的效应。在我们调查的所有样本中,每个人语库中都存在普通话语码,当然很多 90 后语库中同时存在方言语码,所以协调普通话和方言二者关系很有必要。可日常互动中,普通话和方言的交替使用很难实现。很多受访者提到"小学学校走廊里面会贴'普通话是校园语言'的标语"、"学校内贴着'我是中国娃,爱说普通话'"、"我们小学有推普周,每个班还有推普角呢"、"我记得当时还做过推普手抄报"、"幼儿园的时候推广普通话,自己还担任过推普员",这些直接明确的政策作为显性社会化的重要手段,深刻影响着 90 后的语言使用。很多受访 90 后表示,入学后受推广普通话政策影响,方言能力减弱,又由于普通话的高普及率以及普通话的高声望,使得社会交际中方言的交际功能越来越弱。

2. 教师与被动性方言社会化

显性语言社会化不仅包含宏观层面上国家推广普通话的政策,也包括微观层面上教师对学生学习普通话的明确要求和规定。在学校语境下,教师是权威的象征,担任指挥官的角色。学生习惯于服从和遵守,教师持续肯定的指令和学生持续的服从,会让学生无意识吸收嵌入到指令中的文化价值观念(Schieffelin,Woolward & Kroskrity 1998)。He(1995)的研究也指出,教师指令的反复出现是一种有效的社会化工具,教师可以通过这种工具向学生传递文化价值。教师通过指令明确要求学生使用或学习语言也是显性社会化的表现。在被动性语言社会化中,对于自我意识较弱或没有完全形成自我意识的学生来说,他们通常会服从指令并将老师视为榜样,所以教师对他们的语言社会化产生重要影响。

在访谈中,很多 90 后提到学校中老师明确要求说普通话的场景。在老师的不断提醒与激励下,受访者方言社会化过程中语言使用发生变化。

案例8:"我讲话的情况比较复杂,每个阶段不太一样。上学前我在家里都讲扬州话的,后来我在市区上的小学,上学之后老师抵制我们说扬州话。记得有一次自己在班里讲扬州话被老师课下叫去批评了,警告自己要讲普通话。上学前家里一直都说扬州话,所以一上学一下很难改过来。后来被强迫改了一年之后就形成习惯说普通话了,之后就觉得自己的扬州话说得就没有上学前那么好了,就是你知道吗,很多时候说话不地道了,受普通话影响自己慢慢讲成扬普了。……我还记得当时老师经常说公共场合或者正式场合讲扬州话不好,很不礼貌,我就牢牢记住了,当时觉得扬州话只有很随便的人才会讲,以至于后来都觉得这些场合下不能说扬州话。"(扬州样本5)

案例9:"有一次看小时候拍的视频才知道我小时候竟然只说上海话,我都很惊讶。因为我记得从幼儿园起老师就**要求说普通话**,我小学的时候,我们班主任在班里设有推普员什么的,我们在班里说上海话会被推普员记下来。当时我同桌说上海话就被记了,**班主任老师就找他去谈话**,听说有的班的老师还会叫家长。我们每天绝大多数时间都在学校里,时间久了没机会说上海话,当然对上海话的依赖也就慢慢小了。"(上海样本7)

案例8的受访者受家庭语言环境影响,上学前只会讲扬州话,扬州话很地道。但因为老师在小学时期对使用普通话进行了强制要求,被迫从说扬州话转为说普通话,受访者扬州话水平逐渐下降。案例9的受访者也是在老师的强制要求下讲普通话,老师通过设置推普员以及课下谈话的形式对受访者提出明确的普通话要求。类似的情况在90后中非常普遍。当这些90后进入到校园之后,老师不断下达禁止讲方言的指令,告知他们在校园中讲方言是错误的行为。在这一过程中,"方言不如普通话正式、好听"的关键信息传递给90后。在被动性方言社会化中,有明确指令的显性社会化对语言学习者的语言使用非常关键,因此教师的指令和要求对90后产生了极大影响。国外学者也有类似的发现,对校园内外语使用情况的调查显示,教师明确制定外语使用规则的语言管理行为有助于外语学习,有老师语言管理的课堂中,学生的外语能力提升更快(Ahn 2014;Amir & Musk 2013)。

显性社会化过程在 90 后的语言使用中也存在,这种社会化过程对于他们的语言能力(包括方言能力)会产生什么影响呢? 有很多受访的 90 后表示,由于受到老师的影响,觉得说方言是一件"错误的、丢人的、不被允许的、很土的"事情。有位来自上海的受访者表示"小学我担任推普员,当时对方言很抵触",受访者此后较少说方言,其方言能力也迅速衰退。很多 90 后遵从老师的要求,在学校主要以说普通话为主;受老师语言意识的影响,有的学生回家也开始继续讲普通话。有些家庭里,父母为了配合老师的要求,帮助孩子学习普通话,甚至改变家庭语言交流方式,从方言模式转变为纯普通话模式。俞玮奇、杨璟琰(2016)通过 15 年的比较发现,上海市青少年在家庭领域中说普通话的情况呈显著的上升趋势。本研究虽没有进行纵向历时调查,但是由于老师要求讲普通话,回家后说普通话比例升高甚至影响父母发生语言转用的案例却有很多。

学校是 90 后学习生活的主要场所,由于老师不允许讲方言,所以方言的使用比率和使用空间减少。在被动性方言社会化中,幼儿园、小学阶段受到学校和老师的显性社会化影响,很多 90 后到了初高中阶段都只能说几句方言或只能进行简单对话。总体上,90 后的方言能力自上学后会有明显下降。虽然这个现象是受到宏观语言政策的影响,但是在具体执行层面,教师的语言管理也起着至关重要的作用。

如前所述,90 后在家庭中受到父母潜移默化的影响,习得普通话或方言,这属于隐性语言社会化;而校园环境中强制规定的语言使用制度和老师的明确要求均属于显性语言社会化。隐性和显性语言社会化共同作用于 90 后方言社会化过程,7 岁入学前受家庭影响较多,7 岁入学后则受学校影响较多,所以,90 后被动性方言社会化并非静止不变,而是具有复杂性和动态性特性。入学前讲方言的 90 后,入学后语言使用出现两种变化趋势:第一种是在家庭内部说方言,在学校说普通话;第二种是在学校说普通话,逐渐地,在家庭内部也说普通话,方言使用逐渐在家庭和学校语境消失,方言能力大幅度下降。

"学校不允许说方言,在学校说普通话多,但是家里人都讲家乡话,所以我在家里从小都说南京话,可以自如切换。"(南京样本 2)

"小时候说上海话多,上学以后普通话越来越多了。就算爸妈说上海话,我也说普通话,所以慢慢他们上海话也说得少了,现在意识到上海话说得不好了。"(上海样本 6)

上述访谈信息显示,受访者被动性方言社会化过程存在变化。由于城市环境、家庭环境的不同,被动性社会化的影响也不同。被动性社会化阶段,90 后自主意识薄弱,通常会主动遵守各项规章制度或者命令,显性语言社会化在这个阶段的影响非常突出。在探讨 90 后群体方言能力的发展状况时,需要重视显性社会化对他们语言习得与语言使用的作用和影响,只有制定恰当合适的语言政策才能平衡普通话与方言的关系,维持方言的传承与发展。90 后被动性方言社会化过程受家庭语言使用、宏观推普政策、学校语言政策、教师语言管理行为等多种因素影响。曾经有学者悲观预测,方言在青少年群体中的传承之路似乎走到尽头。如果仅仅依据 90 后被动性方言社会化过程,事实确实如此。可事实上,随着自主意识的增强,他们对普通话、方言形成了自己的认知。自主性语言意识的形成是否会改变他们的语言习得或者方言使用状况? 下文将对这一问题进行分析。

第三节　新生代自主性语言社会化

在语言习得领域,关键期假说影响深远。多年来,许多学者围绕语言习得的关键期假说,通过实验或者追踪调查,探究语言学习的开始时间或者年龄在语言习得中的作用。根据语言关键期假说,人类的语言能力与大脑思维发展状况密切相关。习得语言的最佳年龄在青春期之前,在这一时期,人类可以在社会环境中轻松快速地习得某种语言,无须特意教授,无须专门干预。进入青春期后,人类大脑发育日趋成熟并发生侧化,处理语言输入的独特能力逐渐消失,语言习得效率下降(Penfield & Roberts 1959;Lenneberg 1967)。语言习得的关键期,正是新生代被动性方言社会化阶段,按照这一理论,如果新生代在这一阶段无法习得方言,进入青春期后再习得方言的效率会大幅度下降,甚至无法习得方言。照此推论,如果青春期前无法习得方言,则方言传承面临巨大挑战,甚至面临断代传承的危机。可事实并非如此。儿童语言习得领域、二语习得领域大量的研究成果证明,凡是智力正常的人类,即使错过语言习得的关键期,只要有强烈的学习兴趣、学习动机以及较好的学习方法,经过努力同样可以习得第二语言或第三语言。虽然可能在某些方面无法达到母语水平,但影响的关键因素并非年龄,而是有很多其他影响因素,比如,第一语言的干扰,学习者的兴趣和动机,或者缺少语言学习的环境,等等。随着研究的深入,学者们发现,不管是习得母语还是第二语言、第三语言,学习者在学习语言的同时,还需要了解语言背后的社会文化习俗和规范,融入目的语文化也有助于提升语言习得的效果。在讨论儿童语言社会化问题时,Ochs 和 Schieffelin(1984)曾指出通过语言进行社会化和通过社会化学习语言,两者相互作用。在交际互动中直接观察语言的使用和以语言为媒介展开社会交际的过程中,儿童的自主能力和语言知识均得到发展,并自然获得语言背后的社会秩序规则和信仰体系。许多学习者进入青春期之后,通过社会化过程,也较好地掌握了第二语言、第三语言。调查中,一些90后受访者表示,自己的方言是在初中或高中时期学会的,而且是主动选择学习方言。学习方言的原因或者出于个人兴趣,或者意识到学习方言的重要性和必要性。进入青春期之后,90后的自主意识逐渐增强,价值观逐渐形成,对语言或者方言有新的看法,逐步发展出的语言意识会对他们的语言社会化过程产生影响,进而影响他们的语言习得和语言使用。

一、自主性语言社会化的内涵

随着自主意识的增强,90 后开始发展出自己的语言意识,他们对语言的功能和作用以及利用某种语言可以用来做什么等信息,开始有自己清楚、明晰的认识与选择。这一阶段,在与他人的互动交际中,90 后的语言选择和语言使用不再是简单被动地接受和服从,对于外界信息,他们开始独立思考、独立判断并最终形成自己知识体系的构建。这一阶段,90 后群体有意识、有目的地接触、了解某种语言及其背后的社会文化规范和习俗。在决定学习、掌握和使用某种语言方面,他们具备较强的自主意识,同时也开始思考利用语言如何更好地适应社会,或更好地与他人互动交流。只要这些特征出现,就表明 90 后开始由被动性语言社会化过程转为自主性语言社会化。这一过程中,他们会逐步构建出自己的社会网络,并根据自身社会网络的需求改变,或者重新选择语言的习得,或者改变语言使用状况。

社会网络是社会语言学研究中的一个重要影响因素。社会网络不仅有助于语言学习者了解语言或者方言的功能、价值与社会地位,也能更加直接地了解使用这种语言或方言的社团文化情感、风俗习俗、行为规范等内容。社会语言学家利用社会网络来探究人与人之间语言行为和凸显交际意图、构建社会身份之间的关系,关注人与人之间联系密度和语言行为的关联。社会网络关注的重点是关系和关系模式,它强调从关系或者结构的角度把握研究对象,注重个体间的关系,并解释关系带来的社会现象(张存刚、李明、陆德梅 2004)。进入青春期的 90 后开始发展自己的社交网络,按照自己的意愿形成不同类别的互动网络。比如,同伴网络、朋友网络、同事网络、社区网络,等等。在 90 后成长的过程中,家庭和学校始终是习得语言、使用语言的两个重要场所,但朋友网络、社区网络等也在其语言社会化过程中发挥作用,这些社会网络从另外的视角帮助 90 后了解语言或方言的价值与作用。人们会在不同的社会环境中构建不同的社会网络,语言是社会网络中的重要媒介。对于 90 后新生代也是如此,他们在成长过程中需要通过语言使用不断创建自己的社会网络。90 后语言社会化过程始终伴随着个人社交网络的扩展。

在自主性语言社会化中,90后语言习得和语言使用动因主要来自两个方面。一方面,他们在社会网络中更加明确自己的语言使用动机,开始主动习得或使用方言;另一方面,随着联系密度的增加,网络成员的语言输入帮助其提高方言能力,让其更好地融入社会网络或社区生活,完善社会化。在社会互动中,复杂的社会网络对个体语言使用的影响是长期持续存在的。在交际过程中,90后新生代为适应和融入不同的社会网络,会发挥主观能动性,实现其自主性方言社会化。社会网络在90后自主性方言社会化过程中十分重要。首先,人们在建立各种社会网络时,主要通过语言进行社会互动,由于每一个成员的语言意识以及语言使用习惯存在差异,如果想融入或者想构建某一社会网络,且维持自己在社会网络中的地位,就要使用和学习社会网络中普遍认可的语言,遵循语言行为规范,这本身就是自主性语言社会化的过程。所以探究不同社会网络的语言使用有利于观察自主性方言社会化的具体表现。

社会网络是一个人所拥有的非正式社交关系,包括亲戚、同伴、邻居、同事关系等。90后在成长的过程中,家庭、亲戚的影响弱化,来自同学网络、伙伴网络乃至同事网络的影响日益增强,在日常生活中也会受到邻里、公共场合等社区网络的影响。因此本研究结合访谈内容,从同伴、工作、社区三个主要社会网络入手,对其自主性方言社会化进行分析。

二、同伴网络与自主性方言社会化

"同伴"在《韦氏新大学词典》中被定义为"彼此之间地位平等的人"。同伴关系是指年龄相同或相近的人群之间的一种共同活动并相互协作的关系,或者主要指同龄人间或心理发展水平相当的个体间在交往过程中建立和发展起来的一种人际关系(程利娜、程诚 2020)。社会学研究表明,同伴交往是青春期社会化的重要内容,它对青春期青少年社会人格的健全发展具有决定性的影响力。语言学的相关研究也表明,在儿童习得语言的过程中,同伴群体发挥重要作用。因此,同伴网络的作用非常重要,是自主性方言社会化中不可忽略的因素。

　　如前述,在学校语境下,受宏观层面推广普通话政策、学校政策规定以及教师命令式指导的影响,大部分90后被迫服从并逐渐习惯在学校语境下使用普通话作为主要的交际工具,普通话成为学校语境中主导的交际工具。但是,在课下或者放学后与同学、伙伴的交流中,方言特殊的情感表达与特色用语让它没有完全消失在校园语境中。也就是说,校园中方言的使用空间确实有较大限制,但因为一些特殊价值,它在校园语境中仍留有狭小的一席之地。方言能力一般的90后受到周围同伴说方言的影响,为了更好地融入同伴间的小集体,有目的或下意识地学习并提高自己的方言表达能力以更好地实现伙伴间的交流。语言社会化是在文化、社会影响下获取语言文化知识和交际互动技能的过程,社会互动是语言社会化重要的推动因素。对于90后来说,同伴网络是其社会互动中的重要组成部分。同伴网络中,某些同伴会使用一些有趣的方言表达,这类表达既生动,又具有表达情意、拉近关系的特殊作用。这种特殊作用,让身处同伴网络且又不太会使用方言的90后产生了学习方言的兴趣和动力。下面的访谈信息显示,同伴网络确实引发了90后自主性语言社会化,或者说同伴之间讲方言既促进了90后彼此之间的社会互动,也在某些方面增加了他们学习方言的兴趣。

　　"我们同学之间会用扬州话开玩笑调节氛围,比如有时候冒几句'乖乖隆滴咚'这样的句子,说完大家就笑了,感觉同学之间关系一下就亲近了。有时候要是闯大祸了就会说'匆架',意思是大水冲了家,很形象而且当时那种氛围下伙伴之间一起说感觉关系很铁。"(扬州样本6)

　　这位受访者在与同伴交往中,发现了方言(扬州话)的特殊功能。比如方言中某些形象的表达,可以调节氛围,可以拉近与同学之间的关系。诸如此类的功能强化了这位受访者对扬州话的积极认同。认识到方言的作用之后,受访者就利用方言拉近与同学之间的关系。方言也在某种程度上帮助这位受访者强化自己的同伴网络。

　　本次调查发现,如果家庭内部用语和同伴网络的用语相同,且来自同一个言语社区,其社会文化习俗、社区规范等大致相同,同伴网络对语言社会化的影响较小。如果家庭用语与同伴网络不同,父母及家庭其他成员均来自其他言语社区,而且他们的社区文化与同伴成长的文化不同,同伴网络在自主性语言社会化的影响则较为显著。为了排除家庭干扰,观察同伴网络的作用,下面受访者家庭通婚情况均为"本地人+外地人"或"外地人+外地人"结构。

　　案例10:"我能讲扬州话,但是讲得不太好听,有时候讲着讲着会有一些卡顿,不能很快反应过来这句话用扬州话怎么说,可能还是普通话说习惯了吧。"

　　"我父母在家里完全和我讲普通话,讲扬州话也是我爸偶尔会讲一点点,我母亲几乎不讲扬州话,所以我小时候不会说。"

　　"但是我上学了之后,尤其是初中的时候有一两位扬州话说得很溜的同学,因为关系很好,平时下课呀周末呀大家出去玩,他们经常讲扬州话,我就慢慢和他们讲多了,扬州话说得好了一些,因为他们一起的时候都讲扬州话,如果我不讲会很见外,所以说扬州话好像可以更好融进我们的圈子里面,其实他们对我讲扬州话帮助很大呢。"(扬州样本11)

　　案例10中受访者的家庭语言环境为普通话环境,方言(扬州话)能力较弱。家庭语境下,受访者父母的语言使用习惯影响了他的语言能力和语言使用。进入初中之后,同伴网络帮助他深入地接触和了解扬州话。独立的语言意识帮助受访者发现扬州话的价值,认识到扬州话的特殊作用(比如,可以帮助他融入同伴网络)。在逐步融入同伴网络的过程中,受访者的扬州话不断提升。自主性语言社会化让他既融入了同伴网络,又主动去学习说扬州话。

　　案例11:"因为我爸爸南京话讲得不好,我们家里基本用普通话交流,之前我不太会说南京话,但是可以听得懂。"

"初中以后我们班南京人比例非常高,课下有人说南京话,主要是看环境吧,只要有人说大家就会跟着说,同学之间会相互影响,尤其是开玩笑的时候,觉得很有趣,听大家说所以我也会学着说几句,但是毕竟学校要求普通话,所以用的不是很多,最多可以说一些词。"

"我读高中的时候说得越来越多了,我爸都说我上学后开始蹦南京话了。我大学宿舍里三个舍友都是南京人,他俩交流用南京话,我想加入他们的聊天,周围朋友都讲带着你就会讲,比如大家一起聚会什么的,他们说南京话,你自己说方言好像有点不合群。从那个时候开始,我的南京话开始可以成段成句交流了。"(南京样本 8)

案例 11 的受访者初中前不会说南京话,后期在自主性方言社会化中,为了合群,为了融入同伴网络,在初高中阶段受访者主动学习方言。案例 10 和案例 11 中的受访者都是受到周围同伴或同学的影响开始学习当地方言。在社会化过程中,为了与同龄群体态度和行为保持一致,为了拉近关系或者融入小群体,改变自己的语言态度或者语言行为就是自主性语言社会化。同伴网络的影响因素,也就是心理学中的"同侪压力"。从上述案例中可以看出,在方言的传承中,同侪压力是非常重要的影响因素。许多受访者起初不会方言,受讲方言同学的影响,开始努力学习方言。很多受访者的方言能力是同侪压力影响下逐渐发展而来的。

Byrne、Lyddiard 和 Furniss(2017)在讨论青少年与同伴关系时,认为青春期是一个人最容易受到同伴压力的时期,因为同龄人是青春期行为的重要影响因素,"同侪压力"是青春期的标志之一。90 后在初高中的青春期阶段自我意识增强,开始注意到周围同伴的态度和行为,受到同学和伙伴语言方式的影响,也就是"同侪压力"的影响,从而在同伴互动中改变自己的语言行为。Sheldo(1990)也从语言学习的角度阐述了同伴的作用,认为说话人对语言的选择有时会更多受到外部因素影响,比如从众心理,或与他人有效交往需求的影响。很多受访者表示个人语言的选择主要取决于周围同伴的语言使用情况以及自己朋友圈、伙伴圈的语言氛围,然后在行动和认知上倾向于跟他们保持一致,这就是一种基于"同侪压力"下的从众心理。如果同伴网络中方言氛围浓厚,说方言的同伴很多,在从众和追随心理的影响下,90后方言使用率也就随之增加。进入青春期后,90后希望与同龄人加强联系的心理让他们在社会网络中不断调整自己的语言,并构建自己的语言使用习惯,这同样是同伴网络带来的影响。笔者发现,在家庭语境下未能学会说方言,可进入青春期后却学会说方言的90后,多数人学习方言的动力和指导练习方言的老师是同伴。

"初高中时候大家都抱团玩,人数够多就能形成小团体,我们那会儿一个班外地同学很少,所以如果你不会上海话确实很难和其他同学自如谈笑,虽说大家会因为你听不懂而特意跟你说普通话,但这个,个人认为属于友好,可我觉得,不自在,就……不是太舒服。因为他们还是习惯用上海话交流,所以这些客观因素无形中逼迫你学会沪语,融入集体。"(上海样本4)

可见,在自主性方言社会化中,和同伴的长期接触让本来不会方言的90后能够习得方言,提升方言能力,这就是同伴网络的作用。这种自主性方言社会化,在一定程度上为方言传承带来新希望,让青少年在过了语言关键期之后仍然有机会习得方言、使用方言。

三、工作网络与自主性方言社会化

早期一些语言学研究成果指出,人们的社会方言特征一旦在成年人早期的语言系统中建立起来,通常就会在一生中保持稳定。本次调查发现,工作经历会改变语言的使用状况。比如,有些90后就是工作之后开始频繁使用方言。工作网络在新生代语言社会化中同样发挥重要作用。在工作中,出于社交的需要,或者融入工作网络、同事网络的需要,新生代会主动改变自己的语言使用。

案例12:"我爸妈都会说上海话,家里也习惯讲上海话,所以上学前上海话讲得很不错。但是自从上幼儿园以后学校规定讲普通话,特别是高中以后身边不会上海话的新上海人很多,所以自己就一直觉得说普通话是种习惯,在家里也以普通话为主了。"

"大学在北京上的,上海同学很少,所以也不说上海话,上海话好像都不会说了。工作我又回到了上海,爸妈发现我不会讲上海话,有时候会要求我多讲,现在逐渐适应了上海话,但是讲得不好,不能像普通话那样脱口而出。"

"因为我现在在国企工作嘛,所以上海本地的同事很多,他们会一直说上海话。尤其我的新领导,他是上海人经常讲上海话,所以为了拉近距离,我现在和他们说话会有意识地转成上海话。自己现在在家里也在多练习,现在上海话讲得比刚毕业要好很多了,至少日常交流的句子不需要考虑很久才能说出来了。"(上海样本15)

案例12的受访者由于父母在家里都说上海话,所以上学前已经发展出很好的方言能力。上学后,受学校语言环境的影响,受访者在家庭内部形成的语言使用习惯开始改变。尤其在发现同伴网络中不会说上海话的新上海人数增多,这位受访者有意识地进行改变。长时间的社会化过程中,受访者方言能力下降,上海话由熟练到生疏。但工作之后,由于工作环境为国企,上海本地同事较多,受访者发现在工作语境下,本地同事倾向于说上海话;而且上海话还是与领导和同事拉近关系的媒介。这种社会化的经历,让受访者重新认识到上海话的价值,于是为了构建亲密的同事网络关系,开始有意识地多说多练上海话。这个过程让受访者重新学说上海话,其方言能力再次回升。工作网络让方言的使用空间和使用频率提升,方言的价值与地位得到认可,其使用范围也得到扩展。

案例13:"我大学是在上海上的,因为身边上海人和外地人一半一半,通常和同学使用普通话交流,因为用上海话交流很多人听不懂。回国后和大学以前的朋友还是使用普通话,80%是这样的。20%会有情绪比较高或有些词汇只有上海话能表达出来的时候,会用上海话。"

"由于我之前一份工作是销售,很多客户是上海人,对上海话要求比较高,所以自己会大量练习说上海话。同事很多也是本地人,所以经常聊天都说上海话。不仅自己这样,为了寻找认同感,甚至一些外地同事也会经常和我学一些上海话。"(上海样本 22)

案例 13 中的受访者会说上海话,是一位三语者(普通话、英语和上海话)。在大学和留学期间,主导的交际用语为普通话和英语,上海话在这一阶段基本消失。但工作之后的社会化过程,更新了这位受访者关于上海话的认知。由于从事销售工作,这位受访者经常与上海本地居民交往。在交际互动中,客户的反应,让受访者认识到上海话在自己工作中的重要性,认识到上海话可以让客户更认同自己的工作,更容易完成工作。为了赢得客户,受访者重新开始学习上海话;与此同时,大量使用上海话帮助他获得客户的认同。身边的外地同事为了获得这种好处,也开始学习上海方言。这位受访者的工作网络是通过日常互动建立的,而方言(上海话)成为交往互动中巩固和维系社会网络的重要工具。工作网络中,倘若存在方言需求,学习方言就有了动力,方言的使用也就有了空间。可以发现,工作网络与同伴网络在自主性方言社会化过程中的功能略有不同。同伴网络自主性社会化下,方言的功能是帮助方言学习者更好地融入小集体,更好地了解方言背后的社会文化规范;工作网络下,方言功能在于它的实用性价值。下面的案例来自上海。上海某些单位在招工时,在招聘中明确提出会优先考虑上海本地人。例如:

"暑假到区电视台实习,希望实习生会上海话,因为很多受采访者都是上海人,所以当时面试的时候会问到会不会说上海话,平时会采访或者整理录音什么的,不会就很麻烦。这时候肯定要多学一下。"(上海样本 26)

受访者由于工作需求,必须会说上海话,因此在方言社会化过程中,学习上海话更多体现的是工具型动机。90 后不管是为了更好地融入小集体学习方言,还是受工作环境影响被迫学习方言,其目的都是为了在社交网络中协调好自己多样的社会身份,例如同事身份、下属身份、客户身份、职员身份等,最终实现其社会化目标。因此,方言的学习和使用会随着自主性方言社会化不断变化,只要工作当中存在需求,方言习得就存在机会,方言传承就存在可能。

四、社区网络与自主性方言社会化

根据学者们的观点,传统社区指的是依托血缘、地缘、情感等构建出来的具有人情味和认同感的传统社会生活共同体,社区形成的重要因素包括社区成员之间的交际互动和对社区共同利益的关注等内容(叶南客 2001)。城市化进程中,城市居民与社区的联系减少,西方社会还出现了社区衰落和公共参与递减的现象(吴晓林、郝丽娜 2015)。还有研究表明,社区参与、社区归属感是社区良性互动发展的核心环节,是提升社区满意度的重要环节。个体对社区的认同和归属感越强烈,便越有可能加入社区组织,更热心参与社区活动,积极融入社区生活(Chavis & Wandersman 1990;Anderson 2009)。社区是同一地域中人与人之间相互作用形成的特定场所,社区环境对个人的方言社会化起着潜移默化的作用。因此,有学者从社区心理学的视角对社区进行界定,认为现代社区指的是在某一地域,个体与某群体的集合。同一社的成员在文化习俗、情感认知以及生活方式等方面存在一定的联系和共同的认识(吴光芸、杨龙 2006)。现代社区有广、狭义之分,广义的社区包括整个社会的各个社区,狭义的社区指的是邻里及公共区域的外在场所(吴晓林、郝丽娜 2015)。本调查所指的社区包括狭义和广义的社区。社区是 90 后自主性方言社会化的另一个重要场所。社区中 90 后的交际互动对象十分复杂,社区成员的背景信息(如性别、年龄、社会身份、受教育程度等)截然不同。在社区网络中,人与人之间交际互动的工具也会随背景信息或者交际目的不同不断转换调整。在 90 后自主性方言社会化中,复杂社区网络对其语言习得和语言使用的影响值得关注。90 后的访谈信息也显示了社区网络与其自主性方言社会化的关联。

案例 14："我们家住那种 90 年代的老式小区,一个楼层 5 户人,都是上海本地人,他们从小看着我长大,我们和邻居都是关系好的那种,所以我和他们从小到大讲的都是上海话。即使现在生活、工作中基本使用的都是普通话,见到他们感觉还是说方言亲切一些,能够拉近距离。但是如果出了小区,遇到不熟悉的人肯定是先说普通话了。"(上海样本 9)

案例 15："我们家之前是住四合院,大家都是之前一个庄拆迁分房过来的,都姓冯,所以都是本地人,大家都很熟悉,所以和他们都说扬州话,以前的老年人也会比较排斥普通话,如果你和大家说普通话会觉得有些怪,突然就有了距离感。我家搬家之后,感觉周围邻居年轻的会多一些,跟他们也不熟悉,而且小区的商店菜店很多都是外地人,所以我跟他们都讲普通话。"(扬州样本 25)

案例 14、15 的受访者居住在传统社区,多数邻居彼此认识且熟悉。在社会化过程中,两位受访者都认识到使用方言(上海话或扬州话)与社区成员交流互动的必要性,认识到使用方言是本社区隐性规则。方言在该社区最重要的功能是能拉近社区成员之间的社会距离,是参与社区生活和融入社区的重要媒介。社会化过程也让两位受访者清楚发现普通话、方言使用的差异。所以一旦离开所在社区,受访者均由说方言转为说普通话,与其他社区成员交往的经历,让他们意识到不同社区有不同的语言使用规则。

案例 16："平时在菜市场买菜什么的一般就会使用方言,这种接地气的场所说方言觉得很好,而且买菜的时候跟小商贩用方言,就会更容易讲价,小贩也不太敢缺斤短两,如果是外地人讲普通话在菜市场特别是景点等地方很容易被讹被骗。但在其他公共场合我感觉自己还是习惯讲普通话,因为都不认识,觉得是对别人的尊重吧,比如你到高级商场和人家说方言总是

会觉得有点格格不入吧。但是如果是菜场这种场合对方和我说南京话我也会说。"(南京样 18)

案例 16 中受访者居住的社区是现代化社区。社区成员之间的社会距离较远,不过由于居住在同一个社区,彼此也共享一些语言使用的规则。在该社区,需要知道根据不同的交际场所变换使用不同的语言变体。比如,在菜场可以说方言,在商场等公共场所主要说普通话,等等。这是受访者根据自己的社交经验和社会化过程中的观察,认识到不同语言的功能,因此也根据场合的需要进行语码转换,从而让自己更好地融入社区生活。

案例 17:"年龄偏大的我会用上海话,如果用普通话会很生硬,比较陌生,缺少一些人情味。而且像年纪大一点的,他们讲上海话习惯了,如果我讲普通话他们可能会一下反应不过来。要是年纪和我一样大的,我也不知道他们会不会说上海话,而且大家普通话肯定都很好,所以我都会用普通话。"(上海样本 17)

案例 18:"我说话情况更多考虑年龄吧,邻居年长的会搭话,他们讲上海话比较多,自己会用上海话回。如果是我自己抛出对话,对中年、老年人我会用上海话,对同龄或更小的用普通话更好交流,也比较方便。"(上海样本 19)

这两位受访者,在社会化的过程中明确认识到,在社区互动中,需要根据交谈对象的不同转换使用不同的语言变体,这样才更符合社区交往的规范,也更让自己被社区成员接受,更轻松地融入社区生活。90 后新生代在社区网络里,使用什么语言变体与社区成员交流,往往受限于双方的社会距离、交际场所、交际对象的年龄、社会身份以及交际对象的语言能力等多种因素。由于社区环境的差异,社区成员背景信息、社会身份的复杂性,90 后在社会化过程中需要构建多种多样的社区网络,不同的社区网络语言使用要求也不同,90 后需要不断调整语言变体的使用。掌握多种语言变体的 90 后会根据社区网络中不同场合和不同的对象选择个人认为最合适、最恰当的表达方式;这种多样的交际需求也促使 90 后更加注重提升自己的语言能力。在这种双向的过程中,一些 90 后方言能力得到提升,方言的使用率增加。

周明朗(1994)指出,语言使用与社会场合的关系是非常密切的,在多数情况下,语言的选择和使用往往取决于不同的社会场合。社会场合及其言语使用构成了信息交流的框架,这一框架使交谈双方有序可循。比如,首先要确定社会场合及双方的关系,之后再确定与其相称的语言表达方式。90 后在决定应该使用方言或普通话时也是如此。首先判断交际场合,然后确定使用何种语言变体。案例 14、15 的受访者在与熟悉的或者亲密邻居交流时,均选择使用方言;在陌生的场合中,则选择使用普通话。笔者利用 NLPIR 平台①对被转写成文字的录音进行语义分析,对访谈内容中受访者讲述的有关方言态度以及什么时候说方言的部分进行了关键词提取。提取结果显示,“关系好”、“亲近”、“亲密”、“亲切”等四个词语被提及的次数最多。从这四个高频词可以推测出,多数 90 后受访者对方言功能与价值的认同中,肯定最多的仍是方言的情感性价值。也就是说,在 90 后的心目中,方言仍是拉近说同一方言成员间距离的最好工具,方言让他们更加亲近、关系更加紧密。案例 16 的受访者在菜场等生活气息浓厚的场合使用方言,在商场等相对正式的场合使用普通话。方言的情感性价值,让说方言的小贩们觉得亲切,感觉舒服。90 后也在使用方言的过程中,从小贩处获利。比如,跟小贩“更容易讲价,小贩也不太敢缺斤短两”。这种使用方言带来的好处,是普通话缺少的。在与他人的社会互动中,交际对象的转变也会影响语言变体的选择。案例 16、17 中,90 后受访者会根据不同年龄的交际对象选择使用不同的语言变体。面对年龄较长的交际对象会选择说方言,而面对同

---

① NLPIR 是一种大数据语义智能分析平台。利用这个平台的关键词提取功能,可以提取单篇文章或文章集合中能够代表文章中心思想的词汇或短语。

龄的交际对象会选择说普通话,和年纪很小的小朋友交流主要使用普通话。年龄为什么成为语言转换的主要影响因素?原因之一与年长一辈语言能力有关。很多年长的人普通话水平较弱,更习惯说方言,因此采用方言交流更为便利。原因之二是使用方言和年长的人交流会让双方感觉舒服。当然除了年龄,交际对象的身份、方言掌握情况、语言习惯等都是社区网络中语言选择时需要考虑的因素。

上述访谈中,为了使交际顺利进行,取得更好的交际效果,在不同社会网络中面对不同场合和对象,90 后会交替使用方言和普通话。Gumperz 在研究语码转换时,提到语言转码有情景式和喻意式两种类型。情景式转换主要指的是随着交际情景的变化而改变自己的语言使用,喻意式转换指的是随着参与角色的变化而转换语言(徐大明、陶红印、谢天蔚 1997)。交际情景就是通常所说的场合,角色即交际对象,这与本次调查的发现相符合。在社区环境中,为何背景不同的人在语言使用上有相似之处,而某些背景相同的人在语言使用上出现差异,这些不同与社区网络密切相关。在社区网络中,有时为了重建、完善或者改变自己的社区网络,90 后会根据不同的交际场合和交际对象,充分发挥自己的自主能动性,通过使用不同语言来更好地融入社区网络中。社区网络中的成员拥有不同的社会关系,不同社会关系下又有着不同的语言使用需求与语言使用习惯,90 后在改变语言使用习惯的过程中逐步完善在社区网络中的社会化。

不过,社区网络中的方言社会化与同伴网络、工作网络有所不同。社区对于方言社会化的影响主要是促使 90 后进行语言变体的选择。何时使用方言、何时使用普通话,这个选择的前提是具备多种语言能力(包括方言、普通话、外语等)。单言人无法进行选择,因此,这类自主性语言社会化对单言人影响较弱。

90 后新生代的被动性方言社会化,通常不会自主选择使用何种语言变体,更多受交际对象的影响。这样的社会化过程对于方言传承是不利的。如前述,按照这样的趋势发展,方言的传承将在城市新生代中消失。现实的数据却表明,即使经历过被动性语言社会化过程,绝大部分 90 后受访者仍

然学会了方言,而且状况良好。方言没有消亡、继续传承的主要原因是 90
后的自主性语言社会化过程。进入自主性语言社会化阶段的 90 后,为了适
应不同社会网络的需求,会主动调整自己的语言使用甚至会主动学习方言,
方言被赋予新的价值与活力。

　　总之,当自己的语言意识逐渐形成之时,90 后从被动性语言社会化转
为自主性语言社会化。当进入自主性语言社会化阶段,他们会重新思考普
通话、方言的价值与功能,并根据自身社会交际互动的需求,调整语言习得
和使用。比如,在自主性语言社会化过程中,他们意识到方言不仅是构建某
些社交关系的重要媒介,也是承载社区文化的重要工具,还是拉近社区成员
之间的情感纽带。这种方言认同,促使他们自发地、主动地在特定场合使用
方言,利用各种机会练习方言。

本章小结

　　本章以上海、南京和扬州三个城市的调查数据为基础,分析城市新生代
语言社会化的类型以及特征(见图 2.1)。

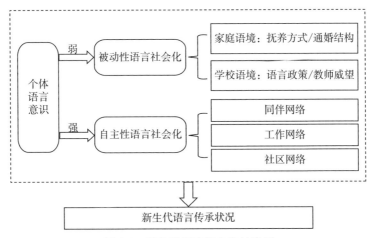

图 2.1　新生代语言社会化的类型

新生代语言社会化的类型,根据他们成长的年龄阶段,大致划分为两类:被动性语言社会化和自主性语言社会化。划分的主要依据是新生代个体语言意识由弱至强的发展状况。新生代个体语言意识尚未形成时期,他们处于被动性语言社会化过程,语言习得与语言使用更多受外界力量与外在因素的影响。被动性语言社会化过程,主要出现在青春期之前,一般发生在家庭和学校两种语境。家庭抚养方式和家庭通婚结构不同,语言社会化对新生代方言能力发展和方言使用状况的影响存在差异;学校语境下,宏观语言政策与教师威望会直接影响新生代被动性语言社会化的发展。显性语言社会化和隐性语言社会化的分类,是学者们从儿童抚养者、语言教育专家等的立场出发进行的分类;被动性和自主性语言社会化的类型,是从语言学习者视角划分的类别。被动性语言社会化和自主性语言社会化过程中,均会受到显性和隐性语言社会化的影响。当新生代处于被动性语言社会化阶段,由于缺少自主独立的语言意识,显性语言社会化对其语言习得和语言使用的影响显著。进入自主性语言社会化,个体语言意识逐步发展形成,他们对于来自显性或者隐性语言社会影响会进行思考与选择,不再全盘接受或者无条件服从。需要指出的是,新生代两种类型的语言社会化过程,不是截然分开,两者交织存在。只是在特定阶段,当某一类语言社会化过程凸显,则另一类相对弱化。在我国城市化深化的进程中,普通话声望日益提升,推广普通话的重要性与必要性日益得到认可。在这一背景下,城市方言的活力不可避免地受到冲击,其使用空间日益被压缩亦是不争的事实。很多研究显示,方言的习得和传承最主要的阵地在家庭内部。可城市化带来的社会流动改变了家庭的通婚结构与抚养方式,这使得方言传承的重要阵地也面临危机。越来越多的家庭内部,成员之间的交际用语开始由方言转为普通话,方言不再是家庭唯一的、主导的交际工具。这些变化给方言的传承带来挑战。新生代自主性语言社会化给方言传承带来新希望,除了家庭,同伴网络、工作网络甚至社区网络均可为方言的习得和使用提供助力。

第三章　城市新生代语言社会化特征

语言社会化视角的继承语研究,着眼点是关注继承语学习者语言能力发展与社会环境的相互影响关系。学者们认为学习者习得与使用继承语的过程也是学习者通过语言实现自身社会化的过程。这一过程中语言的学习与适应社会文化的过程是同步的。学习者继承语能力的发展不再是一个单纯的语言学习活动,更是他们参与社会互动交际、融入社会的结果。语言社会化过程还是一个贯穿个体一生的过程,语言学习者终其一生都在通过语言习得和社会互动,通过自身的语言社会化获得社会或社团的知识、情感、认同等信息(Duff 2008)。客观来说,中国城市方言与西方继承语的发展状况不同,因为我国城市方言在当前阶段的传承状况整体上是乐观的。不过,近年来城市语言调查结果显示,城市方言传承面临挑战。西方继承语相关研究给中国方言传承研究的启示是,应该关注新生代方言社会化过程。不仅因为语言社会化过程是贯穿个人一生的过程,更是因为我国方言与多语社会继承语类似,不仅仅是某一地区或某一群体的交际工具,更是地域文化、社区文化与情感的重要联结纽带。方言习得和使用的过程,是语言学习者接触、了解或接受地域文化的过程。

第一节　新生代方言习得和语言意识

一、新生代的方言习得情况

新生代方言习得状况主要通过问卷调查法搜集数据。问卷包括封闭式问题和开放式问题。封闭式问题主要搜集调查对象的个人背景信息、语言能力、语言使用等信息；开放式问题主要用来搜集调查对象语言态度、语言意识方面的信息，比如对于方言、普通话功能、价值、地位等方面的认识，语言习得的途径等等内容。

本次调查的新生代为 90 后、00 后，年龄跨度为 16—32 岁，来自南京、上海、扬州、苏州、深圳、北京等地。为了进行比较，同样以问卷调查的方式搜集到新生代父母辈、祖父母辈的相关数据。父母辈的年龄段为 40—60 岁及以上，祖父母辈的年龄段为 60 岁以上。本次调查时间段为 2019 年 9 月—2021 年 11 月，搜集到新生代有效问卷 595 份，父母辈问卷 466 份，祖父母辈问卷 354 份(见表 3 - 1)。三代人在受教育程度、性别方面略有差异。祖父母辈在受教育程度方面，大学本科及以上学历占比较少，为 13.6%，多数人的受教育程度为高中及以下；父母辈中，大学本科及以上学历大幅提升，占比为 55.4%；00 后和 90 后中，大学本科及其以上学历比率较高(89.7%)。性别方面，三代人的男性和女性样本基本均衡。三代人方言能力按照五种程度进行区分：非常熟练；比较熟练；听得懂，说得一般；听懂一部分，基本不会说；听不懂，不会说。前三种情况认定为会说方言，后两种情况认定为不会说方言。

表 3-1　调查对象信息表

调查对象	受教育程度			性别	
	初中及以下	高中（或中专）	本科（或大专）及以上	男性	女性
祖父母辈（n=354人）	197人/55.6%	109人/30.8%	48人/13.6%	170人/48.0%	184人/52.0%
父母辈（n=466人）	27人/5.8%	181人/38.8%	258人/55.4%	227人/48.7%	239人/51.3%
新生代（n=595人）	0	61人/10.3%	534人/89.7%	292人/49.1%	303人/50.9%

表 3-2　三代人方言能力状况表

方言能力	祖父母辈（n=354）	父母辈（n=466）	新生代（n=595）
非常熟练	320人/90.40%	384人/82.40%	353人/59.33%
比较熟练	2人/0.56%	41人/8.80%	99人/16.64%
听得懂，说得一般	0	16人/3.43%	35人/5.88%
听懂一部分，基本不会说	0	13人/2.79%	2人/0.33%
听不懂，不会说	32人/9.04%	12人/2.58%	106/17.82%

表 3-2 显示,新生代(90 后和 00 后)能够非常熟练地说方言和比较熟练地说方言的人较多,占比为 75.95%。虽然和父母辈、祖父母辈相比,这一比率略有下降,但总体上方言传承状况较好。对比三代人方言能力状况可以发现,祖父母辈—父母辈—新生代,能熟练使用方言和比较熟练使用方言的比率是逐代降低的,这与多数学者的发现相一致。与此同时,必须看到,城市化进程中,随着普通话的普及和声望的提高,城市方言在年轻一代的传承的确存在挑战。但整体来看,我国城市方言仍具有较大活力,城市新生代中具备方言能力的人数占多数,本次调查中,约有 7 成以上新生代会说方言。可以说,当前阶段,我国城市方言虽然面临传承的挑战,但尚未到濒危状态。

表 3 - 3　新生代语言习得的年龄阶段（$n=595$）

语言	总人数	7 岁前习得	8—18 岁学会	19 岁以后
普通话	595 人/100.00%	554 人/93.10%	41 人/6.9%	0
家乡话	487 人/81.85%	424 人/87.06%	32 人/6.57%	31 人/6.37%
其他方言	119 人/20.00%	44 人/36.97%	45 人/37.82%	33 人/27.73%
英语	595 人/100.00%	123 人/20.67%	472 人/79.33%	0
第二外语	210 人/35.29%	28 人/13.33%	108 人/51.43%	74 人/35.24%
第三外语	32 人/5.38%	4 人/12.50%	18 人/56.25%	10 人/31.25%

　　由表 3 - 3 可知，城市新生代普通话、方言等掌握状况和习得的年龄阶段存在差异。受访者全部掌握普通话，而且有 93.10% 的人在 7 岁之前已经习得普通话。如前所述，城市新生代方言习得状况良好，会说家乡话的占比为 81.83%，而且有 20.00% 的受访者除了习得自己家乡话之外，还掌握了其他方言。与普通话相似之处，方言（主要指家乡话）习得的年龄阶段也是集中在 7 岁之前（占比为 87.06%）；7 岁之前习得其他方言的受访者为 36.97%，有 37.82% 的受访者是在 8—18 岁年龄段习得其他方言；有 27.73% 的受访者在成人之后习得其他方言。传统的观点认为，如果幼年时期，尤其在语言学习关键期之前未能习得方言，随着时间的推移，再习得方言的概率较小。本次调查显示，在语言关键期之后，仍有较多新生代学会方言，这表明成年之后也有可能学会方言。除了普通话和方言之外，本次调查还发现了这些新生代外语能力掌握状况。

　　习得方言的途径，问卷调查中归为跟家庭成员或者亲属学会、在学校里学会、与社区邻居和朋友交流学会以及通过网站、APP 等其他途径学会等四类。数据显示，90.79% 的受访者方言是在家里跟家庭成员或者亲属学会，17.43% 的人表示是在学校里学会，通过与社区邻居、朋友交流学会方言的比率为 25.1%，另有 7.31% 的受访者是通过网站、APP 等其他途径习得方言。由此可见，当前阶段，新生代方言习得的途径存在一些变化，不再单一局限在家庭语境，学校、社区、邻居、朋友网络等也可能在一定程度上帮助新生代习得方言。

二、新生代的方言使用情况

表 3-4　城市新生代语言使用概况（$n＝595$）

使用语境	普通话	常住地方言/家乡话
在 18 岁前的常住地与同学交流	478 人/80.34%	117 人/19.66%
在 18 岁前的常住地与老师交流	536 人/90.08%	59 人/9.92%
在 18 岁前的常住地与陌生人交流	496 人/83.36%	99 人/16.64%
在 18 岁前的常住地与朋友交流	509 人/85.55%	86 人/14.45%
在家乡与同学交流	479 人/80.50%	116 人/19.50%
在家乡与老师交流	536 人/90.08%	59 人/9.92%
在家乡与陌生人交流	456 人/76.64%	139 人/23.36%
在家乡与朋友交流	459 人/77.14%	136 人/22.86%
与父母交流	373 人/62.69%	222 人/37.31%
与祖父母辈交流	287 人/48.24%	308 人/51.76%

城市化进程加速了各地区、各城市之间的交流，社会流动频繁，城市新生代的生活环境处在不断的变化中。调查中，出现了新生代常居地与家乡不重合的情况。比如，有些新生代从小学或者初中开始，就离开家乡到县城或者更高一级的地区或者城市读书、工作，因此才出现这一现象。因此，有些受访者掌握的方言趋于多样化，除了自己的家乡话之外，还掌握了常居地方言或者其他方言。调查中，根据新生代居住地的差异，分为在常居地和在家乡等两种语言使用语境。表 3-4 中，不管是在常居住地还是在家乡，新生代与同学和朋友、老师、陌生人等交流时，主要的交际工具均为普通话，使用率约在 80%。即使在与父母交流的时候，方言使用率也较低（占比为 37.31%），在与祖父母辈交流的时候，方言使用率略有提升，达到 51.76%。上文提及，新生代习得方言的比率较高，80% 以上的新生代均掌握一门及其以上的方言；不过在实际使用中，方言使用率并不高，事实数据表明，城市新生代方言使用空间的确日益被压缩。

不同规模、社会经济发展状况不同的城市之间,城市新生代语言使用是否存在差异? 本调查以上海、南京和扬州三个城市的新生代为代表,比较他们在不同语域中方言、普通话的使用情况。这三个城市的规模和社会经济发展状况存在较大差异,上海为超大城市,南京为特大城市,扬州为大城市;三个城市的地区方言特征和地区声望也不相同。三个城市共抽取受访者167人,其中南京56人、扬州51人、上海60人,新生代在不同语域的语言使用状况见表3-5。

表3-5 不同城市新生代语言使用情况

项目	基本情况	南京 ($n=56$)	扬州 ($n=51$)	上海 ($n=60$)
方言 能力状况	会讲	47人/83.9%	44人/86.3%	38人/63.3%
	不会讲	9人/16.1%	7人/13.7%	22人/36.7%
家庭语域	当地方言为主	30人/53.6%	36人/70.6%	22人/36.7%
	普通话为主	16人/18.5%	6人/11.8%	15人/25.0%
	混合	10人/17.9%	9人/17.6%	23人/38.3%
校园语域	当地方言为主	0	3人/5.9%	0
	普通话为主	30人/53.6%	25人/49.0%	53人/88.3%
	混合	26人/46.4%	23人/45.1%	7人/11.7%
与邻居、 朋友交流	当地方言为主	16人/28.6%	23人/45.1%	12人/20.0%
	普通话为主	16人/28.6%	7人/13.7%	14人/23.3%
	混合	24人/42.8%	21人/41.2%	34人/56.7%
公共场所语域	当地方言为主	4人/7.2%	3人/5.9%	0
	普通话为主	18人/32.1%	9人/17.6%	18人/30.0%
	混合	34人/60.7%	39人/76.5%	42人/70.0%

语域方面,共分为家庭,校园,与邻居、朋友交谈以及公共场所(除校园)四个语域。这一划分主要基于已有的相关研究和预调查时受访者在各个场景下语言使用情况的描述。表3-5显示,方言能力方面,167位受访者中,能够流利使用方言进行日常交流的有129人,占总人数的77.2%。其中南

京 47 人,占南京受访对象的 83.9%;扬州 44 人,占扬州受访对象的 86.3%;
上海 38 人,占上海受访对象的 63.3%。整体看,三个城市新生代方言能力
发展均较好。上海新生代群体中不会说方言的比率较高,这可能与上海新
生代对自己方言能力的自我评价有关。有些上海新生代认为自己说的是
"洋泾浜"上海话。这种"洋泾浜"上海话,他们自己描述的特点是上海话与
普通话的杂糅。发音和用词偏普通话,与地道上海话差异巨大。基于上述
判断,一些受访者自报自己不会说上海话,在某种程度上这种自评可能拉低
了上海新生代会说上海话的比率。

三个城市不同语域中,不管城市规模如何,方言使用率较高的语域均为
家庭域。上海、南京和扬州家庭域方言的使用率分别为 36.7%、53.6% 和
70.6%。城市规模越大,家庭内部说方言的比率越低,反之,则比率增高。
学校域中普通话的使用率与城市发展规模相反。城市规模越大,校园语域
普通话使用率越高,依次为上海(88.3%)>南京(53.6%)>扬州(49.0%)。
调查的新发现是,在公共场所语域,在与好友、邻居或者亲属交流时,普通话
和方言交替使用成为城市语言生活的新特点。在这些语境下,普通话和方
言交替使用的比率高于家庭或者私人语域。SPSS 统计结果验证了城市新
生代方言使用与语域的相关关系(见表 3-6)。

表 3-6 语域与城市新生代方言使用统计表

地域	常量	家庭		学校		与朋友、邻居交流		公共场所	
		相关系数	Sig	相关系数	Sig	相关系数	Sig	相关系数	Sig
南京	1.762	.408	.002	.193	.124	.284	.013	.030	.808
扬州	2.644	.436	.004	−.047	.655	.121	.324	.371	.004
上海	2.111	.570	.000	−.086	.397	.231	.036	.085	.442

从统计结果可见,不同城市新生代的方言使用情况与家庭域呈现显著
相关性。在其他语域,仅在上海这个城市,新生代方言使用与公共场所语域
存在显著差异,其余城市均无显著相关。从城市新生代整体方言的使用情

况以及不同城市不同语域下方言使用情况来看,在社会流动频繁的城市生活中,年轻一代方言能力发展的重要场所仍是家庭。

三、新生代的语言意识情况

语言意识指的是语言使用者对某种语言的语言形式和语言功能等内容的认知状况,也包括对使用某种语言能做什么和应当怎么使用这种语言的认知(Li & Moyer 2008)。语言使用者自主性语言意识,是其语言习得和语言使用的重要影响因素。本次调查的城市新生代语言意识内容主要包括:对方言的认识,当前背景下是否有必要学习方言,如何认识方言、普通话或者外语的价值和地位,对学习普通话或者方言的看法,等等。新生代语言意识的相关内容,主要通过访谈的方式获取,访谈的样本总数为 175 人(见表 3-7)。

表 3-7　新生代的方言意识($n=175$)

观点		人数/百分比
价值	方言承载地域文化	62 人/35.43%
	方言是情感纽带	32 人/18.29%
	方言是一种交流工具	24 人/13.71%
	方言是语言资源,具有研究价值	11 人/6.29%
	身份认同	8 人/4.57%
	方言比普通话表达更丰富	10 人/5.71%
	普通话比方言更重要,方言性价比低	8 人/4.57%
	英语比方言更重要,方言学习效率低	2 人/1.14%
功能	方言抑制人们交流	5 人/2.86%
	方言便于沟通交流	29 人/16.57%
	方言有意思/没有意思,好听/不好听,亲切自豪/无感	30 人/17.14%
	家庭环境对方言很重要	9 人/5.14%
	关系个人生活定居和工作发展	7 人/4.00%
	方言可以带来多样的艺术形式	2 人/1.14%

（续表）

	观点	人数/百分比
态度	有必要学说家乡话	133 人/76.00%
	不一定必须学说家乡话	15 人/8.57%
	不必要学说家乡话	27 人/15.43%

新生代对方言的认知状况具体包括方言的价值、作用、地位以及个体对方言习得的看法等内容。调查数据显示,35.43%的受访者认为方言是承载地方文化和传统文化的重要工具;18.29%的受访者承认,方言仍是个人与某一地区、某个家庭情感联系的重要纽带。从实用角度认识方言,从语言资源和学术价值角度认识方言,将方言视为一种身份标识、身份认同的较少。除外,还有少数受访者主动地将方言、普通话和英语进行比对,认为方言在语音、词汇、语法、情感表达等方面比普通话更为丰富;可以带来多样的艺术形式,另外也有学术研究价值。此外,有些受访者认为方言有时候也有助于帮助个人融入社区或者有助于个人事业的发展。也有一些关于否定方言价值的看法。比如,不利于交流,不好听,习得方言的性价比低于习得普通话。整体来看,新生代对方言价值和作用积极认同的人数占主导,也因此,当谈及"年轻一代是否有必要学习家乡话"时,76%的新生代认为有必要,新生代习得方言的意愿强烈。不过,下面的访谈信息也显示出,虽然某些新生代认可应该学说方言,但对于个人在方言传承中应该承担什么样的责任却认识不足。

调查者:你认为当代年轻人有必要学说家乡话吗?

受访者:嗯……难道大家不都是先学会家乡话再学会普通话吗?你从小时候起,大家跟你讲的不就应该是家乡话吗,我觉得这就是一个自然而然的过程。但如果一开始就不会的话,就没有必要刻意去学了。

调查者:所以你觉得顺其自然就好了?

受访者:嗯,太多人不用的话它就会消失,有点可惜。但是话说回来,为什么要把这样的责任重担压在个人的身上呢?让其他更优秀的人去承担这个责任吧。

　　这位受访者认识到方言的习得是自然而然的过程,也认识到使用方言的重要性,"不用的话它(指方言笔者)就会消失"。但如果将方言的传承上升到国家或民族的高度,或者上升到维持语言生活多样性、丰富性等更高层次时,受访者个人觉得有压力,甚至觉得这些任务与自身关联不大。这位受访者的观点是,方言传承是国家和政府要做的事情,不应该成为个人的责任。这位受访者的观点其实代表了一部分新生代的心声或者部分新生代的语言意识。由此,我们应该思考,在方言传承过程中,如何提升个人的语言意识。让每个人意识到方言的重要性或者学说方言的必要性仅仅是传承工作的第一步,再下一步的努力是,如何让每一个普通公民认识到方言的传承应该从我做起、从大家做起。增强关于方言的语言意识,应该成为未来方言传承工作的重点内容。

表 3 - 8　新生代普通话意识($n=175$)

观点	人数/百分比
日常交流,沟通便利	110 人/62.86%
用语规范,国家提倡	41 人/23.43%
考试需要,优质教育资源和工作机会	13 人/7.43%
中国文化,中国软实力	3 人/1.71%
民族认同,国人身份	3 人/1.71%
融入社会	3 人/1.71%
含义丰富性弱于方言	2 人/1.14%

　　由表 3 - 8 可知,城市新生代对于普通话的认知状况较为集中,选择较多的认知包括两个方面的内容。62.86% 的新生代认为普通话的主要功能仍是它的交际工具功能,方便日常交流与沟通;还有就是符合国家宏观的语言政策要求,能让每个人的用语规范(占比为 23.43%)。其他关于普通话价值与功能的看法总体占比较少,但也显示出一种关于普通话的新认识。比如,普通话的习得和使用有助于个人学业的发展,能够让人享受更多的教育资源或者获得更多的个人发展机会,等等。一言以蔽之,当代新生代对于普通话的认识是多种多样的,但主导观点仍然认同普通话的交际价值和作为

国家通用语的官方地位。20世纪50年代开始,我国政府就开始倡导与推广学说普通话。改革开放以来,尤其是随着我国各地城市化进程的推进,全国人民群众的大流通,加快了普通话推广与普及的步伐。2000年10月31日通过的《中华人民共和国国家通用语言文字法》,明确表明普通话的官方地位。此后,全民对于普通话习得与使用的认知渐趋统一,新生代受到这一背景影响,关于普通话的意识基本一致。一方面,他们完全认同普通话便于日常交流这一观点;另一方面,语言意识深受全国范围内推广普通话的宣传与举措的影响。

不过,对于普通话其他功能与价值认知的存在,也反映出这些新生代对于普通话的多维思考。比如,部分受访者指出,在某些特殊地区(比如香港、澳门等地)的同龄人应该学会说普通话,这会让他们对我们更有亲切感。诸如此类的认知,反映出新生代对于普通话在某些地区的特殊作用,或者说关于普通话所发挥的语言忠诚或身份认同功能的思考。还有少数受访者将普通话与方言、外语进行比较,认为普通话也存在不足。比如,"中文写作少有英文写作的结构思维,更加偏向于直接表意""普通话少了很多方言中所保留的古语用法,因此使用上显得相对粗糙随意。"这些观点反映出新生代对于普通话与方言关系的理性思考。除外,他们对语言与思维的关系,对不同语言的表达与个体思维能力发展的关系以及不同语言提升语言表达丰富性等等问题也都有自己的理性思考。这些理性思考有助于年轻一代客观思考普通话、方言或者外语的习得与使用。

表3-9　城市新生代的英语意识(n=175)

	观点	人数/百分比
对个人的价值	能满足个人的学业、生活、工作需求	50人/28.57%
	帮助接轨外界,拓宽视野	25人/14.29%
	与个人发展有关,更优质的学术资源和工作机会	51人/29.14%
	与外国人交流沟通需要	23人/13.14%
	是一种基本素养和基础能力	19人/10.86%

（续表）

观点		人数/百分比
对个人的价值	帮助了解其他国家的文化	9 人/5.14%
	能帮助我们更好地认识语言	3 人/1.71%
对国家的价值	国际通用语言	46 人/26.29%
	有利于国家发展,国际交流便利	39 人/22.29%
态度	可以简单学习一些,没必要精通	83 人/47.43%
	有必要重视,应该加强年轻一代的英语教育	6 人/3.43%

注:因为是多选题,所以总人数相加会超过 175 人,百分比相加会超过 100%。

这几年,国内关于取消英语(尤其小学阶段)课程学习,或者取消英语主科地位的讨论不绝于耳。从普通民众到学者专家,均有不少人持赞同态度,赞同的理由包括:(1) 整体来看,英语在国内的实用性不高;(2) 中文在国际社会中的地位不断提高,应提升中文自信感;(3) 英语学习难度高、耗时长;(4) 英语考试城乡水平差异大,有失公平。城市新生代对于英语的价值、功能以及是否需要学习英语的看法是否与上述观点存在差异?

数据显示,城市新生代对于英语的价值和功能认识清楚,没有盲目地人云亦云、简单否定。新生代从宏观的国家层面和微观的个体层面谈及英语的积极作用。在宏观的国家层面,有 26.29% 的新生代认为,虽然中文的国际地位较之以往有了很大的提升,但当前英语作为世界各国主流交际工具的地位仍未有撼动;另有 22.29% 的受访者提及,当前的时代背景下,英语的使用对于我国的发展也是有利的,有助于国际交流的顺利开展。在个体层面,认同度较高的观点是,英语能够满足个人学业、生活和工作的需求,有助于个人更好地发展,能帮助个人获取到更优质的学术资源或者工作机会(占比为 57.71%);有 14.29% 的受访者认为,英语能够帮助个人与国际社会接轨,拓展自身的视野,还能够帮助与外国友人沟通交流(占比为 13.14%);也有受访者(10.86%)认为,英语的学习与使用已经成为 21 世纪年轻一代最基本的素养要求和个人基础能力构成的一部分;另外,以英语为媒介,还能够了解到别国的语言和文化。这些关于英语的多样化看法,表明当代城市新生代包容开放的语言意识。他们中的很多人可能承认英语在现实工作或者生活中的实用性,但仍然接受并认可掌握英语的重要性和必要性,同时将掌握英语这门语言和个人素养的提升与国家的发展相结合,展示出新一代年轻群体对于英语这门语言客观冷静的认知状况。对于是否应该继续设立英语课程,或者是否取消英语的主科地位,47.43%的受访者认为不应该取消英语课程的学习,不过可以简单学习一些,没必要人人精通;有少数受访者表示,有必要重视英语课程的学习,尤其应该加强年轻一代,特别是接受高等教育的年轻一代英语能力的教育。

2022年,教育部对十三届全国人大五次会议第9010号建议的答复中指出,外语是学生德智体美劳全面发展的重要组成部分,有助于培养和发展学生语言能力、文化意识、思维品质、学习能力等核心素养,培养学生家国情怀、国际视野和跨文化沟通能力。《义务教育课程方案(2022年版)》规定,外语课时为6%—8%;根据《普通高中课程方案(2020年修订)》,普通高中外语必修学分课时比例约占必修总学分课时的7%[①]。结合民众与专家的建议,这两年,中小学阶段,外语课时明显低于语文、数学、体育、艺术等学科,但我国并未取消外语课程的学习,反而进一步明确了外语在国民教育体系中的重要性。值得注意的是,教育部回复中提到的是外语课程和外语的学习,而不是专门提到英语。这与长期以来的认识存在差异。较长一段时间内,提及外语课程和外语的学习,国内民众自动对应为英语课程和英语的学习。

调查者:除了方言、普通话,您认为当代年轻人还有必要掌握什么话?

受访者1:……年轻人还有必要学说**外语吧**。什么原因? 比如,学了**英语**,**它可以**用于与外国人交流或者使用外国产品、网站。

受访者2:除了必要掌握普通话、家乡话之外,我觉得,可能还得学说一

---

① 《对十三届全国人大五次会议第9010号建议的答复》,2022 - 08 - 07,http://www.moe.gov.cn/jyb_xxgk/xxgk_jyta/jyta_jiaocaiju/202209/t20220923_664174.html,2022 - 12 - 20。

门外语,什么外语都可以吧,英语、日语……可以作为其他途径的交流方式。

两位受访者均为在校大学生,但他们对外语的理解是不同的。第一位受访者直接将外语等同于"英语";第二位受访者却将外语和英语进行了区分,在这位受访者心中,英语只是外语的一种。两位受访者的观点在新生代中均存在。从实际观察来看,即使是在校大学生,第一种观点,即将外语等同于英语的看法仍占据主导地位。事实上,英语不能等同为外语。环顾世界各国,如美国、欧洲各国(如英国、德国、法国等)、亚洲各国(如日本、韩国等)在国民教育体系中也会开设外语课程。以美国为例,除了学习英语(母语)课程之外,几乎大部分学校在课外均开设了西班牙语、法语、日语、中文等多个语种的外语课程。其他国家,如法国、德国、日本、韩国等也是如此,外语课程绝不仅仅局限于某一门外语,而是日趋多样化。丰富多样的外语课程,不仅有助于提升个人多种外语能力,也有助于从总体上提升国家语言能力。近年来,我国政府和学者专家也认识到建设多种外语能力的必要性与重要性,除英语之外的其他外语进课堂的举措也在逐步实施。虽然当前的社会条件下,中小学开设多门外语课程仍有很多限制,但英语独占鳌头的局面已经被打破。当代新生代群体对于学习第二外语或者第三外语持何种看法呢?(见表3-10)

表3-10 新生代关于第二外语习得的认知情况(n=175)

观点	人数/百分比
是一种个人兴趣和需求	72 人/41.14%
是一种语言技能和交流途径	68 人/38.86%
帮助了解他国文化	36 人/20.57%
帮助我们更好地认识语言(中文)	18 人/10.29%
帮助接轨外界,拓宽视野	11 人/6.29%
会造成对其他语言的干扰	8 人/4.57%
有必要掌握一门(或多门)二外	83 人/47.43%

(注:因为是多选题,所以总人数相加会超过175人,百分比相加会超过100%)

关于是否有必要掌握一门第二外语或者掌握多门外语,47.43％的受访者认为有必要。至于为什么需要习得第二外语或者第三、第四外语,支持者最多的理由分别为,出于个人的兴趣和需求(41.14％)、是培养一种语言技能和增加更多的与外界交流的途径(38.86％)。还有受访者表示,通过第二外语的学习可以帮助了解他国文化(20.57％),也能够在某种程度上帮助更好地认识和了解中文(10.29％)。关于学习第二外语的其他理由,还有少数受访者认为学习第二外语有利于与外界接轨,可以拓宽视野。当然也有人觉得第二外语的学习可能会造成对其他语言学习的干扰(占比为4.57％)。

第二节　新生代方言社会化特征

语言社会化理论强调,学习者的语言学习也是文化学习,语言和文化密不可分,彼此构建。对新生代方言社会化特征的关注,可以发现影响方言传承的深层动因,借此思考或寻找出有利于年轻一代方言传承的新途径或新方式。以文化为基础的社会互动、社会语用规则、文化规范是语言习得与语言使用中最重要的影响因素(Garret & Baquedano-Lopez 2002)。通过对城市新生代方言习得以及语言意识的分析,可以了解新生代方言社会化的特征。

一、方言习得的持续性

语言社会化过程中,新生代方言习得的过程呈现出持续性特征。方言习得的持续性指的是新生代在社会化过程中,其方言的习得与使用不是固化在某一个特定阶段,而是贯穿在社会化过程的不同阶段,是一个长期存在或者延续的过程。调查结果显示,部分受访者在社区网络、工作网络以及家庭网络中,在社会交际互动过程中,随着方言态度或方言认同的改变,其方言能力与方言使用状况会发生改变。有些受访者会停止学习方言,有些则会从零开始重新学习和使用方言；还有些受访者会在互动中丰富自己的方言词汇或方言表达，有些受访者还在学习方言的过程中，深化了自己对方言文化的理解，也进一步感知到方言传达出的特殊的地域情感色彩。城市新生代的这些变化均属于方言社会化中语言习得的持续性变化。

方言社会化发生在新生代与他人进行互动交际的任何场所与语境。语言习得不是掌握了这一语言系统特点即宣告结束，真正有效的语言习得更重要的是对于社会语用规则、社会文化规范的掌握。每一个社会成员，为了更好地适应社会，在社会化过程中，通过语言习得和语言的使用，完成各种社会身份的建构。身份建构需求，会促进个体学习某种语言，也会让他们放弃学习某种语言。社会交际活动无处不在，所以语言社会化也持续性存在，方言习得也是如此。

家庭是新生代社会化的第一个重要场所，其重要性不容忽略。社会语言学、继承语研究领域，学者们均承认如果没有家庭这个强有力的支撑平台，下一代的双语或多语能力很难培养与维持。西方学者对继承语的研究结果显示，家庭成员间的日常互动、交流，交替使用主导语言和继承语，能促进下一代同时掌握主导语言和继承语（Siegal 1996；Schecter & Bayley 1997）。Fishman（1991）指出，家庭语言实践对母语习得有重要作用，是预测一种语言能否在代与代之间得到维持的关键因素。儿童在家庭中完成初期的被动性方言社会化，家庭的结构、抚养方式、父母的语言政策等都会影响方言习得的结果。家庭的社会化功能影响很大，它是首要的社会化场所。当城市新生代从家庭走进校园，便立即进入另一个重要的社会化场所。在这里，他们通过自身的语言使用状况，发现和了解普通话与方言的关系以及两者不同的使用空间和功能，在受到学校和老师显性语言社会化影响之后，新生代会改变语言习惯。有些人在家庭被动性语言社会化过程中发展出的方言能力会逐渐下降，甚至不少人开始由方言转用普通话。亦有反例。有些新生代受学校环境、同学和朋友的影响，在家庭语境下未能培养的方言能力，在第二次社会化过程中得到重新开发，开始重新学习方言，并在与同朋友的交际互动中不断提升方言能力。

　　进入社会后,新生代接触到不同的语言使用环境。在复杂的社区网络中,他们为了构建自己多重的社会身份,开始选择使用不同的语言或者重新学习方言或者其他语言。在不同社区文化影响下,城市新生代对自己的语言习惯做出适当的调整,从而实现社会化目标,这些都有可能为他们方言的习得和使用提供机会和平台。在外地人家庭,交际用语通常为普通话或者是父母的外地方言,普通话或外地方言成为新生代的母语。可其中有些受访者在缺少语言环境的情况下,仍然习得了自己出生地的地区方言。这一情况表明,除了家庭语境,年轻一代入学之后的每一个阶段,在社会化的过程中,均有再次习得方言的机会。在扬州、南京、上海对新生代的调查均发现这样的案例。因此,新生代方言社会化不是静止的,随着语境的改变、社会互动的深化以及个体语言意识的形成,方言社会化在持续发展。

　　进入青春期之后,新生代自我意识的形成与发展较快。在这个阶段,语言意识形成的时间点和动因因人而异,因此很难以一个较为固定的时间点去划分新生代语言社会化的不同阶段。Schieffelin 和 Ochs(1986)认为,每个个体都会在不同的环境中社会化出自己的新身份,因此,语言社会化可能在语言使用者与他人进行社会交际的任何地方发生。城市新生代的语言社会化不仅发生在青春期之前的幼年时期,而且持续出现在成长的全过程中,是一个动态变化的连续统。在适应社会的过程中,他们不断获得新的社会身份,也因此不断变更自己的语言习得和语言使用,借此实现与不同交际对象的交流沟通,并完善自身的社会化。

　　新生代语言社会化的持续性特征,使他们有机会在各个语域、在与不同对象的交际中发展更多语言能力,完善自己的语言知识和社会文化知识。在参与社会互动交际活动中,他们习得普通话、方言或者外语,并在社会身份不断复杂化的同时,根据交际场合、交际对象、交际话题的变化,不断调整自己的语言使用习惯。只要新生代的语言社会化不停止,其普通话能力、方言能力就会一直处在动态变化中,城市语言生活的多样性就得以维持。

二、方言能力的变化性

方言社会化不是固定静止、一成不变的,而是由被动性方言社会化向自主性方言社会化逐渐过渡发展的过程。在方言社会化不同类型的互相交替中,对新生代语言能力最突出的影响是其方言能力的波动变化。有些受访者在被动性方言社会化中受家庭语言环境的影响,入学前方言能力发展良好,但入学后受我国政府推普政策的影响、学校语言使用的规定等显性语言社会化的影响,方言能力减弱。有些人在被动性方言社会化中没有习得方言,但是在自主性方言社会化中对方言文化有更直观的接触后逐渐习得方言,方言能力不断增强。

访谈显示,许多90后方言能力是发展变化的。他们方言能力的变化趋势分为三类:第一类,方言能力逐步提升;第二类,方言能力逐步弱化;第三类,方言能力先增后减或先减后增。

案例1:"我会说,但是水平一般。因为我爸妈都是外地人,工作之后才到了扬州,他们都不会说扬州话,我们家里三个人交流完全是南通话。"

"小时候周围邻居什么的讲扬州话的很多,我经常听到买菜的讲,后来就可以听懂了,能讲出来完全是同学带起来的。我的学校因为比较好,所以还是很规范的,上课课堂上都是普通话。课下也是以普通话为主,但是大家也会讲扬州话。比如大家聊一些生活的事情或者说一些吃饭呀、玩耍之类的事情就会用扬州话,还有比如一些只能用方言表达的或者骂人的话会用扬州话,我觉得很有趣就会去跟着他们学。"

"刚开始上学的时候我只能听不能说的,如果听到大家都讲扬州话,想融入进去我就会用扬州话回应试试,开始只会说一两句,如果完整用扬州话聊天就会遇到很多词不会说,所以和同学们用扬州话的时候有时候会卡壳的,如果卡住了我就随时切换成普通话。"

"后来上高中,有个关系很铁的朋友是纯扬州人,他平时说扬州话非常多,一起的时候他都习惯讲扬州话。和他在一起嘛,也没什么包袱,虽然讲得不好也无所谓，也会顺着他一起讲扬州话，觉得这样更亲近，慢慢讲得越来越好了，从认识他以后我现在日常交流没什么问题了。"（扬州样本2）

　　案例1的受访者年幼时，受被动性方言社会化影响，在家中只说外地方言，不会说扬州话。随着接触增多，逐渐可以听懂扬州话。当受访者自主意识形成后，为了融入同学社交圈，慢慢开始学说扬州话，同学和亲密伙伴对其方言能力的提升有极大帮助。总体来看，受访者在其方言社会化中，方言能力呈现逐渐提升的趋势，由完全不会到可以熟练交流，属于方言能力变化中的第一种。

　　案例2："小时候在家父母和爷爷奶奶一起把我带大的，从小跟着他们学会了扬州话，跟他们交流使用的也是方言。"

　　"因为我小学就开始上寄宿学校，一直到高中毕业，慢慢就不会说特别正宗的扬州话了，说话的时候有点口齿不清了。有时候和爸妈说话说着说着就讲成普通话了，因为说得不好所以现在也不想说了。"

　　"主要是学校里都规定我们说普通话，所以没怎么说过扬州话，感觉好像扬州话会慢慢忘记。而且因为寄宿，所以我回家的机会也很少，只是有的周末会回去待一两天就又回学校了。慢慢感觉扬州话就（说得）不流畅了。"

　　"等到上大学以后和扬州的同学还是讲普通话，自己不会刻意切换成扬州话，因为说扬州话还需要转换，换成扬州话反而会绕自己。"（扬州样本14）

　　案例2中的受访者最初的家庭语言为方言，扬州话说得很好。由于上学后就开始寄宿，一直接触的校园语言环境都是以普通话为主，而且回家的机会很少，所以在被动性方言社会化中方言能力减弱。后期在自主性方言社会化中，受访者主要使用普通话进行互动交际，而且受访者的社会网络中缺少使用扬州话的机会，所以受访者没有学习和使用扬州话的意识。虽然小时候受访者在家里可以用扬州话流利交谈，但现在说扬州话比较吃力，甚至感觉有些口齿不清，就主动减少说扬州话。使用机会的减少让受访者的扬州话能力不断下降。这位受访者的方言能力状况呈现出不断下降的变化趋势,是新生代方言能力变化的第二种类别。

案例3:"上幼儿园前我和爷爷奶奶一起住,当时会说上海话。后来正赶上幼儿园推广普通话,我回家就开始说普通话。还有一点可能有影响,小时候我家住在老房子里,周围都是上海人,都说上海话,后来小学就搬到公寓了,周围人会说的少了,联系的也少了,估计这个也和说不好有一定关系。当时也没注意,但是后来慢慢发现自己的上海话说得不好了。"

"记得上高中我们参加过一个小学同学聚会,里面只有两个女同学会讲上海话,爸妈知道后就告诉我希望我也多讲上海话。有了这种想法之后我开始尝试讲。爸妈也会帮我纠正,例如他们会告诉我上海话里没有'消防局'这个词,而是用'救火湾',之后的几天都会反复询问我那个词怎么说,这样印象深刻而且也学得快。有了这个意识之后我感觉自己上海话讲得比以前好了,因为小学的时候几乎不会讲。"(上海样本27)

案例3的受访者在上幼儿园之前已经能够熟练使用上海话,主要是受祖父母辈语言使用的影响,是被动性语言社会化的结果。上幼儿园之后,当时正是全国范围内推广普通话时期,学校里从老师到学生全部要求使用普通话,还会举行一系列活动营造说普通话的氛围。此外,受访者的社区环境也发生了变化,由以上海人为主的社区迁入到各类人群杂居的小区。社区人员构成变化最直接的影响是社区语言生活环境的变化,社区中使用上海话进行交际的人员和场所减少,这些变化让受访者曾经良好的方言能力受到挑战,方言由说得很好变为说得不好。语言关键期之后,在同伴网络的影响下,比如发现小学同学用上海话交流,再次发现上海话学习的意义。自主意识增强之后,这位受访者开始由被动性方言社会化进入自主性方言社会化过程,其方言习得的兴趣与动力有了极大提高,有意识地留意方言中特别的表达与用法。受访者的语言意识也影响到受访者家人,在家庭成员以及个人努力的双重作用下,受访者方言水平呈现出熟练—生疏—再熟练的变化趋势,是社会化过程中新生代方言能力变化的第三种类别。

方言能力变化的第一种类别,方言能力缺乏到逐步增强的发展变化状况,在不同城市中均出现类似案例。许多受访者均为幼年时期不会方言,通过后天努力,逐步习得方言且能力逐步提升。方言能力变化的第二种类别,方言能力持续下降,这种情况在超大城市、特大城市(如上海)较为常见。大、中城市,新生代语言能力的变化主要体现在方言使用比率的波动方面。通常来说,方言使用率的高低会影响语言使用者方言能力的变化。方言说得越多,其水平会越来越好。在南京的调查结果显示,受访者中方言使用率的下降并不一定直接影响方言能力。主要原因与南京方言自身特点有关。南京话属于江淮官话区,有新南京话和老南京话之分。当前南京市区主要通行的是新南京话。新生代表示,新南京话易学易懂,所以只要学会说新南京话,不管使用率高或低,只要在某种语境下,能力很容易再次恢复,总体的南京话能力在成长过程中不会有明显变化。另外,随着普通话对南京话影响的加深,在市区新南京话的基础上,又出现一种新的南京话变体"南普话"。"南普话"与新南京话的语言系统大致相似,只不过在语音、词汇方面更多受到普通话的影响,更趋近普通话。很多南京新生代说的是"南普话","南普话"更容易习得,也更不容易忘记,因为与普通话相似度较高。受访者表示,"南普话"不会因为使用率的减少或者提高而有所改变。新南京话或"南普话",与新上海话的发展变化不同。新上海话虽然受到移民、城市发展等因素的影响与老派上海话出现差异,但上海话总体上与普通话差别较大。上海话与南京话相比,难懂难学,需要大量的倾听和练习才有可能学会。因此,上海话使用比率的变化会引起上海话水平的变化。在上海这类特大城市中,由于外来移民众多且人员构成复杂,各种语言、方言种类繁多;为了便于沟通,这类城市推广普通话的力度很大,普通话的重要性更为凸显。在这类城市,新生代在义务教育阶段完全不允许讲方言,所以从小到大,受访者使用方言的机会与频率都大大减少。方言能力变化的第三种类别,方言能力反复波动,能力提升与下降交替存在。这类受访者的特点是,在家庭语境下的被动性方言社会化中,较早具备良好的方言能力;可当被动性方言社会化过程从家庭语境过渡到学校语境后,受学校语言使用规定与教师、同学的影响,方言能力由良好逐渐变弱,甚至彻底消失;当进入到自主性方言社会化过程中,在自主意识的支配下或者同伴网络、工作网络的影响下,为了完成不同的交际任务,或者为了完成建构不同社会身份的现实需求,有意识地寻找说方言或者学方言的机会,不断努力的结果是方言能力再次回升。所以,学者们认为,当前青少年的方言传承是处于较好的状况,只是在不同年龄阶段会出现波动,某些人的方言能力会随着年龄增长而不断提升。城市新生代的方言能力虽然与父母辈、祖父母辈相比,有下降的趋势,但大部分人具备良好的方言能力。由于社会化的影响因素不同,个体方言能力会出现波动,而不是随年龄提高不断增强。

在方言社会化中新生代方言能力或者逐步增强,或者逐渐减弱。方言能力逐渐减弱主要是受大力推普的影响。方言使用场合减少造成方言能力下降。方言能力增强的原因与自主性语言意识有关。在自主性方言社会化中,受访者会根据不同语境、不同社会身份建构以及交际对象的不同,提升方言能力或增加说方言的比率。正因为新生代方言能力发展受其社会化过程的影响,因此才存在更多传承的活力与机会。

三、方言使用的红利化

方言使用红利化特征是方言社会化过程中出现的新特征。它指的是在社会化中,习得方言或者使用方言成为获取某种利益或者好处的工具。这一特征在某种程度上能促进方言使用的增加或习得人数的变化。方言使用者在不同的社会网络中根据特定的语境、特定的交际对象以及不同的话题,利用方言的习得或者通过重新构建自己的社会身份,获取红利或者好处。

根据之前在不同城市的调查数据,可以看到不管是什么样的城市规模,整体上普通话的使用率占主流趋势;不过方言的使用率虽低于普通话,但不同城市中掌握方言的人数仍较多。比如,93.33％的上海新生代会说上海话,91.00％的南京新生代会说南京话,较小规模的城市如扬州,会说扬州话的比率更是高达95.91％,可见绝大多数新生代会说当地方言。此外,也可以发现,在城市的语言生活中,交替使用方言与普通话已经成为常态。既然普通话与各地方言并存是一个普遍现象,那么何时使用方言? 使用方言的目的是什么? 前文的调查数据显示,在方言社会化中,受访者通过判断方言是否和交际中的场合、对象、话题等相匹配,在何种社会网络或社交关系中适合使用方言,来决定是否使用方言。

案例 4:"我在家里南京话为主吧,但是普通话也会和父母讲,我从小是父母带大的,他们在家里说南京话,但是在我儿童时期的语言教学都是普通话,所以我在家里和他们讲到工作、学习这些正式的事情就用普通话,家长里短就用南京话。但是和外公外婆我一定会说南京话,因为他们是南京人,只讲南京话,我担心普通话他们听不懂,而且和他们说普通话也觉得有点尴尬。"

"学校里上课都是普通话教学,但是小学到高中我们班里绝大部分都是南京人,所以有南京话的氛围,课下我们也会说南京话,但是如果是一些课程有关的内容,这个南京话不好表达我们会用普通话。大学之后我从室友到同学都是五湖四海的人,所以自己也偏向说普通话,说南京话很少了,只有单独和南京同学一起才会说南京话。"

"和小区里一起长大的朋友一起玩我们都说南京话,一般只要是南京本地人就说南京话。但是里面也住了很多爸妈的同事,他们都是外地人,和他们我就说普通话。"

"在公共场合南京话说的会少一些,主要还是以普通话为主吧。比如在超市这样的环境中我会说普通话,但是菜场这样的环境就会用南京话。和陌生人我也一般都讲普通话,这些都是考虑到了语言的和谐性,一方讲普通话一方讲南京话,交流会觉得很别扭。所以我主要看对方说什么自己就说什么,说什么话由对方的情况决定的。"(南京样本 19)

案例 4 的受访者具有一定代表性。这位受访者在不同的社会网络关系中会根据需要选择使用普通话或者方言。比如,在与邻居、朋友交谈时,主要以方言为主;在学校、公共场所则选择普通话作为交际用语。受访者还会根据交际对象不同选择交际用语。当与家庭成员或者亲属交流时,以方言为主,但如果家庭成员选择说普通话,受访者也会根据交际对象的改变而转变自己的语言使用。在公共场合的语言使用也有这类变化,虽然受访者在这个场合主要以普通话为主,但如果交际对象转用方言,受访者也随之改变。语言使用的转换,受访者主要的依据是交际目标的差异或者社会身份需求的差异。

除外,下面的访谈信息显示,在特定的场合下,受访者为了实现某种目的或者从中获取某些红利会有意使用方言。

"我应该算是新上海人吧,我爸爸不是上海本地人,是其他地方的,因为找工作来的上海。后来和我妈妈结婚,我妈妈是上海本地人,外公外婆也是。嗯,所以后来我也会说上海话了。不过,我说上海话也少了,现在。尤其在大学里,同学也不都是上海人。可有时候,我会特意说一两句上海话,让人知道我是上海人,这就够了。……比如,在老师面前,说一两句,老师就知道我是上海人啦……"

"为什么说上海话呀,原因挺多的,我爸妈不是上海本地人。小的时候,幼儿园里有小朋友说上海话骂我,我就特别生气。开始学上海话。后来长大后,我毕业后就在家门口上班,上班的同事很多是上海人。现在可以说,上海这边排外不太有了,可上海同事一起,说这话他们就会说些上海话。在一起听不懂,很尴尬,也有融不进去的感觉。可会说了,很容易打成一片,那种感觉不好说,但就是觉得很重要,可以让我工作呀,做事情更方便。"(上海样本 29)

上述两位受访者,之所以使用方言,主要目的不是为了完成交际,也不完全是为了构建某种社会身份,而是凭借方言获得红利。第一位案例中的受访者,通过上海话的使用建构出上海本地人的身份。第二位受访者的方言完全是自觉自愿学习的结果。因为父母都是外地人,家庭语境下缺少学习上海话的氛围,在家庭语境被动性语言环境中受访者发展出的是普通话能力。可幼儿园时期的个人经历,让这位受访者感受到上海话的重要性,认识到缺失上海话能力可能给自己带来的损害。为了避免再次遭遇这种损害,获得好处,受访者开始主动学习上海话。工作网络中,更是直接感受到会说上海话的好处,比如,与同事打成一片,让工作更加方便。方言的红利化特征,是受访者主动提升自己方言能力的深层动机。在社会化过程中,受访者随着社会场合、交际对象、谈论话题、交际目的等的改变,会改变对方言的认同及使用状况。上述案例中,方言可以为使用者带来语言红利的新功能,让他们重新审视方言的价值和使用方言的习惯,这为方言传承带来生机。只要在社会交际互动中存在使用方言的需求,方言就会一直保留生命力并获得传承发展的空间。

四、方言社会化的阶段性

人类社会化是一个长期的过程,需要终生探索。城市新生代的方言社会化也是如此。方言社会化,包括通过方言习得和使用逐渐社会化以及在社会化过程中习得和使用方言两个过程。在参与社会互动交际中,新生代不断理解和适应地域方言文化规范、地域习俗规则,逐步融入不同的社会关系中。在方言习得和使用的过程中,新生代会通过显性或隐性的方式形成自己的语言态度。语言态度形成之后,新生代在与其他社会成员的互动交际中,会根据交际对象、交际场合、交际话题的变化调整语言使用习惯,完善社会适应状况。比如,在家庭等非正式、生活化的交际语境下,新生代会更多使用方言;在严肃、正式的交际场合,在与年轻人、无法判断身份的陌生人、普通朋友交流时更多使用普通话,这种语码转换能力的形成就是不同阶段语言社会化交替作用的结果。在不同的阶段,新生代经历不同的语言社会化过程,语言使用习惯和方言能力发展也随社会化状况的变化而改变。新生代接受学校教育之前,最主要的社会化场所是家庭。这一阶段,新生代尚未形成自主意识,语言社会化主要是被动性的。父母(或其他抚养人)是他们语言能力和社会文化知识的"施教者",是"社会化的实施者"。新生代在家庭中扮演"受教者",是社会化的对象。父母或其他抚养人通过语言的使用,让新生代逐渐形成与他们相似的语言态度;根据自己的语言意识替新生代做出语言选择。父母和其他抚养人以显性或隐性的语言表达形式,向这些新生代提出语言学习指令或语言管理要求,引导他们发展语言能力的同时,促使其接受相应的语言态度和社会文化知识,帮助他们融入家庭网络,并为其日后进一步社会化奠定基础。这一阶段,新生代的语言选择与语言使用受制于父母和抚养者,语言意识和语言认同也与他们保持一致。入学之后,新生代的社会化场所转移到学校。校园环境里,新生代与教师之间的交际互动对他们的语言社会化有重要影响。小学到初中阶段,90 后、00后的自我意识仍较为薄弱,教师成为这一阶段主要的"施教者"和"社会化的实施者"。在宏观推普政策的作用下,教师以直接或间接的语言形式向这些新生代提出语言管理要求和语言学习指令,语言实践上也尽可能与其语言管理行为保持一致。于是,在课堂、课下语境中,教师以普通话作为交际语言,新生代也被要求只能用普通话与教师交流。教师的权威和引导让新生代在学校语境下快速地发展自己的普通话能力。这一阶段,新生代形成使用普通话的语言使用习惯,并且增强了对普通话的语言认同。在主动性语言社会化中,新生代自主意识形成。他们与曾经的"社会化实施者"父母(或其他抚养人)、教师之间的互动持续。但在这一阶段,新生代开始形成独立的、关于语言的看法,并且开始关注来自他人的评价与反馈。有时为了获得家人或教师的认可,减少负面评价,拉近与父母或教师的距离,将自己更好地融入到所在环境中,新生代会主动调整语言使用习惯。比如,如果发现教师倾向于在课下使用方言,一些人也会有意识地多说方言,而且有些新生代还会向父母或家庭其他成员寻求帮助,提升方言能力,目的是利用方言的使用更好地融入师生网络。

新生代还在这一阶段构建同伴网络,并开始独立进入公共场所,在不同公共场所与不同交际对象发生互动。普通话已经成为城市新生代同伴网络交际和公共域交际中的主要语言选择。也有新生代受同侪压力的影响,倾向于和同伴语言行为保持一致。因为语言选择一致的同伴更容易聚集成为关系紧密的同伴团体。为了增强自身与群体的同质性,拉近与同伴距离,构建和谐的同伴网络关系,新生代会调整自身的语言使用习惯。特别的是,同伴网络不止促进新生代产生情感性的语言学习动机,具备多语能力的同伴还为新生代学习方言或普通话供支持。

第三节　语言社会化城市差异及影响因素

即使处在不同的城市环境中,城市新生代在方言社会化过程中仍有很多共性。比如,在被动性方言社会化中,新生代都离不开学校和家庭这两个重要途径,家庭抚养方式、父母通婚状况、城市和校园的语言使用政策等都会对新生代方言社会化具有普遍影响;在自主性方言社会化中,新生代也都会受到同伴、工作和社区网络的影响,为了融入社会、社区他们会主动调整个体语言使用方式,最终实现社会化目标。在共性之下,不同城市新生代语言社会化存在一定的差异。本节结合上海、南京和扬州的数据,分析不同城市新生代方言社会化的差异及影响因素。

一、方言社会化的城市差异

上海、南京和扬州三个城市中,新生代方言社会化差异首先体现在新生代方言习得和使用状况方面。上海新生代的方言能力和方言使用率低于南京和扬州两个城市。虽然南京、上海和扬州三个城市中,会说方言(包括"能熟练交流"和"比较熟练交流"两类)的新生代人数差异不大,但方言的掌握程度方面三个城市差别较为明显。

上海市能用上海话熟练与人交流的新生代占比为60.7%,可南京和扬州两个城市的占比分别为85.5%和88.2%。三个城市中新生代会说方言的比率较高,可这一数据是包括了能用方言熟练交流和比较熟练交流两类。在南京和扬州两个城市,能用方言熟练交流的比率远远高于上海市。SPSS

统计结果也显示出这种差异。统计时,受访者的方言能力从能熟练交流—比较熟练交流—能简单交流—比较不熟练—不熟练被分为 5 个等级,并且从高到低分别赋值为 5、4、3、2、1。

表 3‑11　新生代方言能力均值表

城市	个案数	平均值	标准偏差
上海	61	3.54	.621
南京	55	3.73	.679
扬州	51	3.86	.401

表 3‑11 显示,扬州市新生代的方言掌握状况最好,南京次之,上海新生代方言掌握状况较差。与南京、扬州相比,上海市新生代方言能力与方言使用有两个特征:一是在被动性方言社会化阶段,多数新生代入学前均已经掌握上海话,可入学后受学校语境被动性社会化的影响,普通话能力提升幅度较大,上海话能力日益减弱;第二个特征是在自主性方言社会化时期,上海市新生代的社区网络、同伴网络以及工作网络中,普通话的使用率较高,说上海话的场所减少,缺少方言环境以及说方言的氛围。从下面的访谈案例中可以发现上述两个特征:

案例5:"我小学前在外公外婆家长大的,他们虽然没有刻意教过我上海话,但是天天说,所以我小的时候应该会讲上海话。后来学校里推广普通话,小学里特别要求推广普通话,我们有推普员严格监督说普通话,后来就没有习惯讲上海话了,虽然还能讲,但是就比较差了,就像学英语长时间不说会退化一样。"(上海样本 35)

案例6:"上海从小学到高中都会划片区,我父母是交大老师,所以我周围的同学朋友基本都是交大子弟,很多人父母都是外地的,他们不会说上海话,自己一个人说上海话肯定很奇怪,所以平时和他们交流都说普通话。……我们学校的老师很多都是外地过来的,都不怎么讲上海话。……我家住在大学旁边,周围说上海话的很少,没人说所以我也没必要说。其实

现在我们没什么说上海话的机会。"(上海样本 20)

案例 5 中的受访者在被动性方言社会化中,是祖父母辈参与抚养状态下长大,幼年时期已经会说上海话。入学后,受学校推广普通话的影响,方言能力降低。南京和扬州两个城市中,在校园、公共场所、社区等场景中也有很多宣传说普通话的标语口号,不过和上海相比,南京和扬州在实际生活、工作中的推普执行力度较弱。在南京和扬州两个城市,受访者较少提及学校、社区为了推普举办的活动或者具体的规定,也很少提及校园推普员或者校园推普角等具体的推普形式;有些受访者表示,虽然在学校语境下也被要求多说普通话,校园里也到处张贴着"请说普通话"之类的宣传标语,不过仍然可以说方言;课间休息的时候,老师也会说一些方言。在南京和扬州两个城市,普通话虽然是交际的主要工具,不过与上海相比,师生之间仍然有使用方言的机会。由于这一社会背景的差异,上海市新生代方言熟练程度受普通话的冲击较为明显,方言熟练度弱于南京和扬州,整体的方言能力弱于两个城市。案例 6 中的受访者,主要的交流对象,如社区的邻居、学校老师和朋友等,都以外地人为主,所以选用的交际语言主要是普通话。社会网络中交际对象身份的特点,让这位受访者主要处在说普通话的环境。为了适应和融入这些社会网络,受访者在自主性方言社会化中主要使用普通话,较好地发展了自己的普通话能力,可方言能力因此受到抑制。

三个城市新生代方言掌握状况和访谈信息均显示,随着城市规模由大到小的变化,新生代方言能力和方言使用状况出现阶梯式变化。方言社会化过程中,上海新生代方言能力受普通话的冲击最大,整体的方言能力和方言使用率较低。扬州市外来人口偏少,方言的使用率高,使用场合多,扬州市新生代的方言能力总体偏高,方言使用率也偏高。城市规模越大,社会流动越频繁,方言传承状况越差,熟练掌握方言的人数比率也越低。一个新的变化是,上海 90 后在自主性方言社会化过程中靠自身努力重新习得方言的人数多于南京和扬州两个城市。尤其当新生代在社会交际中意识到自身方言能力薄弱时,会自主性地多使用方言,积极提升方言能力。

"我上幼儿园前是只会讲上海话的,幼儿园后被强行改成讲普通话,老师都会强制要求的,家里也开始讲普通话。到了初中之后我的上海话其实就忘得差不多了。和我一起长大的发小很喜欢说上海话,她经常吐槽我上海话讲得不好,所以和她聊天的时候我就会尝试多讲一下,简单的句子就开始用上海话回答,讲得好一些了。上大学以后,和市区的同学在一起玩,他们喜欢讲上海话,我也会有意识跟着讲,尤其是开玩笑的时候讲得更多,现在感觉比以前讲得流利一些了。"(上海样本 10)

"初高中的时候发现自己作为上海人上海话说得不太好,会有些刻意多说上海话。现在会努力讲,也会被父母嘲讽自己说得不好,但是他们也会给我纠正一些发音。"(上海样本 8)

"现在长大了意识到自己讲上海话比较少,在家里也会多讲,虽然父母觉得我说的很奇怪,但是还是会练习多讲一些。"(上海样本 12)

"小时候都讲普通话,现在开始实习接触到更多上海人,觉得会说上海话很好,慢慢会加入一些上海话,虽然比例小,但是比学生阶段多很多了,未来也会多说上海话,应该水平会提高一些。"(上海样本 3)

上述案例,在上海市较多。很多上海的受访者,其家庭语言环境原本都以上海话为主,但入学后,受到学校语境的影响,说上海话的机会和场合减少。很多人在青春期之后只能简单说几句上海话或只能用上海话进行简单的交流。当在新的语境中发现有使用上海话的需求,或者发现较弱的上海话会为自己带来一些交际障碍以及个人事业发展瓶颈时,多数人会发挥主观能动性,积极投入到重新学习上海话的行动中,上海话能力也在他们主动的努力中得以提升。在南京、扬州两个城市,虽然也有新生代在自主性社会化过程中发现说方言的需求,但像上海新生代那样有意识地、积极投入地学说方言的情况较少。究其原因,可能与学习者的动力、环境的要求以及地区方言的声望等多种因素有关。

二、方言社会化城市差异的影响因素

受经济发展状况、人口迁移流向、宏观语言政策、社会网络环境等因素影响,三个城市新生代方言社会化存在显著差异。与南京和扬州两个城市相比,上海新生代的方言社会化有自己的独特性,而独特性的出现同上海的城市发展状况与发展规模有关。比如,上海市在推行普通话方面的执行力度最强,这种力度对 90 后被动性方言社会化影响极大,被动性方言社会化阶段形成的语言使用习惯会延续到自主性方言社会化阶段。另外,由于社会经济的快速发展,上海市的社会流动比很多城市频繁。上海市的外来人口数量在全国居于首位,外地人与上海本地人通婚的现象越来越多,城市居民在家庭和公共场所语言的选择与使用发生重大改变。上述变化会对新生代的方言社会化过程以及方言传承产生影响。

1. 推普执行力度的影响

自从我国政府开始倡导推广普及普通话以来,各个城市均出台了相应的方针政策和相关活动来促进这一国家语言政策的实施。不过,在实际执行过程中,不同地区和城市之间仍存在差异。城市推普执行力度的不同,对城市新生代语言社会化的影响也不同。综合来看,城市推普执行力度与新生代方言社会化关系密切,尤其在他们处于被动性方言社会化阶段,影响尤为显著。以上海、南京和扬州三个城市为例,三个城市均响应国家的号召,在不同时期、不同阶段都大力宣传推广普通话,也出台了一些规章制度来促进全市居民普通话的使用。不过,从实际效果来看,三个城市推广普通话的力度有所不同。上海市推广普通话的力度远远强于南京、扬州两个城市,社区、学校对政策方针的贯彻执行特别到位,推广的效果显著,较短时间内,居民的普通话使用率提升幅度大。在上海的中小学校园里,师生说普通话的比率高达 88.5%,同一语境下,南京和扬州的普通话使用率分别为 52.7% 和 51.0%,与上海相差较大。上海有位受访者提到,校园里推广普通话期间,会在校园安排"推普员"监督使用普通话的情况。校园中设置推普员的举措,在促进学生使用普通话方面发挥了重要作用。推普员一般在普通话能力强且在校表现优异的学生中推选,被推选出的学生会获得学校或者班级的表彰,学生也因此备受尊重,而这一切荣誉的获得均由于具备较为标准的普通话能力;如果普通话能力较差,则可能被嘲笑或者被轻视。这种鲜明的对比,对校园里使用普通话氛围的营造产生正面与积极的推动作用。除外,上海的学校、社区还会举办多种活动来推动居民学习和使用普通话的热情与积极性。这些活动和举措包括设立推普周、推普角,举办普通话比赛,等等。它们强化了新生代学习普通话、说好普通话的语言意识。在这样的力度下,上海的学校、社区中普通话主导地位迅速确立,越来越多的居民和新生代开始从说方言转为说普通话。南京、扬州两个城市的受访者记忆中,没有这种类似的举措或者活动。即使如此,相比之下,南京推普力度又高于扬州。三个城市中,上海的推普力度最大,南京次之,扬州最弱。推普的力度,其实与城市经济的发展状况、社会流动频率以及外来人口的数量等因素相关。城市化率高、社会流动快以及外来人口数量多的城市,其普通话使用的需求高,城市推普的力度大,实际的推广普通话的效果也较好;当然,在这一过程中,方言传承遇到的冲击与影响也较大。从城市规模来看,上海、南京和扬州分别被归类为超大城市、特大城市和大城市,主要划分的依据是人口规模、城市经济发展水平等。根据从大到小的城市规模,三个城市新生代的方言使用率从低到高变化。作为经济发展水平最高的城市,上海市人口流动频繁,普通话普及度高,市区居民对普通话的认同度高。上海新生代中,有些是新上海人,从幼年时期就开始使用普通话,成为无方言的新上海人。对此现象,受访者表示很能理解,而且觉得会不会说上海话不再成为评判一个人是否为上海人的重要依据,使用普通话,也不能否定一个人的上海人身份。

"我身边有很多朋友是新上海人,他们不会说上海话,很多时候,我们就一起说普通话。我们彼此都不觉得别扭,也没有觉得他们不是上海人。我

自己现在在公共场所,也主要说普通话。全国上下现在多用普通话交流,上海人不会说上海话,也没有什么。"(上海样本 43)

　　这位受访者代表了一部分新生代的观点。在这些新生代眼中,方言不再是地域身份认同的工具,判定是否为当地人身份的标准与依据正在发生变化。这是城市化进程带来的变化,而且这一变化在很多城市越来越普遍。方言地域身份认同功能的丧失,在某种程度上削弱了方言的重要性以及方言习得的必要性。从语言社会化过程来看,城市推广普通话力度越大,新生代方言社会化过程中方言传承效果越差,特别在被动性方言社会化阶段影响突出。推广普通话作为显性语言社会化方式,对自主意识尚未形成的新生代的语言使用情况影响最大。虽然推广普通话主要发生在新生代被动性方言社会化阶段,但学普通话、说好普通话的语言意识已经根深蒂固,或多或少对方言传承产生影响。仍以上海市为例。从时间上来看,上海推广普通话力度最大的时期大概自 20 世纪 90 年代到 20 世纪末期。当普通话普及任务逐渐完成之后,上海市政府、居民包括一些关注方言传承状况的专家学者认识到方言传承的重要性和必要性,也发现上海话的传承面临挑战和危机。最明显的表现是,部分上海的青年人不会说上海话或者上海话能力较弱。大约从 21 世纪初期开始,上海市开始出台一系列保护沪语的举措,也开办了很多促进说沪语的活动。比如,编写沪语教材、推动沪语进课堂、公交车站沪语报站、沪语比赛或者成立学沪语社团,等等。2016 年、2018年,上海市相继出台的《上海市语言文字事业改革和发展"十三五"规划》《2018 年上海市语言文字工作要点》文件中均明确指出,在推广和规范使用国家通用语言文字的同时,也要科学保护上海地方语言文化。但与推广普通话相比,沪语习得和使用的结果不是太尽如人意。21 世纪初期,上海市倡导保护沪语的时期,很多新生代(比如 90 后群体)大概在初、高中阶段,这一阶段较为缺少使用方言的语境,即使一些新生代形成自主的语言意识,对方言的功能和价值有了新的认知,但在缺少语境和较强学习动力的情况下,推广方言的效果也因此大打折扣。虽然也有一些新生代在此过程中重新获得方言能力,但影响的总人数相对较小,这也是某些方面保护方言效果较弱的原因。推广沪语的措施在新生代群体中效果不显著的另一个原因是,城市语言政策未能良好衔接。上海市在大力推广普通话的时期,未能及时制定保护方言的政策方针,推广普通话和保护方言未能同时进行,两者的衔接出现间隙,因此影响了方言在年轻一代的传承。

2. 外来人口比率的影响

外来人口比率指的是外来人口数量在城市常住人口中的占有比率。仍以上海、南京和扬州为例。根据相关部门的统计,截至2021年年末,上海市常住人口为2489.43万人,常住户籍人口为1457.44万人,常住外来人口为1031.99万人,常住外来人口比率为41.5%。南京市常住人口为942.34万人,常住户籍人口为722.57万人,常住外来人口为219.77万人,常住外来人口比率为23.3%;扬州市常住人口为457.70万人,常住户籍人口为451.56万人,常住外来人口不详。城市化、频繁的人口流动等在加速地区间交流与融合的同时,在某种程度上也让地域方言遭受磨损;大众传播媒体的发展、普通话高声望地位的确立让地域方言的功能与价值逐渐弱化。较高的外来人口比率,对城市新生代方言社会化的影响表现为:

第一,大量流动人口的迁入,会影响家庭通婚结构。三个城市中,上海市的外来人口比率最高,几乎达到总人数的一半。这种人口构成状况决定了上海市语言使用与语言生活环境的复杂性与多样化的特征,也决定了上海外来人口家庭比率要高于南京和扬州两个城市。这在一定程度上解释了上海市区公共场所、学校、社区等交际互动中选用普通话和少用上海话的主要原因。如前述,家庭通婚结构会影响新生代方言能力的发展。如果家庭中的父母均为外地人,家庭语言环境是当地方言的可能性极低,在被动性语言社会化中,新生代了解和接触当地方言的概率也极低。这类家庭的新生代学会当地方言的可能性也较小。

第二,外来人口比率较高的城市,普通话的使用率高,普通话社会地位和声望较高,影响方言的传承效果。由于上海话与普通话差异较大,来自非吴语区的外来人口习得上海话的难度高、成本大,因此很多外来人口主要选择普通话作为交际工具。随着外来人口比率的提升,普通话的主导地位也逐渐被认可与巩固;此外,随着本地居民与外来人口交往和接触的增多,普通话的主导地位也逐渐影响与改变本地居民的语言使用习惯,这最终改变了方言的地位与使用空间。

张璟玮、徐大明(2008)的研究表明,人口流动与普通话普及具有较强的相关性。人口流动带来的语言接触会让城市语言生活出现多语共存的特征。在普通话与各种方言共处的局面下,作为国家倡导的交际用语,普通话的使用会越来越多。本地人为了便利,在与大量外来人口交际的时候,也会选择使用普通话。有些受访者表示,"我同学中,外地人比例很高,和他们在一起的时候就会说普通话,不然没办法沟通啊"。外来人口为了尽快融入所在城市的工作与生活,也逐渐放弃自己的家乡话,选择声望较高的普通话。例如,一位受访者的父亲说,"我是20多岁从绍兴来到上海的,之前讲家乡话,来上海之后就开始学说普通话了,也试着学了上海话,但是用得很少就没学会"。较高的外来人口数量使得普通话使用的场合越来越多,这样的语言环境影响到新生代方言的使用。

在全球化、城市化的背景下,城市呈开放发展的态势,各国、各地区和城市间人口的流动日益频繁,这种频繁的人口流动在经济发达的大城市尤为突出。上海的新生代表示,由于上海外地人口太多,不确定对方是否会说上海话,所以在与他人交流时,首选的交际语言是普通话;这种选择最为稳妥,可以满足不同背景交际对象的需求。可见,外来人口的大量迁入对城市社区的方言使用环境会产生一定冲击。对于上海外来人口来说,有部分人可能由于长时间的居住而习得上海话,但即使如此,仅仅使用上海话并不能完全顺应现实交际的需要,仍然会交替使用上海话和普通话;如果这些外来人口没有学会上海话,那么对外交流的方式只能是普通话。所以,外来人口数量的增加一定会导致语言环境中普通话使用率的提升。综上,上海市的语言使用习惯会随着外来人口的增加而随之改变,进而影响年轻一代方言社会化。与上海相比,扬州市城市规模较小。虽然是旅游城市,可城市经济发展较为缓慢,城市就业机会也相对较少,因此扬州市流出人口较多,外来人口数量较少,外来人口占城市总人口的比率较低。这样的社会背景下,扬州市的家庭通婚结构仍然以"本地人＋本地人"为主导,方言在家庭内部的使用率较高,整个城市的方言使用场合和语境也较多,方言的使用受到普通话的冲击较小。因此在方言社会化过程中,扬州新生代方言传承较好,总体方言使用率高于上海和南京。在未来的一段时间内,扬州话的传承状况较为乐观。随着社会环境和人口构成的变化,语言使用习惯不可避免会出现变化,这是语言自身发展的正常轨迹,因此在外来人口比率较高的城市,要尽力寻找、思考方言传承的新途径和方式。

3. 社会身份建构的影响

交际互动中社会身份的建构,指的是语言使用者随交际语境的变化,为实现某种交际意图,通过习得或者选用某种语言形式有意或无意地选择、凸显自我身份或交际对象的身份。语言不仅是人类社会最重要的交际工具,同时也是社会身份建构的重要工具。当身处不同的社会交际网络之中,个体为了实现某种交际意图,会以语言为媒介转换社会身份。语言学习者身份是语言社会化研究中关注的一个重要内容。身份是个体与社会、社区构建某种关系时表现出的一种社会认知行为。社会交际互动基本发生在一定的社会文化背景之中,与交际对象、权力关系、意识形态等社会因素密切相关。交际互动之前,交际个体拥有的社会身份是静态,为了重塑某种特定的社会身份,他们会通过语言使用来呈现新的身份,这种随着交际意图需求而重新改变的身份,被学者称为语用身份。语言使用者为了某种交际意图,会用特定的话语形式凸显不同的社会身份,从而实现一定的交际目的。

构建身份既可以表达立场,也可以塑造形象。具体来说,身份建构的目标或者是向交际对象或群体表达自身的态度倾向,或者是为了呈现出符合或违背对方期望的身份特征。在交际中,语言使用者使用的话语表达形式多种多样,包括言语行为(如批评、通知、表扬等)、副语言(手势、面部表情、声音的高低和频率等)、话语结构(话轮转换)、指称(指涉交际对象或自我的词语)以及语码选择(语种的选择和语码转换)等等,这些语言形式与建构的身份紧密相连(Tracy & Robles 2013)。一方面,语言使用形式呈现身份特征,每个人选择的语言形式能体现出特定的社会身份;另一方面,建构的社会身份影响或制约个体的语言使用习惯、语言形式。交际活动中社会身份的选择始终处于一种发展变化的动态过程。语言使用者出于某种交际目的,将选定的身份用特定的语言使用形式固定下来,以达到一定的表达效果。城市社区中,语言交际过程中的语言互动不是一个孤立的语言交流场景,而是交际双方在社会政治经济背景下产生的身份互动。参与交际的互动主体也不是交际活动中的单个个体,而是被特定语境赋予特定象征的群体性身份。Wong & Xiao(2010)结合语言社会化的理论,探究了多语社会中文学习者的身份建构过程,同时分析了不同身份建构与中文继承语习得的关系,并在此基础上分析为什么中文继承语的习得可以被多个不同类型的言语社区认可。他们的研究结果显示,在中文继承语习得过程中,社会身份的构建对于语言学习者有重要的促进作用。在不同的语境中,学习者不断重塑和转换社会身份的过程,也是其语言习得和语言社会化完成的个体内化过程。

　　新生代在不同的交际语境中,在面对不同的交际对象时,会通过特定的语言使用形式凸显或者构建新的社会身份。经济发展快速、社会流动频繁的城市,新生代接触的语境和交际对象较为复杂,为了实现不同的交际意图,或者为了融入特定的社区和社交网络,会有意无意地学习和使用某种语言形式。在这种不断社会化的过程中,语言的习得与使用会不断发展变化。建构社会身份的需求也会影响城市新生代对方言的习得与使用状况。以上海为例,一些新生代在自主性语言社会化过程中,认识到上海话的新价值,比如可以帮助融入新的工作群体,可以提升工作的效率等等,从而让他们重新找到学习方言和说方言的动力。重建身份的过程,在这种时刻也是重新习得或者使用某种语言的过程。城市新生代在与复杂多样的社交网络交际沟通的过程中,会凭借习得或使用某种语言形式而成为某一社交网络成员。语码转换是语言使用者建构身份的话语策略。话语策略是语言使用者为达到交际目的所使用的各种方式,使用话语策略的过程也是交际意义生成的过程。身份建构是个体选用某种话语策略的根本目的,话语策略和语用身份是目的和手段的关系(陈新仁 2013)。城市的社会经济环境不同,新生代面临的社会身份复杂程度也不同,因此,上海、南京和扬州三个城市的新生代方言习得情况有所不同。和南京、扬州相比,上海的常住外来人口比率、城市化率都是三个城市最高的,因此城市人口结构、交际网络等相对复杂,方言社会化过程也变得复杂。上海新生代在复杂的社会环境中,面对多元的交际场合和交际网络,需要构建不同的社会身份。不同社交网络和社交语境文化、观念以及语言认同均有不同,因此最终形成不同的语言使用习惯。社会网络的复杂化,让新生代有较多接触与了解方言的机会。在某种交际语境中,新生代会根据建构身份的需求选择学习或者放弃当地方言。

案例 7:"我之前上海话讲得一般,可是身边一起玩的朋友平时大多讲的是上海话,我觉得作为他们中的一员,也为了和他们更好相处,有必要学习上海话并跟他们自如交流。"(上海样本 5)

案例 8:"虽然在大学身边很多外地同学,所以平时交流主要使用普通话,不太说方言了。但是工作后,我发现单位还是有很多同事和领导是上海本地人,说方言能够很快融入当地人的圈子,对我的工作发展很有帮助,我也开始有意识地在工作场合和同事用方言交流。"(上海样本 11)

案例 9:"其实在公共场合使用普通话还是方言都是因人而异的。比如和认识的当地熟人交流我习惯使用方言,大型超市、卖场这种场合,我一般使用普通话。不同的场合,个人和面对的对象不同,身份也就不太一样,所以使用什么语言是随时变化的。"(上海样本 24)

案例 7 中,受访者为了融入说上海话的朋友圈,建构自己是上海人或者是上海常住人口的社会身份,重新找到学习上海话的动力。在建构身份的过程中,上海话能力得到提升,从"讲得一般"到能"自如交流"。案例 8 中,受访者在社会化的过程中,认识到上海话的价值,可以更好地让其融入工作网络,有利于工作的开展。此外,发现使用上海话的主导群体有领导,这时候选用上海话能够帮助受访者建构上海本地人、领导社交圈的特定成员等形象。案例8中,受访者根据不同的交际语境交替选用普通话和方言。与熟人交际,选用方言,这一场景下方言可以帮助其建构出与交际对象为朋友的身份;与陌生人交谈,选用普通话,建构的是普通朋友的身份。三个案例说明,在不同的社交网络中,个体实现不同交际目标的前提是建构符合需要的社会身份。案例7的受访者在同伴社交网络中,建构出同伴朋友的身份,主要通过使用方言来实现。案例8的受访者在工作网络中,通过上海话的使用构建出本地人同事身份、领导社交圈成员的身份,最终也凭借建构的身份较好地融入到工作网络中,并促进了个人工作更好地开展。案例9的受访者,在公共场所中,转用方言构建出亲密好友的身份,再通过转用普通话构建普通消费者身份。可见,建构不同社会身份的同时,也影响了个体在不同社交网络中的语言选择与使用。城市新生代在不同社交网络中,会根据不同的场合和交际需要,构建不同的社会身份,从而影响语言的选择与使用。由于城市规模、人口流动状况、社区网络、工作网络或者朋友网络等等因素的差异,不同城市新生代方言社会化的过程出现差异,最终出现方言习得与使用状况的不同。

南京和扬州的社会发展、人口构成没有上海多元、复杂,因此互动过程中需要建构的社会身份相对单一。这样,新生代因身份所需而进行的语码转换较少,在较长一段时间内,其语言习惯可保持不变,方言或者普通话能力发展变化幅度较小。因社会身份建构需求的差异,上海、南京和扬州三个城市新生代方言习得状况存在差异。上海新生代由于互动过程中需要建构多种社会身份,会不断因需要转换使用上海话或者普通话。与其他城市相比,上海新生代在社交网络中使用方言的场所和空间增加,这在一定程度上是有利于方言传承的。但为什么上海新生代的方言能力整体上弱于南京和扬州呢?这种方言能力差异产生的原因,除了与推普执行力度和外来人口比率有关,还与不同城市中新生代社会身份建构策略有关。上海市由于人口构成复杂,社交网络也各种各样;另外,上海有较多的外来人口,这让新生代在建构不同社会身份的过程中,更多地会出现转用普通话的需求,因此让很多新生代缺少说方言的场所,所以上海新生代整体方言能力弱于南京和扬州。在自主性方言社会化过程中,上海新生代方言习得意识明显强于南京和扬州。上述影响因素的存在说明,个体方言社会化过程的复杂性。在具体的交际语境中,每一个语言使用者的语言社会化过程都会存在或多或少的差异,也因此在不同的阶段会呈现出不同的特征。新生代在被动性方言社会化阶段,主要受家庭和学校语境影响,在自主性方言社会化阶段,主要受不同社交网络的影响。不同的家庭语境、学校氛围、社交网络都会导致不同的方言社会化过程和不同的社会化特征,这也是个体方言能力发展和方言使用千差万别的主要原因。个体为实现其社会化目标,在不同阶段会根据交际需求,不断调整与完善自身的语言选择和语言使用,这就是反复提及的新生代的语言社会化过程,它是会伴随个体一生的、动态发展的过程,也因此个体语言能力也处在不断发展变化的过程中。

本章小结

　　本章分析了城市新生代语言习得状况,并以此为基础讨论新生代方言社会化的共同特征、差异及影响因素。虽然与父母辈、祖父母辈相比,新生代方言使用率略有下降,但总体来看,城市方言在新生代中的传承状况良好;在未来较长一段时间内,我国城市方言的传承虽面临挑战但尚无濒危的可能。新生代习得方言的最重要场所仍以家庭为主,但不再局限于此,学校、社区、同伴网络等新途径在一定程度上也能助力方言的习得与使用。对新生代语言意识的调查显示,新生代对方言价值与功能的主流认知趋势和传统保持一致,认同方言不仅是地域文化的重要承载工具,也是地区、家庭情感联系的重要纽带。基于这样的认识,多数新生代表示有必要学习方言,习得方言的意愿强烈。

　　方言社会化过程中,城市新生代呈现出较多的共同特征,具体包括方言习得的持续性、方言能力的变化性、方言使用的红利化以及方言社会化的阶段性等特征。除了共同特征之外,不同城市新生代的方言社会化过程存在一些差异。城市推普的执行力度、外来人口比率以及社会身份建构等因素导致方言社会化差异出现。为实现某种交际意图,适应并融入不同的社交网络,城市新生代通过语言的习得和使用构建不同的社会身份,在构建社会身份的同时完成自身的方言社会化。在社会化过程中,新生代通过转换使用方言和普通话,在不同的社交网络中凸显或重塑社会身份,建构身份与语码转换相互作用。新生代在完成社会交际、不断融入社会的过程中,选择习得或者放弃某种方言。对新生代方言社会化特征的分析,一方面可以解释新生代方言能力发展变化的原因,另一方面可发现新生代成年之后习得和使用方言的可能性。

第四章 语言社会化与新生代双言能力发展

  2014 年在我国苏州召开的世界语言大会,以"语言能力与人类文明和社会进步"为主题,明确将语言能力的发展与人类社会的文明和进步相连,与会的各国学者专家在这一点上达成共识,承认语言能力是推动社会进步和经济繁荣的重要因素。《国家语言文字事业"十三五"发展规划》中明确提出,到 2020 年,在全国范围内普及国家通用语言文字,全面提升语言文字信息化水平,全面提升语言文字事业服务国家需求的能力,实现国家语言能力与综合国力相适应。随着城市化进程的不断深化,我国的社会经济快速发展,与全球各国、各地区的社会交流和沟通日益增多。全球化、城市化的大背景,让语言的作用日益凸显,"强国必须强语,强语助力强国"(杜占元2017)的理念愈加深入人心。国家语言能力发展与综合国力的提升紧密相连。国家语言能力建设是构建"两个共同体"的"软基建"工程,构建中华民族命运共同体,需要处理好推广国家通用语言文字和科学保护各民族语言文字、方言之间的关系(文秋芳、杨佳 2020)。国家语言能力的核心基础则是国民语言能力,它逐步成为国家实力的重要标志之一。

  国民语言能力指的是国家公民运用语言进行交际与沟通的能力,是一种多语能力,包括母语(方言)能力、国民国家通用语言文字应用能力和外语能力(张先亮、赵思思 2013)。虽然我们是个单语国家,但城市语言生活中的多语多言现象却普遍存在。新生代语言能力状况是国民语言能力的重要组成部分。新生代语言能力发展状况,一定程度上会影响我国城市语言生活状况的发展,也能反映并预测我国国家语言能力的发展变化趋势。如前述,语言社会化理论关注语言、文化和社会的互动关系,强调语言使用在社会化中的作用和社会化对语言使用的影响。本章将结合新生代语言能力的现状,分析语言社会化对语言能力发展的影响。

第一节　调查对象、研究问题和研究方法

一、调查社区和调查对象

1. 调查社区概况

调查选取的是东部沿海地区的两个城市上海和深圳。我国东部沿海地区范围较大,主要指的是我国东部沿海省份及其相关城市,具体包括山东、河北、天津、江苏、浙江、福建、上海、广东、海南等,面积为 95 万平方公里。东部沿海地区的很多城市,城市化率高,城市经济发展良好;很多城市人口数量众多,社会流动频繁,文化教育资源相对丰富,市民整体教育水平较高,同时也是普通话普及较早、成效较大的地区。此外,东部沿海地区语言资源丰富,不仅有很多方言,比如吴方言、闽方言、粤方言等方言,是这些方言的主要分布区域,还有很多少数民族语言。多种方言、少数民族语言混杂共处是东部沿海地区很多城市语言生活的常态。城市化进程中,东部沿海地区出现很多新的语言现象或者语言问题,一些关于该地区的城市语言生活、语言使用、方言传承等内容的调查与研究也较多。

上海市和汕头市是东部沿海地区的两个重要的港口城市,选择这两所城市作为调查地区,主要考虑到城市的发展概况、方言特征等因素。作为我国经济金融中心,一线城市上海的经济发展、城镇化率及人均居民可支配收入均居全国首位。作为经济特区的汕头,是广东省粤东地区的中心城市,经济发展较好。城市规模上,根据城区常住人口数量,我国的城市被归为五类七档,城区常住人口 1000 万以上为超大城市,500 万以上

1000 万以下的城市为特大城市①。截至 2022 年年末,上海城区常住人口为 2489.43 万人,为超大城市。上海的外来人口达到 1031.99 万人,占常住总人口 41.5%,外来人口数量位居全国首列。汕头市是我国著名的侨乡,常住人口 553.04 万人,常住人口城市化率为 70.74%,属于特大城市;汕头市区的人口流动主要是省内流动,是广东省省内流动人口的主要供给地区之一。2010 年第六次人口普查数据显示,汕头市流动人口规模为 52 万人;根据最新的第七次人口普查数据(2020 年 11 月 1 日零时),汕头市常住人口中,跨省流入人口为 41.5360 万人,省内流动人口为 19.8132 万人,总共为 61.3492 万人,占总人数的1.109%,与上海相比,人口流动规模较小。两个城市的地域方言方面,作为移民型混合方言,上海话和汕头话都被选为所隶属方言区的代表方言点。根据学者的研究,上海话是以松江话为基础方言,苏南及浙北吴语是上海话的上层方言(游汝杰、邹嘉彦 2004)。由于大量外来人口的加入,其他地区方言对上海话影响较大。长期的语言接触过程中,外来移民方言系统中的词汇、语法等或多或少地被上海话吸收。老派上海话中很多典型的方言词汇、语法表达等逐渐消失或者逐渐被其他方言改变。不过,总体上,现在的上海话语音、词汇、语法系统仍保留了老派上海话的基本格局,只是在原有格局基础上带有一些语言接触的特征。经过开埠百余年来的发展变化,上海话虽然改变了很多,但上海话的地区声望一直很高。另外,由于上海的经济文化优势,目前上海话已经战胜苏州话,捍卫了它在吴语区的权威地位,成为吴方言的代表方言。汕头话同样也是在与外来移民方言接触的过程中不断混合、简化、趋同而逐渐形成。现代汕头话音系定型于人口趋于稳定的第三阶段的移民时期(1935—1945)(施其生 1988)。虽然与上海的城市发展、人口流动包括社会开放程度方面存在差距,但在城市化进程中,汕头市的城市规模也处在不断扩大的过程中。随着中心区域的发展和城市人口构成的改变,以往使用人数较多的潮汕话逐渐

---

① 《国务院关于调整城市规模划分标准的通知》,2014 年 11 月 20 日,来源:http://www.gov.cn/zhengce/content/2014 - 11/20/content_9225.htm,2022 年 12 月 20 日。

被简化的汕头话取代。在《现代汉语方言音库》中,汕头话被确认为潮汕方言的代表,归为闽语区的六种方言之中(林伦伦 2017)。可以说,上海话和汕头话最大的共同特征是这两种方言都受到外来移民方言的影响,是在与各种方言语言接触的过程中发展而来,不过,两个方言最典型的音系特点依然存在。

综上所述,上海和汕头虽然都是东部沿海地区的重要城市,但从城市经济发展、城市人口数量、城市化率以及人口流动规模等各种因素来看,两个城市差异较大,一个是经济发达的超大城市,一个是经济发展有限的特大城市。而且两个城市的地域方言差异也很大。在不同的城市背景和语言环境下,居民的语言能力发展、方言和普通话的使用状况、方言的传承等方面也存在较大差异。如前述,上海、汕头两个城市中普通话与方言混杂是常态,多语多言的现象是两个城市语言生活的基本特征,但已有学者的研究显示,两个城市居民的语言使用情况存在较大差别。由于城市经济快速发展,外来人口大量涌入,上海市区的语言生活变化很快。在国家宏观语言政策的影响下,虽然上海话在该地区的声望很高,但普通话在上海市的公共领域逐渐成为主流的交际用语。上海话只在某些空间、某些语域保持着活力;此外,学者研究显示,上海话在青少年群体的传承受到冲击。俞玮奇、杨璟琰(2016)研究了近十五年来上海青少年方言使用与能力的变化趋势,结果发现,上海青少年的优势语言和语言使用习惯都有了很明显的改变,方言能力呈明显下降趋势;也有研究发现,即使是长三角地区的传统强势方言,青少年的上海话能力还是弱于上一代上海人(张民选、张日培 2011)。改革开放后,汕头的语言生活随着城市经济的发展也出现了较多变化。与上海相似,普通话在汕头市也被广泛推广普及,且效果较好。汕头学校教育语言、政府部门的工作语言从以闽方言为主逐渐转变为以普通话为主(林伦伦 2005),最近有学者对粤东地区居民语言使用状况的调查结果显示,普通话已经成为粤东地区居民的常用语码之一,居民的双言能力整体较好(刘慧、黎顺苗 2020);陈燕玲、林华东(2013)对两岸五地闽南方言使用情况的调查结果中,潮汕学生的方言使用能力在所有调查区域中属于较强的,不过,在语言态度方面,潮汕青少年群体积极认同方言的比例偏低。上述以青少年为对象的研究,多以方言能力调查为重点,多言(含双言)能力的调查较少;不同城市青少年语言能力的比较研究更少。不同城市青少年多言能力、语言态度的比较,其意义不仅仅是描述当代新生代语言能力状况,更重要的是,在对比研究中可以发现影响新生代语言能力发展的深层原因。关于本次调查,有一点需要说明。在城市发展的过程中,上海、汕头两个城市的中心城区不断发生变化,上海话和汕头话出现了一些变体。比如,根据我们前期在上海的调查,发现上海话变体包括市区上海话、郊区上海话、老上海话、新上海话等等,汕头话也是如此。这些变体主要是使用者居住的区域、使用者的年龄差异等因素所致,方言系统中本质的内容是相同的,只是在词汇、语音等方面存在一些差异。本次调查关注的是新生代多言能力,只要会说某种方言变体,我们统一判定具备方言能力。即使有些受访者明确表示自己说的是郊区上海话或者乡下的汕头话,或者声称自己说的上海话、汕头话与市区上海话或者市区汕头话存在不同,也都忽略不计。

2. 调查对象信息

调查对象为两个城市的 00 后新生代及其家庭成员,问卷与访谈的具体调查方式以家庭为单位进行。所谓 00 后新生代指的是 2000 年 1 月 1 日至2009 年 12 月 31 日出生的青少年。基于西方学者提出的语言关键期假说理论,一般认为关键期之前,青少年习得语言的能力强而且效果显著,但也是青少年语言能力不太稳定的时期。一些调查显示,很多青少年在语言关键期之前,习得多种语言或者方言,但由于家庭环境、学校环境等的变化,一些语言能力会衰减或者消失;一般认为语言关键期之后(通常在 14 周岁之后),语言能力会进入相对稳定的阶段。根据语言社会化理论,语言关键期之后,社会化中青少年自主语言意识逐渐形成,也会出现主动学习或者主动放弃某种语言或方言的情况。基于此,本次调查主要选择年龄在 18 岁以上的 00 后,限定条件是出生在当地、持有当地户籍且在当地长大。两个城市各选择 30 个家庭,00 后及父母亲共 180 人。

表 4-1　两个城市 00 后及其家庭信息情况表

基本情况	分类		上海($n=30$)	汕头($n=30$)
00 后	男		8 人 / 26.7%	15 人 / 50.0%
	女		22 人 / 73.3%	15 人 / 50.0%
通婚结构	本地人家庭	老本地人家庭	12 户/ 40.0%	19 户/ 63.3%
		新本地人家庭	6 户人 / 20.0%	4 户/ 13.3%
	外地人家庭	本＋外	5 户/ 16.7%	4 户/ 13.3%
		外＋外	7 户/ 23.3%	3 户/ 10.0%
抚养方式	父母抚养		13 户/ 43.3%	6 户/ 20.0%
	混合抚养		11 户/ 36.7%	20 户/ 66.7%
	隔代抚养		6 户/ 20.0%	4 户/ 13.3%

　　家庭以滚雪球方式确定。因为不是概率抽样,上海的男女性别不太均衡,男女比为 26.7% 和 73.3%;汕头男女比例基本均衡,考虑到这种偏差,本次调查暂不考虑性别因素的影响。前文提及,随着经济社会发展和人口流动,我国城市的家庭通婚类型发生较大变化,基本从以本地人和本地人通婚变为本地人与外地人、外地人与外地人通婚为主的趋势。多数城市的外地人家庭比率逐步升高,通婚方式趋于丰富多样化。外地人与本地人、外地人与外地人通婚方式,社会学者将其称为"两地"通婚。两地通婚是一种新的婚姻和家庭模式,通常是指夫妇双方来自不同的社区、村庄、乡镇、县、地市、省区甚至国家而形成的跨地区通婚,两地首先是一个地理空间的概念并参照行政区划的边界,但在具体操作层面,不同研究的界定方式和考察视角有差异(高颖、张秀兰 2014)。在国内跨地区通婚的研究中,有学者以户籍为标准,将两地婚姻明确界定为两地户口婚姻(丁金宏等 1999),另有学者以出生地或者婚前居住地为标准来界定两地婚姻(周皓、李丁 2009),也有学者将上述两种观点融合在一起界定两地婚姻(高颖、张秀兰 2014)。在语言学研究中,学者们对本地人、新本地人、非本地人、外地人等概念的理解存在

争议。根据胡明杨先生(1987)的观点,老北京人指的是父母一代均为北京当地人,本人也在北京出生且长大的人,新北京人指的是父母双方或一方不是北京当地人,但本人在北京出生且长大的人。此后,又用这种标准来区分老北京本地人和新北京本地人。康岚(2017)的调查显示,当前区分城市的本地人与非本地人存在认同困境。在上海调查时,采用所处阶层、有无户籍、能否听懂或者会说上海话等多种维度区分上海本地人与非本地人。结果显示,会说上海的人更认同采用"上海话是否为母语"来区分是本地人或者外地人;不会说上海话的上海人或者上海新移民更倾向于认同"有无上海户籍"作为重要的区分依据。本研究主要考察 00 后语言能力发展,因此只要 00 后有当地户籍、出生且成长在当地,另外父母持有当地户籍即可成为调查对象;不考虑本人或父母是否会说当地方言。城市化发展中,有些出生且成长在当地的 00 后也不会说当地方言,这是当前城市语言发展的真实状况,而且本次研究关注的是新生代的语言能力,不局限为方言能力。

根据父母出生地及婚前主要居住地的情况,家庭通婚结构分为本地人家庭和外地人家庭两类。本地人家庭指父母双方出生在上海或汕头,婚前也居住在上海或汕头。本地人家庭又可细分为老本地人家庭(祖父母辈也是本地人)和新本地人家庭(祖父母辈中有一方不是本地人);外地人家庭指的是父母双方或父母之中有一方为非本地人、婚前也未居住在所调查的城市。具体包括两类,一类是本地人与外地人通婚家庭,另一类是外地人与外地人通婚家庭。由表 4-2 可知,两地调查的老本地人家庭占比较多,上海为 40%,汕头为 63.3%;父母均为外地人的家庭,上海略高,占比为 23.3%,汕头为 10%,这与前文介绍的两个城市外来人口数量的差异相一致。上海的外来人口数量在总人数的占比很高,而汕头则较少。家庭抚养人会直接决定或者影响家庭的语言实践,因此,家庭子女的抚养方式被视为影响新生代语言能力发展、语言社会化的重要因素。参照学者的已有成果,家庭抚养方式被分为父母抚养、混合抚养和隔代抚养三类。

表 4－2 两城市不同通婚结构家庭的抚养方式情况表

		上海（$n=30$）	汕头（$n=30$）
老本地人家庭	父母抚养	3 户 / 10.0％	4 户 / 13.3％
	混合抚养	6 户 / 20.0％	12 户 / 40.0％
	隔代抚养	3 户 / 10.0％	3 户 / 10.0％
新本地人家庭	父母抚养	1 户 / 3.3％	0
	混合抚养	2 户 / 6.7％	4 户 / 13.3％
	隔代抚养	3 户 / 10.0％	0
本＋外家庭	父母抚养	5 户 / 16.7％	1 户 / 3.3％
	混合抚养	0	2 户 / 6.7％
	隔代抚养	0	1 户 / 3.3％
外＋外家庭	父母抚养	4 户 / 13.3％	1 户 / 3.3％
	混合抚养	3 户 / 10.0％	2 户 / 6.7％
	隔代抚养	0	0

父母抚养方式指的是主要由父母直接抚养长大；混合抚养方式指的是由父母和祖父母辈共同抚养；隔代抚养指的是在语言关键期之前，主要由祖父母辈抚养长大，语言关键期之后转为父母抚养，或者是指进入幼儿园或者小学之前由父母抚养，之后转为由祖父母辈抚养。表 2 显示，上海家庭抚养方式以父母抚养和混合抚养为主，占比分别为 43.3％、36.7％；汕头家庭三类抚养方式中，混合抚养占比最高，为 66.7％；两个城市的隔代抚养的比率均较少。除了通婚结构不同，家庭抚养方式也存在差异。汕头本地人通婚家庭中，混合抚养方式占比较多（53.3％）；上海市三类抚养方式均存在且所占比率大致相同。上海和汕头的外地人家庭中，父母抚养是主要趋势，隔代抚养方式占比较少。

二、研究问题

本次调查选择上海、深圳两个差别较大的城市作为调查社区，以 00 后为调查对象，研究问题包括：（1）城市新生代群体双言类型和双言能力状况;(2) 不同城市新生代双言能力发展状况比较;(3) 影响不同城市新生代双言能力发展的因素。

双言理论的发展先后经历了古典双言制、过渡双言制、扩展双言制、连续双言制、后双言制等阶段。即使如此,关于双言,西方学者的理解存在差异。较早关注城市双方言的学者是苏联语言学家拉林,他在 20 世纪 20 年代开始使用双方言、多方言概念分析城市语言特点。Ferguson(1959)使用"diglossia"一词概括双方言现象,并对双言进行界定与阐释。双言指的是语言使用者在不同的语境使用的同一语言的两种及两种以上的变体,这两种及其以上的变体又可根据彼此的结构及功能分为上位变体和下位变体①。根据弗格森的解释,上位变体通常指在文学作品或者在正式场合使用的语言;下位变体主要指在家庭或者朋友之间使用的变体。双言有很多类型,具体分为两种不同的方言、本地土话和方言、底层语言和文学语言、日常生活语言和文学语言或者各种功能的标准语变体等五种类型。双言是同一个言语集团内并存的两种变体,包括标准语和地域方言、两种不同的方言等(祝畹瑾 1985)。Coulmas(2006)指出,双言属于上、下位变体,它们在功能、使用语体、使用环境、获得方式、社会威信等方面存在差异。中国学者对双言的理解也有差异。有学者认为双言是一种语言现象或言语交际行为,指的是同一言语社团在使用同一语言的过程中产生的两种地域变体,或分别使用全民共同语和其他地域变体的语言现象(何自然、于国栋 2001);有的将双言看作一种语言制度(徐大明、陶红印、谢天蔚 1997);尹小荣(2018)认为,西方学者关于双言问题的争议焦点主要在语言变体的身份和语言距离以及各变体与社会文化背景的深层互动关系。综合西方学者的看法可知,他们在双言问题上的分歧主要包括:第一,两种变体的语言身份是独立语言、方言还是某种具体的使用规范;第二,两种变体的习得或使用群体是极少数的精英分子还是普通民众;第三,两种变体的社会功能和分布是泾渭分明还是

---

① 弗格森:《双语体现象》,见祝畹瑾编《社会语言学译文集》,北京:北京大学出版社,1985 年,第 218 页。

表现出一致性的趋势；最后，到底根据什么标准判断是否为双言，是语言使用的一致性、社会认同一致性还是语言使用和社会认同两个指标均需有量方面的一致性趋势。

国内学者关于双语和双言，也存在争议；对于普通话和双言共存的现象，是应该属于双言还是双语现象，也尚未统一。有些学者将普通话、方言并存的现象归为双语现象或者准双语现象（陈章太 1988；詹伯慧 1992）；还有些学者对双语和双言、双方言等现象进行区分。李如龙（1995）认为"双语""双言""双方言"是三种不同的现象。双语是广义的，包括双语现象和双言现象。中国境内，广义的双语包括很多类别，比如普通话（汉语）与外语、普通话与少数民族语言、少数民族语言与少数民族语言、少数民族语言与外语、汉语方言与少数民族语言、普通话与汉语方言等等情况，反对将普通话与方言的关系称为双言，同时将两种地域方言并存的现象称为双方言现象。也有学者从广义和狭义区分双语。广义的双语包括普通话和方言、方言和外语等，狭义的双语专指汉语和少数民族语言。游汝杰（2010）指出，双语现象（bilingualism）又称为双重语言现象，具体包括双重方言现象（bidialectalism）和多重语言现象（multi-lingualism），是根据社会成员个人的语言使用能力进行的划分。双语现象，指的是有能力的社会成员个体运用两种或两种以上的语言或方言的现象，掌握这种能力的人可以称为双重语言人（bilingual）。双层语言现象（diglossia）简称双言现象，是从语言社会功能进行的划分，指的是同一社会中两种或两种以上语言并存的现象，这两种语言使用的场合和层级都有不同①。李宇明（2014）指出，"语"和"言"在学术概念上不同，"语"指的是不同的语言，"言"指的是语言的不同使用变体，包括地方方言和共同语。目前我国外语界使用的双语教学、双语课堂、双语与认知等中的双语指的都是汉语和外语（外语主要指英语，也包括其他的外国语言）。我国少数民族语言研究领域，双语指的是汉语和少数民族语言，通常会称为少数民族地区双语教育政策、双语习得、双语课堂、双语教学、

---

① 游汝杰、邹嘉彦：《社会语言学教程（第二版）》，上海：复旦大学出版社，2004 年，第 56 页。

双语使用等等。可见,国内多数学者将中国的双语理解为汉语和外语、汉语和少数民族语言。关注普通话和方言并存现象研究的社会语言学者,一般将这种现象称为双言现象。笔者认同从广义视角理解双语。广义的双语现象包括双语现象和双言现象;普通话和方言并存的现象是双言现象。

整体上,对双语现象的研究成果较多,对双言现象及双言能力的研究较少。在"中国知网"以"双语"为主题词搜索 CSSCI 期刊(来源为 CSSCI 中国社会科学引文索引),获得论文总量为 3433 篇;以"双言"为主题词进行搜索,仅 55 篇。以"双言"为主题的 55 篇论文中,有 16 篇发表于 2000—2010年,38 篇发表于 2010—2021 年。可见,近年来,关注双言的研究开始增多,主题包括双言的地位、双言的社会功能以及语言政策与双言等内容。比如,汪平(2003、2006)在讨论普通话推广与苏州方言消长的关系问题时提出,应在推广普通话的同时为方言保留生存空间;建议普通话在不同地区推广时可实行差异化的推广策略,在一定程度上维护普通话与方言和谐共处的状态;游汝杰(2006、2010)基于上海调查的数据提出,上海话与普通话各自承担不同的社会功能,应该长期共存、互为补充;于根元(2009)也指出,普通话和方言应该能够进入语言生活的主体化和多样化的和谐阶段。对城市居民的双言能力展开实际调查的研究较少,关于青少年语言能力调查的研究中,很多研究仅关注青少年方言使用状况。近年来,以城市青少年群体为调查对象的研究逐渐增多。王玲(2016)利用问卷调查和访谈相结合的方式,调查了南京市青少年语言使用、语言能力、语言态度等内容;徐晖明、周喆(2016)对广州 462 名青少年的调查数据显示,广州青少年的语言使用现状为普通话与粤方言并重,普通话没有冲击粤方言的强势语言地位,但其他方言正在被边缘化;朱媞媞、苏金智(2016)调查了家庭环境、学校环境和公共场合中泉州市中小学生语言文字的使用情况,结果发现该地区中小学生普通话普及率高,对普通话的认同感强;同时,他们的闽南方言能力有所退化,但中小学生对闽方言的认同感很强。这些研究为本次调查提供了一些参考,但上述调查较少针对双言及双言能力展开分析与讨论。事实上,双言现象作为我国城市语言生活的常态,值得关注。

　　此外,已有研究很多是针对某一省市或地区的特定青少年群体展开调查,针对一线城市、二线城市青少年群体的研究成果多,关注三、四、五线等中小城市年轻群体语言使用状况和语言能力的研究很少,且很少涉及城市间或地区间的对比。在城市快速发展的过程中,居民语言使用状况变化快且情况复杂,语言政策的制定需要随着语言生活的变化做出调整,否则会影响城市语言生活健康、和谐的发展。不同社会经济文化背景下,不同城市的年轻群体语言使用情况各有差异,除了一、二线城市之外,中小城市的青少年双言能力发展如何? 普通话是否与一、二线城市一样占据主导地位,普通话与方言是否和谐共存? 这些问题都有待进一步研究。对这些问题的探究,有助于寻找促进城市语言生活多样化发展的规律,因此在不同城市中开展青少年语言使用状况调查并进行比较是有一定的现实意义的。当前的城市生活,双言生活已经成为语言生活常态,孤立地讨论方言能力问题已经不能全面把握方言传承的规律和趋势。本次调查关注一线城市和三线城市新生代双言能力的发展状况,分析他们的双言使用情况,并结合语言社会化理论分析差异的影响因素;并以此为基础,讨论有效维持城市多语多言生活和语言多样化的机制,给相关部门制定更符合实际、针对性更强的语言规划策略提供依据或者参考。

三、理论基础和研究方法

　　语言社会化理论首先运用在母语习得领域,后来先后被第二语言研究和继承语研究的学者们引入,相关成果较为丰富。国内学者对语言社会化理论的运用目前主要是在第二语言习得领域,将语言社会化与方言传承、双言能力发展相结合的很少。之前提及,母语习得教育、双语教育的实践均显示,语言习得与社会文化因素密不可分。社会化过程中,学习者不仅习得某一语言,也在通过某一语言的习得完善个体的社会化过程。双语教学和双语习得中,双语学习者的背景、双语的输入和输出程度、社会文化语境等等均会对双语教学、双语习得产生影响;双语学习者双语习得的最终效果与他们的双语态度有关；社会文化背景、学习动机、学习者所处的语言学习环境等因素也会影响学习结果。多数学者承认，双语习得的过程，不仅是两种语言能力发展的过程，同时也是对两种语言背后的社会文化认知、了解的过程。正因为语言学习与文化的密切互动关系，从语言社会化视角思考我国城市新生代双言能力发展的问题，有助于综合地评判影响因素，所得结论更为客观、有效。语言社会化理论的引入，能为语言接触、双言或多言现象、语言发展变化等研究提供新的视角。此外，很多语言社会化研究是个案研究，而且采用的是定性研究的方法，主要通过参与观察法、访谈法搜集的语料对语言社会化展开描述。访谈法的最大好处是能够捕捉到社会化过程的细节或者重要的影响时刻，但由于样本数量太少，很难描述出发展的规律。为了尽可能全面考察语言社会化的影响，本研究采用的是定性和定量相结合的方法。

研究方法包括：（1）问卷调查法。问卷内容主要包括受访者年龄、性别、受教育程度等背景信息，父母及家庭成员的背景信息等内容。（2）半结构式访谈法。这种方法主要搜集新生代语言社会化过程及双言能力状况。根据研究需要，提前设置访谈的提纲，包括家庭通婚结构、抚养方式、双言掌握情况、双言习得经历等。（3）叙事转向法。进行半结构化访谈的同时，笔者兼用叙事转向法。在受访者叙事性内容中，深入挖掘他们在已逝去的某段时间内语言使用或习得经验，或者成长过程中语言社会化的细节。访谈中，对访谈对象提及的部分生活经验进行追问，引导受访者对语言社会化过程及双言能力的发展变化进行叙述。

第二节　城市新生代的双言能力

双言能力指的是某一个言语社区内个体使用普通话和方言进行口语交际的能力。已有的关于青少年语言能力的调查研究中，很多研究提出多数青少年的母语开始出现普通话的情况，方言成为很多人的第二语言；还有些研究指出,青少年方言退化幅度较大,对青少年方言能力提出了担忧(钱乃荣 2005;汪平 2006)。还有些学者指出,随着普通话强势地位的确立,城市居民语言使用习惯发生改变,青少年群体方言能力和方言使用频率明显下降(俞玮奇、杨璟琰,2016);另有研究显示,年轻一代部分人方言能力缺失,成为没有方言的群体(刘丹青 2015)。也有学者认为方言能力会随着年龄的增长而增强,青少年使用方言的能力总体是良好的,方言并没有衰亡,只是在变化中(游汝杰 2006;蒋冰冰 2006)。青年一代普通话和方言能力到底处于什么样的状态,具备双言能力的比率是多少,本节将结合调查数据对这些问题展开讨论。

一、00 后双言能力类型

关于语言能力,学者界定略有差异。影响较大的定义有乔姆斯基的语言能力观、海姆斯等社会语言学家提出的语言交际能力观等等。目前学界多数人认可语言能力包含语言知识体系和实际运用能力两部分。例如,戴曼纯(2002)指出,语言能力包括知识和技能两部分。语言能力知识体系包括语音知识、语法知识、语篇知识、语用知识、交际策略知识等内容,语言能力的技能部分是将语法、语篇、语用、交际策略等知识融于一体的实际运用技能。游汝杰、邹嘉彦(2004)在界定双语能力时,将双重语言能力分为几种不同的类型。具体包括:半双重语言人,能听懂、看懂第二语言但不会说也不会写;全双重语言人,第二语言的听、说、读、写能力均较好;双重语言均衡,能使用两种语言,两种语言能力大致均衡;双重语言不均衡,能熟练使用一种语言,另一种语言弱于第一种语言,两种语言能力不均衡;双重语言同等,能交替使用两种语言,两种语言能力同等熟练。与双语不同,普通话是中国各地使用的通用交际语,方言一般视为普通话的地域变体,多数方言没有文字,主要使用汉字。所以考察双言能力时,主要考察口语交际能力,即听、说能力,不考察书面的读写能力。简言之,双言能力指的是运用普通话、方言进行口语交际的能力。从实际的调查来看,两个城市 00 后的双言能力可以分为以下几类。

第一类单言人。它指的是只能熟练掌握一种语言变体的人。分为普通话单言人和方言单言人。顾名思义,普通话单言人,指的是只能用普通话进行口语交际的人,反之,只能用方言进行口语交际的人即为方言单言人。

第二类半双言人。这类人习得两种语言变体,只不过只能熟练使用其中的一个语言变体,另外一种变体能听懂但不能用来与他人进行口语交际。分为两类,一类能熟练使用普通话,但方言能力缺乏,能听懂方言不能用来进行口语交际,称为半方言型半双言人;另一类能熟练使用方言,但普通话能力缺乏,能听懂普通话但不能用来进行口语交际,称为半普通话半双言人。

第三类全双言人。它指的是能够熟练掌握两种语言变体的人。分为两类,第一类双言均衡全双言人,指的是能够熟练运用两种语言变体完成口语交际的人,两种语言变体的能力基本相同;另一类为双言不均衡全双言人,指的是掌握了两种语言变体的人,只不过一种语言变体的能力强于另一种语言变体,两种语言变体的能力不相等。具体包括两种,一种是普通话能力强于方言能力,另一种则相反。

二、不同城市新生代双言能力比较

新生代双言能力的评定,主要通过主观自评和客观测试与观察方式获得。主观自评,是请00后及父母对00后普通话和方言能力进行评估;客观测试与观察由调查人员完成。首先,调查者在访谈中观察受访者普通话、方言水平;其次,访谈结束后,调查员根据事先拟定的语言能力测试标准对两种语言变体能力进行审核评定,作为主观自评结果的补充或者矫正。如果00后及父母主观自评结果与调查员的观察、客观测试结构存在较大误差,以客观观察和客观评测结果为准。几种方法的结合是为了较为准确地评定受访者的语言能力状况。具体操作的时候,主观自评设定七个等级,包括(1)可以熟练使用普通话,完全不会也听不懂方言;(2)只能熟练使用方言,完全不会也听不懂普通话;(3)能熟练使用普通话,不会说方言但可以听懂;(4)能熟练使用方言,不会说普通话但可以听懂;(5)能熟练使用方言和普通话,但普通话能力强于方言能力;(6)能熟练使用方言和普通话,但方言能力强于普通话能力;(7) 能熟练使用方言和普通话,两者的语言能力相等。七个等级,主要根据实际调查的 00 后双言能力的类别进行分类,请受访者及其父母根据自己的判断进行选择,从而得到每一类别语言使用者的数量。

客观语言能力测试,借鉴的是近年来在第二语言习得领域使用较广的交际语言能力测试方法。交际语言能力测试方法,是根据社会交际能力理论研究制定的。Hymes(1971)提出的"语言交际能力"是在乔姆斯基"语言能力"概念的基础上发展而来。海姆斯认为,乔姆斯基的语言能力理论较为抽象,未能充分考虑社会文化因素对语言能力和语言使用的影响。语言交际能力除了包括语言知识能力之外,还包括利用语言知识得体、恰当地完成口语交际的能力。此后多数学者赞成海姆斯的观点,语言能力与语言技能密不可分,交际能力包括语法能力、社会语用能力、语言策略能力以及话语分析能力(Acar 2005)。Bachman(1990)研制出语言交际能力模型。这个模型的构成部分包括语言能力、语言策略能力和社会心理认知机制三大部分的内容。交际能力理论的兴起是将社会文化因素引入语言能力研究中的表现,从仅关注语言本身转到全面观察和研究语言,既有语言系统本身的研究,也包括与语言紧密相关的社会文化因素。第二语言习得领域根据语言交际理论研制出的交际语言能力测试方法,主要的特征是以互动为主要形式,在真实的语境下使用真实语言材料的能力,同时考查考生在语言交际活动中使用有实际意义言语表达的可接受性状况。这种测试非常符合自然状态下的语言交际场景,考试的内容和结果很难提前预见与准备,能够客观展示出考生的实际语言能力状况。

本次调查中,调查员参与观察流程:第一步,评估受访者的普通话能力。根据前期的语言调查经验,将普通话能力分为以下几类:能熟练使用普通话,交际顺畅无障碍,语言能力强;能较为熟练地使用普通话,交际过程有一些障碍,语言能力较强;能听懂普通话,但不能用普通话交流;完全听不懂普通话。调查员在访谈过程中,主要使用普通话与受访者交流,在此过程中观察受访者综合的普通话能力状况。第二步,评估受访者的方言能力。在访谈的最后,会根据受访者提到一些语言使用经历或者细节,让受访者将这部分内容用方言进行复述,在此过程中,调查员观察受访者的方言能力状况。与普通话类似,方言的能力状况也分为几类:能熟练使用方言,表达顺畅无障碍;比较能熟练使用方言,表达过程中稍微有一些障碍;方言能力一般,表达中存在一些障碍;能听懂方言但基本不会说;完全听不懂方言。第三步,评估受访者的双言能力。调查员提前选取两个录音片段。一个是当地电台方言对话节目中的某小段片段,另一个是中央电视台新闻联播节目中的新闻播报片段,两个录音片段均为1分钟。为控制干扰,上海和汕头选择的录音片段的主题一致。此后,将两个录音片段播放给受访者,听完之后,请受访者用普通话和方言复述所听的内容。双言能力也分为以下几类:完全能听懂,普通话和方言能力均很好,表达流畅;方言和普通话均能听懂大部分,普通话表达流畅,普通话能力好于方言能力,方言表达不流畅;普通话、方言均只能听懂一部分,方言能力很好,普通话能力一般;普通话、方言均只能听懂一部分,普通话能力好,方言不会;普通话、方言均只能听懂一部分,方言能力好,不会说普通话;只会说方言,不会说也听不懂普通话;只会说普通话,听不懂也不会说方言。通过主观自评和客观的评估,最终给出受访者综合的语言能力状况以及所属的语言能力类别。表4-3为两个城市的样本示例。

表4-3 语言能力测评样本

样本	主观自测	评估1	评估2	评估3	综合结果
沪样5	普通话较好,不会说但能听懂方言	普通话熟练	不会说但能听懂方言	普通话和方言都听懂一部分,只会说普通话	半方言型半双言人
沪样9	会说普通话和方言,都挺好	普通话熟练	方言熟练	普通话和方言都很好	全双言人
沪样13	会说普通话和方言,一样好	普通话熟练	方言较熟练,有一些表达障碍	普通话和方言能听懂一部分,普通话好,方言一般	不均衡全双言人

（续表）

样本	主观自测	评估1	评估2	评估3	综合结果
汕样2	会说普通话和方言,差不多一样	普通话熟练	方言熟练	普通话和方言都很好	全双言人
汕样21	普通话好,不会也完全听不懂方言	普通话熟练	听不懂也不会说方言	普通话好,不会方言	单言人
汕样28	会说普通话和方言,普通话没有方言好	普通话较好,表达有些障碍	方言熟练	普通话和方言能听懂大部分,方言好,普通话一般	不均衡全双言人

注:"沪样"指的是上海样本,"汕样"指的是汕头样本。

为了方便 SPSS 统计,为不同的双言类别进行赋值。单言人赋值1,半双言人赋值2,不均衡全双言人赋值3,全双言人赋值4。根据赋值,对00后及其父母的双言能力进行计算,结果见表4-4。

表4-4 两个城市00后及父母双言能力状况

城市	调查对象	类别				平均值±标准差
		单言人	半双言人	不均衡全双言人	全双言人	
上海	父亲 (n=30)	0	2人/6.67%	20人/66.67%	8人/26.67%	3.20±0.551
	母亲 (n=30)	0	1人/3.33%	19人/63.33%	10人/33.33%	3.30±0.535
	00后 (n=30)	0	5人/16.67%	19人/63.33%	6人/20.0%	3.03±0.615
汕头	父亲 (n=30)	0	3人/10.0%	18人/60.0%	9人/30.0%	3.20±0.610
	母亲 (n=30)	1人/3.33%	0	16人/53.33%	13人/43.33%	3.37±0.669
	00后 (n=30)	1人/3.33%	0	14人/46.67%	15人/50.0%	3.43±0.679

由表4-4可知,上海家庭中,平均值上,母亲大于父亲,父亲又大于00后;标准差方面,00后大于父亲,父亲大于母亲。这说明上海的家庭中,母亲的双言能力最高,且两种语言能力大致均衡;父亲的双言能力较好,两种

语言能力也基本相等;00 后的双言能力较低,两种语言能力不太均衡。具体来看,上海的 00 后及其父母,没有单言者,不均衡全双言人(包括普通话强、方言弱,或者普通话弱、方言强两种)和全双言人(普通话和方言能力基本相同)占比最多,00 后及其父母为不均衡全双言人的比率偏高,均在 60%以上;全双言人中,母亲所占比率最高(33.33%),其次为父亲(26.67%),00后的占比最低;半双言类别中,00 后的占比最高(16.67%),父亲与母亲中的半双言人都偏少。

汕头家庭中,平均值和标准差两个方面结果一致。都是 00 后大于母亲,母亲大于父亲。统计结果表明,汕头的 00 后双言能力最好,而且两种语言变体能力均衡;母亲的双言能力高于父亲,两种语言变体的能力也大致均衡;父亲的双言能力最差,掌握两种语言变体的能力也不太均衡。具体来看,汕头家庭成员中,单言人和半双言人的数量都很少,主要是不均衡全双言人和全双言人。不均衡双言人中,父亲所占的比率最高(60%),母亲次之(53.33%),00 后最低(46.67%);全双言人中,00 后的比率最高,母亲次之,父亲所占的比率最低。

三、城市类别、家庭结构与双言能力

1. 城市类别与双言能力

利用 SPSS 方差统计结果来判断 00 后双言能力与城市类别、家庭结构等社会因素之间的关系,统计结果见表 4-5。

表 4-5　城市类别与双言能力

	城市(平均值±标准差)		F	p
	上海($n=30$)	汕头($n=30$)		
父亲双言能力	3.20±0.55	3.20±0.61	0.000	1.000
母亲双言能力	3.30±0.53	3.37±0.67	0.182	0.671
00 后双言能力	3.03±0.61	3.43±0.68	5.721	0.020*
家庭的平均双言能力	3.18±0.42	3.33±0.48	1.796	0.185

* $p<0.05$, ** $p<0.01$。

表 4-5 显示,不同城市的家庭平均双言能力、父亲的双言能力以及母亲的双言能力不具备统计学意义上的显著性($p>0.05$)。这一结果表明,上海和汕头两个城市家庭的平均双言能力以及父母亲双言能力一致性较强,差异性较小。相比之下,汕头家庭的总体均值高于上海家庭,标准差方面则大于上海家庭,这表明汕头家庭总体的双言能力均衡程度要好于上海家庭。具体来看,两个城市的父亲双言能力均较高,而且两种语言变体的能力大致均衡,汕头母亲的双言均衡程度稍微高于上海母亲。上海和汕头 00 后双言能力具有统计学意义上的显著性($p<0.05$),两个城市 00 后的双言能力呈现出 0.05 水平显著性($F=5.721,p=0.020$),其中上海 00 后平均值为3.03,低于汕头的 3.43,这表明两个城市 00 后的双言能力存在较大差异。也就是说,汕头 00 后双言能力相对均衡,而上海 00 后双言能力均衡程度低于汕头。访谈信息显示,上海和汕头的 00 后普通话能力均较强,所有受访者都可以较为熟练地使用普通话进行交际,这说明两个城市普通话在年轻群体中的普及状况良好,这与实际的调查结果相同。此外,根据多次测试的结果,上海的 00 后,都能听懂也都会说上海话,虽然说上海话的水平存在差异,但没有严格意义上的单言人。也就是说,上海的 00 后,没有只会说普通话或者只会说上海话的情况。汕头的 00 后中,有少数人是单言者,只会说普通话不会说方言。总体上,上海和汕头 00 后中能同时熟练使用普通话和方言的人占比较高,两个城市具备双言能力的人数较多。此外,上海 00 后中,半双言人,尤其是半方言型半双言人(能熟练使用普通话,能听懂但不会说上海话)的比率为 16.7%;汕头的 00 后中的半双言人为零。这说明上海有些 00 后虽然是双言人,但双言能力发展不均衡,表现为普通话能力良好,方言能力较弱,能听懂但无法使用方言完成口头交际。上海 00 后中全双言人的人数较多(占比为 83.33%),其中有 6 人是两种语言变体均衡发展的全双言人,19 人属于普通话能力强于方言能力的不均衡全双言人;汕头 00 后全双言人比率(96.67%)高于上海,有 15 人属于两种语言变体能力大致相同的全双言人,8 人属于普通话能力强于方言能力的不均衡全双言人。两个城市新生代均能够说普通话和方言,只不过上海多数人普通话能力强于方言,普通话能力和方言能力均衡的人数少于汕头,双言不均衡状况更为明

显一些,汕头新生代双言能力较为均衡。

2. 家庭结构与双言能力

家庭结构包括家庭通婚结构和家庭抚养方式两种。利用 SPSS 的卡方检验结果分析家庭结构与双言能力发展之间的关系,统计结果见表 4-6。

表 4-6 家庭通婚结构与 00 后双言能力

类别	通婚类别				χ^2	p
	老本地人通婚	新本地人通婚	本+外通婚	外+外通婚		
单言人	0	0	0	1 人/10.0%		
半双言人	1 人/3.2%	0 人/0	0	4 人/40.0%	25.926	0.002**
不均衡全双言人	20 人/64.5%	4 人/40.0%	7 人/77.8%	2 人/20.0%		
全双言人	10 人/32.3%	6 人/60.0%	2 人/22.2%	3 人/30.0%		

注: * $p < 0.05$, ** $p < 0.01$。

表 4-6 显示,家庭通婚结构与双言能力发展的相关性较强,不同家庭通婚结构与双言能力呈现出显著性($p < 0.05$),水平显著性 0.01(chi = 25.926, $p = 0.002 < 0.01$)。统计结果说明,不同类别的通婚家庭中双言能力发展状况存在差异。具体来看,本地人通婚家庭、本地人与外地人通婚家庭的 00 后,双言能力较强,多数人为全双言人,即普通话和方言的能力均较强的类别。父母均为老本地人的 00 后双言能力为不均衡全双言人和全双言人的比率较高,分别为 64.5% 和 32.3%;本地人与外地人通婚家庭,00 后双言能力属于不均衡全双言人和全双言人的比率很高,分别为 77.8%、22.2%。这两类通婚家庭中,00 后虽然具备双言能力,但是普通话和方言能力的发展不均衡,两个城市中所占的比率均在 60% 以上,双言能力不均衡状况较为突出。父母均为新本地人的家庭,00 后双言能力发展相对均衡,这类人所占比率较高,为 60%,远高于 35% 的平均水平。父母均为外地人的 00 后双言能力发展状况稍差,只有 5 人的双言能力发展相对均衡,属于全双言人;其他多数人属于半双言人,普通话能力强于方言能力,有的是只会说一些方言,有的是能听懂但不会说方言。

表 4-7　家庭抚养方式与 00 后双言能力

类别	家庭抚养方式			χ^2	p
	父母为主	混合方式	隔代抚养为主		
单言人	0	1 人/3.2%	0		
半双言人	2 人/ 0.5%	3 人/9.7%	0	4.712	0.581
不均衡全双言人	13 人/68.4%	14 人/45.2%	6 人/60.0%		
全双言人	4 人/21.1%	13 人/41.9%	4 人/40.0%		

注:* $p<0.05$, ** $p<0.01$。

　　从统计结果看(见表 4-7),家庭抚养方式与 00 后双言能力发展的相关性相对较弱,不同的家庭抚养方式下,双言能力的发展状况相差较小,没有呈现出显著性差异($p＝0.581＞0.05$)。这可能与本次调查样本较小有关,也可能与采用滚雪球方式未采用概率抽样方式确定调查样本有关。根据实地的观察与受访者的访谈信息,家庭抚养方式对双言能力的发展存在重要影响,不同的家庭抚养方式下,00 后双言能力的发展存在差异。以隔代抚养为主成长起来的 00 后,其双言能力总体上较强。受访的 10 个样本,双言能力类别全部是全双言人,普通话和方言的能力均很强;以父母抚养为主和混合方式抚养长大的 00 后,双言能力弱于隔代抚养的 00 后,不过全双言人(含不均衡全双言人和全双言人)的比率较高,分别为 89.5% 和 87.1%。父母抚养为主成长的 00 后双言不均衡的全双言人比较偏高,为 68.4%,混合抚养成长的 00 后全方言人比率(41.9%)高于父母抚养为主的 00 后。

第三节　语言社会化与新生代的双言能力

　　总体来看,上海和汕头两个城市新生代在家庭语境下的语言使用存在较多共同之处。第一,在家庭内部的主要交际用语均为方言,上海的比率为43.3%,汕头则高达 63.3%;第二,在家庭内部交替使用普通话和方言的比率也较多,上海和汕头的比率分别为 40% 和 30%;第三,幼年时期,在家庭内部使用普通话的比率均较低,上海的使用率为 16.7%,汕头只有 6.7%。SPSS 统计结果显示,家庭通婚结构对双言能力发展有重要影响,家庭抚养方式对语言能力的发展存在一定的影响。不同的通婚结构和抚养方式下,语言社会化过程对新生代语言能力和语言使用的影响分析如下。

一、老本地人家庭与语言能力发展

老本地人家庭指的是祖父母、父母均是本地人的家庭。来自这类家庭的新生代,幼年时期,家庭内部主要交际用语为当地方言,方言使用比率均在 60% 以上,交替使用普通话和方言或者只使用普通话的情况较少。上海老本地人家庭占调查总样本的 40%,全部使用上海话作为家庭成员的交际用语;58% 家庭的抚养方式是隔代抚养和混合抚养,父母单独抚养的方式很少。使用上海话和普通话的本地人家庭占比为 33.3%,多数家庭采取的是父母单独抚养的方式。汕头老本地人家庭占调查总样本的 63%,使用汕头话的家庭比率为 63.2%;家庭抚养方式也以混合抚养和隔代抚养占主导;以双言为主的家庭中,主要的抚养方式是混合抚养;选用普通话作为交际语言的家庭里,抚养方式是混合抚养。从访谈信息看,选用方言作为家庭用语的老本地人家庭中,尤其是父母单独抚养的家庭里,父母通常都有较为清晰的语言意识,尤其对方言的价值、作用等有自己明确的想法。在父母显性语言社会化的影响下,00 后在被动性语言社会化过程中,基本是接受或者服从父母的语言选择和语言使用。

案例 1:"小时候爸爸妈妈跟我说话都说上海话,那时候好像也没有什么特别要求,就是他们说上海话,我就说,我小时候是完全说上海话的,好像是很自然的,没想过为什么。"(上海样本 16)

案例 2:"我爸妈带我的时候我说的是潮汕话,平常在家都说潮汕话,如果我在家里说普通话,他们一定会批评我,我小时候在学校说多了普通话,会有个别字突然不会用潮汕话说，他们就会很生气，或者笑我，然后一直反复纠正我，教我怎么说，直到我用潮汕话说出来。"（汕头样本 25）

案例 3："小时候父母带大的，所以基本就是他们说什么我就说，当时两种都有在家说，而且他们会要求我努力说上海话，他们觉得上海话是上海文化的象征，我有时候发音不对，他们会纠正我，让我说标准。"（上海样本 25）

从上述三个案例可以看出，幼年时期，受访者被动性语言社会化的过程中，关于普通话和方言的认知、关于语用规则和社区文化习俗规范的信息等均来自父母；日常互动交际中也深受父母影响，与他们的语言选择和语言使用习惯保持一致。三个家庭内部存在两类语言社会化：一类是来自父母的显性（或隐形）语言社会化，一类是受访者个体经历的被动性语言社会化。案例 2、案例 3 中受访者父母语言意识清晰，语言使用习惯明确，而且都有明确的语言管理行为。案例 2 中的受访者父母都选择在家庭内部使用方言，对受访者的语言使用有直接干预和管理行为。比如，受访者如果在家庭里多说了普通话或者方言使用不够地道，父母会生气并直接批评，之后也有明确的语言管理行为，反复纠正受访者方言使用中的错误，帮助其提升方言能力；案例 3 中受访者父母非常清楚地了解到上海话的意义与价值，认同它是上海文化的象征，在这种语言意识驱使下，父母在家庭语境下制定使用语言的规则，要求受访者说方言；语言管理也很到位，一旦发现受访者方言使用方面存在问题，反复纠正，帮助其改善提高。案例 1 中受访者经历过两类语言社会化。一类是父母隐性语言社会化，另一类是受访者本人的被动性语言社会化。只不过案例 1 中受访者父母没有制定明确的语言使用规定，也没有清晰的语言管理行为。但父母的语言意识和语言使用习惯却通过他们的日常语言实践传递给受访者，在自然而然的状态中受访者语言使用习惯与其父母趋于一致。三个受访者，幼年时期的被动性语言社会化中，都服从于父母的语言意识，并通过模仿父母的语言实践，形成与父母一致的语言使用习惯。

可见,在家庭语境下,父母有什么样的语言意识、语言管理行为及语言实践,在被动性语言社会化过程中,新生代也会发展出同样的语言使用习惯。

案例4:"小时候的话,在家里普通话和上海话都讲的,家里来亲戚的时候就说上海话。因为普通话和上海话都是爸爸妈妈从小灌输的,(两种)都是从小要我一起学,他们跟我说,我就都说。"(上海样本2)

案例5:"小时候好像也没有这个说什么的概念,就是爸妈在家里(两种)都说,我就都说,好像都可以说?反正没人要求过我,可能家里相对汕头话要多一点,普通话就是家里有外地亲戚来啊什么的,也会用。我爸妈都会说普通话,我爸开挖掘机的,他在工地接触的人说普通话的,我妈是家庭主妇,基本接触的都是汕头人,但我妈反而普通话说得比我爸好一点,可能她比较注意。我从很小就两种都说,因为爸妈觉得普通话比较通用,小孩子也是要学会的。"(汕头样本14)

上述两位受访者均是由父母单独抚养长大,之所以具备双言能力,与父母的影响密不可分。两位受访者的父母是双言能力较为均衡的双言人,他们在家庭内部的语言使用习惯是两种语言变体交替使用;而且两个案例中,父母也都有一定的语言管理。案例4中,父母会向受访者灌输应该普通话和方言一起使用的语言意识,而且会通过自身的语言使用强化这种语言意识,给受访者提供较多的练习机会,最终受访者发展为两种语言变体能力相当的全双言人。案例5中,父母在与社会他人的互动过程中,比如在熟人网络、工作网络语言实践中,发现普通话与方言的不同功能和价值,并逐步形成双言意识。在他们自己语言意识的影响下,对受访者提出明确的语言学习要求,与案例4父母一样,通过他们与受访者的交际互动,不断帮助受访者提高普通话与方言的能力。在以隔代抚养和混合抚养方式为主的老本地人家庭中,新生代幼年时期主要的互动对象为祖父母和父母。祖父母和父母由于都是当地人,有非常好的方言能力,对方言的价值和功能认识也很清楚,而且以积极认同为主。在这样的语言意识下,这类家庭形成了与以父母抚养为主家庭不同的语言使用习惯,新生代语言能力的发展和双言使用情况也出现不同的变化。

二、新本地人家庭与语言能力发展

新本地人家庭指的是祖父母辈不全是本地人但父母皆为本地人的家庭。新本地人家庭与老本地人家庭相似,家庭的抚养方式主要以混合抚养为主,在家庭内部主要使用方言。双言使用较少,一般不使用普通话。不过,新本地人家庭中新生代语言使用会随着年龄增长出现变化。父母及家庭成员的语言使用习惯、语言管理行为以及家庭抚养方式等会直接影响00后语言习得和语言使用习惯。

案例 6:"小时候外公外婆还有姨妈带我,外公外婆能听懂上海话,但是讲出来是一种……带有山东话和上海话口音的普通话,我没什么意识,我跟外公外婆说普通话吧,标不标准我不知道了,跟姨妈是说上海话的,后来我爸妈在家跟我说上海话,家里有那个环境时候,我确实曾经是两种都会说的。我爷爷是宁波人,但是来上海很久了的,说上海话带点宁波口音,我小时候跟爷爷见面不多,但我有印象就是爸妈就会让我说用上海话叫'a ya'这样,意思是说小孩子跟老人讲方言会比较亲昵,更有一家人的感觉。"(上海样本 18)

案例 7:"我爷爷是湖北人,奶奶是汕头人,在家里奶奶跟爷爷说汕头话,爷爷说普通话,他们互相都听得懂,但是爷爷是比较习惯说普通话的,小时候外婆也有带过我。外婆教我说汕头话,她普通话比较差。我跟爷爷说普通话,跟奶奶和外婆说汕头话,跟爸妈就两种都有,爸妈两种都教,就是看我哪种说得不流利就纠正我,让我好好说,小时候普通话说得多一点,年龄越来越大,潮汕话越来越多。"(汕头样本 5)

案例 6 受访者,幼年时期主要由外公外婆和姨妈抚养长大,家庭用语复杂,外公外婆是山东人,主要与受访者说带口音的普通话,姨妈主要说上海话。在社会化过程中,受访者跟着他们习得普通话、上海话。此后,父母参与抚养,由于爷爷主要说上海话(虽然有宁波口音),在与他们交流时,父母会有明确的语言使用规定,希望受访者说上海话。方言的使用加深受访者与爷爷奶奶的情感。受访者父母有清晰的语言意识,很了解上海话的积极作用。他们也有明确的语言管理行为,受访者在社会化过程中,对方言的功能、价值等了解加深,并在使用方言的过程中完善自身的社会化。案例 7 的受访者与案例 6 类似,由祖父母、父母等多位成员共同抚养长大。由于参与抚养成员的语言使用习惯各不相同,受访者交际用语会随着交际对象的不同出现转换。比如,与祖父母辈交流,主要是单言的状态。具体表现为,与爷爷交流使用普通话,与外婆、奶奶交流则专用汕头话。当与父母交流时,转为普通话和方言交替使用。在这个过程中,受访者双言能力逐渐发展起来,由于受访者父母也会有意识地帮助受访者提升其双言能力,最终受访者双言能力均衡发展。在家庭语境下,父母及其他抚养人的语言意识会直接决定或者影响家庭内部语言的使用状况,进而影响新生代语言能力发展。

案例 8:"我爷爷奶奶是江西人,爸爸是在上海出生的,妈妈就是土生土长的上海人,小时候我是外公外婆带大的,上小学开始才跟爸妈住。小时候跟外公外婆只说上海话,他们基本不会说普通话,跟爸妈也是上海话为主吧。小时候家里人让我说上海话的时候,给我灌输过一种观念,在上海说上海话会有很多帮助,比如说问路啊搭便车啊什么的,成功率会比较高。"(上海样本 44)

案例 8 是典型的新本地人家庭,爷爷奶奶由外地迁入上海,外公外婆是本地上海人。受访者在语言关键期前接触和使用上海话的机会较多,入小学前主要由外公外婆抚养;入小学之后,虽改为父母抚养为主,但由于家里人对上海话的积极认同度较高,也充分认识到上海话的作用和功能,家人在这种语言意识支配下,经常会向受访者灌输应该学习上海话的理念。因此,受访者对上海话也极为认同,再加上良好的方言习得环境,最终发展成为普通话和上海话能力均衡的全双言人。

三、本地人和外地人通婚家庭与语言能力发展

本地人和外地人通婚家庭指的是父母有一方为本地人组建的家庭。这类家庭中的语言使用情况在上海和汕头两个城市差异较大。上海的这类家庭内部,主要使用普通话和上海话两种语言变体;汕头则主要使用汕头话。

案例 9:"我妈妈因为来得很早,又是语文老师,所以她上海话说得很好,普通话也很标准,但她在家里不会跟我们说湖南话的,我从小(普通话和上海话)两种一起学,在家里两种都可以说,不用专门跟我妈说普通话,不过我只会在家讲上海话,不会在外面说,因为大人给我的概念是上海话是亲密的关系讲的。"(上海样本 30)

案例 10:"我妈(受访者母亲十多岁来上海——笔者)上海话说得很好,因为我们家是开店的,我学说话的时候就什么话都听过,一开始他们两种(普通话和上海话——笔者)都会教我,我就两种都跟他们说,后来就鼓励我说上海话,他们还是希望我会说本地人的话吧。比如他们更多地用上海话开口,带着我说,我会被他们带跑,就说多了。"(上海样本 28)

上述两位受访者的母亲均不是本地人。这类家庭内部使用方言,原则上会存在挑战,因为主要抚养人中有一方为非本地人。但两位受访者的母亲在自身社会化的过程中均学会上海话,家庭的主要用语为普通话和上海话,受访者母亲的家乡话从不出现在家庭内部的交际中。案例 10 中的受访者父母,由于自身语言社会化的经历(开店),有机会与各种人互动交流。社会互动实践让受访者父母对上海话的认同度提高,于是他们鼓励受访者多

说上海话。在他们语言实践和语言意识的影响下,受访者学会说上海话。两个受访者均是在与父母的互动中,更新了自己的方言认知。比如,案例9中受访者的语言意识中,上海话主要地使用在较为熟悉的家人或者有亲密关系的朋友中间;案例10受访者的语言意识中,上海话则是能体现本地人身份的重要工具,本地人非常有必要熟悉和掌握这个工具。虽来自同一个城市,两位受访者对方言的认知状况却出现差异,最大的影响因素是受访者父母(或其他抚养人)语言意识的差异。两人对方言的了解与接触均来自父母,由于父母有一方为非本地人,所以父母对当地方言的态度至关重要。在这类家庭中,如果父母对当地方言的积极认同度高,则子女习得当地方言的可能性较大;入学后,学校师生基本以普通话作为主要交际用语,新生代很容易就能掌握普通话,最终他们会发展为掌握两种语言变体的双言人。反之,如果父母对当地方言认同度偏低,则子女方言能力发展的可能性较小,这样即使入学后能发展出较好的普通话能力,但最终只能发展为单言人。

四、外地人通婚家庭与语言能力发展

外地人通婚家庭指的是父母双方均为外地人的家庭。这类家庭中,家庭内部的语言交际用语主要使用普通话,也有一小部分家庭会出现双言现象,不过使用的是普通话和父母亲的家乡话;两个城市中,都没有使用当地方言作为家庭交际用语的现象。由此可见,双言能力的发展和家庭内部语言使用情况与家庭通婚结构联系密切。这类家庭中的新生代,大多数是由父母为主抚养长大,由于父母均为外地人,不具备当地方言能力,生长在这类家庭中的新生代也就缺少接触当地方言的机会,当地话在这类家庭中的传承确实存在较大挑战。

案例11:"家里人都不是上海人,只有我算是上海人。我爸妈一个是无锡宜兴的,一个是徐州的,(他们俩)方言不通,没办法在家里用方言交流,他们互相之间差不多能听懂,但是不能沟通,他们都是到上海上大学然后工作定居的,听得懂上海话,但是不会说,跟我现在水平差不多。所以也没教我,我跟爸妈就完全一直讲的普通话,上海话小时候带我的保姆跟我讲的,我会过,后来家里没有那个环境,慢慢就不会了,我没有机会可以学,现在我一个方言也不会说。"(上海样本 31)

案例 12:"我爸是湖南人,我妈是山东人,我四年级之前奶奶一直帮忙带我,之后她就回湖南了。我们家一直只教我普通话,也只说普通话。爸妈他们打电话回家就会说家乡话,他们也不教我,反正在汕头用不上,我只能听懂一点点,说一点点。基本是不会的,我爸学了一部分潮汕话,但是很不标准,他也不想教我,我也不想跟他学,小时候觉得没啥用。"(汕头样本 21)

案例中的受访都来自外地人家庭。幼年时期,受访者在家庭内部主要使用普通话,没有使用方言的环境。在社会化过程中,父母及其家人的语言使用状况,让受访者对普通话和方言的使用状况、社会地位等有较多了解,并最终发展出自己的语言意识,进而影响语言能力发展和语言的实际使用状况。案例 11 的受访者,因为有会说上海话的保姆参与抚养,曾经接触并且习得过当地方言。但随着保姆的离开,家庭中当地方言的输入为零,受访者方言能力逐步退化直至完全消失。父母双方虽然生活在当地,但他们当地方言能力较弱,家庭逐渐形成以普通话为主要交际用语的使用习惯。随着时间的推移,受访者普通话能力越来越好,方言能力没有得到均衡发展,只能听得懂,但由于缺少使用方言的语境,最终成为普通话型单言人。案例 12 中的受访者与案例 11 的情况类似。受访者父母对当地方言的认同度较低,受访者当地方言能力发展较差。受访者父亲会说一些汕头话,受自己语言意识的影响,主动教导受访者学习方言的热情偏低,也不会主动为受访者提供接触和学习汕头话的机会。家庭语境被动性社会化过程中,受访者形成了对当地方言的认知。根据他的方言意识,当地方言汕头话"没啥用",没有学习的必要性。受父母语言意识和语言使用习惯的影响,受访者只认同普通话,最终成为普通话单言人。

父母均为外地人的家庭中,即使有些 00 后具备方言能力,但很多人掌握的并非当地方言,而是父母亲的家乡话。

案例 13:"我父母都是安徽人,他们都很早来上海定居的,在高校任职,上班说普通话,在家说普通话和安徽话,他们从小只教我说了这两种,我们全家都听得懂上海话,但都不怎么会说。"(上海样本 34)

案例 14:"我们家都是云南的,我爸是大理人,我妈是保山人,在家我们基本讲普通话和大理话,我妈有保山口音但互相是听得懂的,他们都来汕头很多年了,但都只能听懂一点汕头话,我能听懂大部分,但我们不可能在家用到汕头话的。小时候一直和爷爷奶奶一起住,他们带我的时候就什么都跟我讲,普通话、大理话、保山话、白族话都讲一点,我都会,就是不会汕头话。"(汕头样本 11)

上述两个案例的受访者,都具备一定的方言能力,但都是父母的家乡话。主要原因在于,父母及其家庭其他成员所掌握的方言与所在地方言差异较大,而且所在地方言习得的难度较大;此外,这两个家庭的父母及其他家人对自己家乡话的认同度较高,喜欢在家庭内部使用家乡话。另外一个原因是,两个家庭的父母及其他家人对当地方言的认同度较低,在他们的语言意识中,即使未掌握当地方言也不会影响融入当地社区。基于上述原因,两位受访者的家庭用语为普通话和父母家乡话交替使用。两位受访者在家庭内部的互动交际中接受父母(或其他抚养人)的语言意识,最终习得普通话和父母(或其他抚养人)的家乡话。如果这类家庭中,父母的家乡话与当地方言相似度较高,00 后习得当地方言的概率就较高。

案例 15,上海样本 30,女,27 岁,双言均衡全双言人。

"父母都是浙江人,方言跟上海话很像,几乎不用专门学习也没什么障碍的,他们回浙江的时候会说家乡话,在上海说上海话,同事都是本地人为主,跟同事会说上海话,但是因为都是老师,上课也是必须用普通话的,他们普通话都不错,就是有一点点口音。我是爸妈带大的,小时候在家跟爸妈说话一直都是一半普通话、一半上海话,我不会说浙江话,过年回浙江的时候我就跟亲戚说普通话,有一点点影响吧但是还好。"

案例 15 中的受访者,父母迁入地的方言与上海话相近,受访者父母迁入上海之后,在他们社会化过程中,父母较为轻松地习得上海话,成为掌握普通话和上海话的双言人。另外,受访者父母工作网络中不少上海本地同事喜欢说上海话,这让受访者父母进一步认识到上海话的价值。这些经历让受访者父母对普通话和上海话的重要性、必要性都很认同,因此家庭内部倾向于交替使用普通话和上海话。由于迁移的空间距离短,方言之间的差异小,地域文化比较接近,此外,又受到工作网络的影响,受访者父母对当地方言的认同度较高。在父母语言意识和语言行为的影响下,受访者形成对普通话和当地方言的积极认同态度,这种语言态度也直接影响受访者的语言使用,最后发展成为普通话和方言能力均较好的全双言人。

随着年龄的增长,个体的社交网络会逐渐变得复杂;每个社交网络中语言交际对象、交际语境各不相同。虽然有些受访者由于个体语言意识的形成,其语言使用习惯发生一些改变,语言能力也在某种程度上发生变化,但总体上 00 后语言能力的最终形成仍然与家庭语境下的语言使用习惯密切相关。表 4-8 是将上海和汕头幼年时期与现阶段新生代双言使用状况进行比较的结果。表格中,"↑"符号表示这一类语言使用,现阶段使用人数变多;"↓"符号表示现阶段使用人数减少;"—"表示现阶段和幼年时期使用人数基本持平。

表 4-8　现阶段和幼年时期 00 后双言使用的变化表

	上海(n=30)	汕头(n=30)
普通话＋方言	20 人↑/66.7%	13 人↑/43.3%
普通话	7 人↑/23.3%	1 人↓/3.3%
方言	3 人↓/10.0%	16 人↓/53.3%

由表 4-8 可知,现阶段与幼年时期相比,新生代语言使用确实发生变

化。上海的变化是,只使用方言的新生代比率下降,同时使用普通话和方言的比率上升至 66.7%;只使用普通话的比率略有上升(比率为 23.3%)。汕头与上海相同的变化是,使用双言的比率上升至 43.3%;只使用方言的比率下降,与上海相比,仍偏高,占比为 53.3%;此外,在汕头,只会说普通话的比率下降至 3.3%。不同通婚结构家庭和不同抚养方式家庭的 00 后,现阶段语言能力也与幼年时期不同,比较结果见表 4-9。表 4-9 中符号表示的意义与表 4-8 相同。

表 4-9　不同家庭通婚结构现阶段与幼年时期 00 后双言使用的变化

	上海		
	普通话	上海话	普通话+方言
老本地人家庭	1 人/8.3% ↑	2 人/16.7% ↓	9 人/ 75.0% ↑
新本地人家庭	1 人/16.7% —	1 人/ 16.7% ↓	4 人/ 66.7% ↑
本地人+外地人家庭	1 人/20.0% —	0—	4 人/ 80.0% —
外地人通婚家庭	4 人/57.1% ↑	0↓	3 人/ 42.9% —
	汕头		
	普通话	汕头话	普通话+方言
老本地人家庭	0↓	11 人/57.9% ↓	8 人/ 42.1% ↑
新本地人家庭	0—	2 人/ 50.0% —	2 人/ 50.0% —
本地人+外地人家庭	0—	3 人/ 75.0% ↓	1 人/ 25.0% ↑
外地人通婚家庭	1 人/33.3% —	0↓	2 人/ 66.7% ↑

表 4-9 显示,在上海,语言能力变化最大的新生代来自本地人家庭(包括老本地人家庭和新本地人家庭)。变化的趋势是,同时掌握普通话和方言能力的新生代比率提高,而且提升幅度较大。老本地人家庭和新本地人家庭中具备双言能力的 00 后比率分别为 75% 和 66.7%。来自外地人通婚家庭的 00 后,其语言能力也发生变化,掌握当地方言的能力消失,逐渐转变为只会说普通话的单言人,这类 00 后的比率上升到 57.1%。在汕头市,老本地人家庭的 00 后,掌握双言能力的比率提升至 42.1%;此外,外地人家庭

（包括本地人与外地人通婚家庭和父母均为外地人的家庭），会说两种语言变体的 00 后比率上升。

　　发生变化的主要原因与自我语言意识的形成有关。幼年时期，00 后处于被动性语言社会化过程，语言使用习惯主要受父母（或其他抚养人）的影响。两个城市的本地人家庭中，在以父母抚养为主和祖父母辈参与的混合抚养家庭中，父母或祖父母辈会对 00 后提出明确的语言使用规则或者对其进行直接的语言使用指导，有些父母甚至会反复纠正他们的语言使用。这类家庭内部，00 后一直处在被动的语言习得中，主要接受的是来自父母或其他抚养人的语言意识以及语言使用规范。父母及其他抚养人通过家庭日常互动中的语言实践，向 00 后传递自身社会化过程中形成的语言使用原则及与语言使用相关的社会文化习俗和规范。00 后在不断模仿父母和其他抚养人的语言行为，潜移默化中接受相关的语言知识和社会文化习俗，完成被动性语言社会化。外地人通婚的家庭中，如果父母中一方习得当地方言并且利用当地方言成功融入当地社区或者工作网络，00 后习得当地方言的概率偏高；反之，如果父母一方或者双方对当地方言认同度偏低，并且不需要依靠当地方言建构当地人身份或者融入当地社区和工作网络，00 后习得当地方言的比率下降。当 00 后自我语言意识慢慢形成后，家庭语境下的语言社会化影响减弱，他们逐渐由被动性语言社会化转为主动性语言社会化。一部分受访者在形成自我语言意识之后，对幼年时期父母和其他抚养人的语言学习规定或语言期待产生抗拒心理，会尽力改变自己幼年时期语言使用习惯。有些受访者会在新的社交网络中开始习得并使用新的语言变体，这样就会逐渐改变幼年时期的语言使用习惯，发展出新的语言能力。自主性语言社会化会影响和改变 00 后的语言使用状况，帮助其改变已有的语言能力。有些幼年时期为普通话单言人的 00 后，语言意识形成之后，对方言的认知和理解发生改变。比如，认识到方言的使用可以拉近与家庭成员之间的情感联系，可以帮助自己更好地融入社区和工作网络。这些新的认知让新生代重新找到学习方言的热情或动机。当语言意识改变之后，他们的语言使用习惯会随之调整。有些人形成在不同语境下交替使用普通话和方言的习惯,正是这样的语言习惯让他们的双言能力得到发展,最终发展成为掌握两种语言变体的双言人。

本章小结

本章主要讨论不同城市背景下新生代双言能力发展状况以及语言社会化对语言能力的影响,使用语料搜集采用访谈法、叙事转向法以及问卷调查法等多种方法相结合的方式,并采用 SPSS 对语料进行统计。定量与定性的结合,能更客观地分析语言社会化对语言能力的影响,并发现一些普遍性的规律。

研究发现,虽然城市背景不同,但新生代双言能力类型却趋于一致,可概括为三大类六小类。三大类分别是单言人、半双言人以及全双言人;六小类是根据普通话和方言能力进行细分的结果。单言人分为普通话单言人和方言单言人,半双言人包括半方言型半双言人和半普通话半双言人,全双言人分为双言均衡全双言人和双言不均衡全双言人。城市背景不同,新生代具体的语言能力存在差异。经济发达的城市,不均衡双言人占比高;经济发展相对缓慢的城市,双言能力均衡的全双言人占比高。这一差异与新生代语言社会化过程有关。其中,家庭通婚结构和家庭抚养方式对新生代双言能力发展影响显著。通常情况下,本地人通婚家庭、本地人与外地人通婚家庭中,新生代双言能力发展较好;抚养方式方面,以隔代抚养方式为主的家庭中,新生代一般都能发展出较为均衡的双言能力。

第五章　语言社会化与新生代的语言使用

从上一章的分析可知,上海和汕头 00 后具备双言能力的人数居多,虽然有些是不均衡全双言人,但这一结果表明青年群体语言能力的主要类型是双言人,仅掌握一种语言变体的单言人较少。具备双言能力,并不意味着双言使用的场所与频率就一致。如前所述,年轻一代语言能力的发展与其语言社会化过程密切相关,而且在不同的语言社会化过程中,他们的语言能力也会发生变化。语言使用状况是否也会受到语言社会化过程的影响呢?以往对城市居民、青少年语言使用的调查,多数是一种静态描述,将语言使用者语言社会化与其语言使用状况结合起来研究的较少。语言社会化视角下观察语言使用状况,不仅可以观察出语言使用的发展变化,而且能够分析影响语言使用变化的社会文化因素。语言社会化理论重视语言使用与社会、文化的关系,通常会聚焦两个方面:一是语言学习者通过语言社会化了解与语言相关的社会习俗、规范等内容后,进一步提升个体的语言习得和语言使用;另一方面是通过习得和使用语言融入某个社会、社区且完成社会身份建构。在不同语域下,新生代的语言社会化类别不同,有被动性语言社会化,也有自主性语言社会化。语域指的是受社会共同行为规则(含语言使用规则)制约的各种社会场景或者活动领域。语言使用者在不同场景中需要选择某种语言变体进行交际。语域包括家庭域、朋友域、宗教域、教育域和工作域等,每个语域包括身份关系、地点和话题(Fishman 1967)。不同社区成员在不同语域中会选择某种语言变体作为交际工具,从而形成不同的言语社区。不同语域中的语言变体某种意义上被赋予某种形式的社会等级制度(Agheyisi & Fishman 1970),因此掌握多种语言变体的使用者对不同语言的使用状况和认同状况存在差异。在不同语域下,在语言社会化过程中,年轻一代对不同语言变体功能与价值认知会不断发生变化,这会影响他们的语言使用状况。第四章和第五章,将讨论城市新生代语言社会化对他们的语言使用和语言态度的影响。本章主要讨论学校域和公共场所域新生代语言使用状况。

第一节　师生网络与语言使用

学校是青少年语言社会化的重要场所之一。与家庭相比,学校是已经具有社会属性的交际场所,学校语境下的交际场景、交际对象及交际主题等更为丰富也更为复杂。自 7 岁入学之后,城市新生代(比如 90 后、00 后)成年前的大部分时间均在学校度过,学校的语言使用氛围、语言要求等均会对他们的语言能力发展产生重要影响。根据交际对象,学校域的语言使用分为师生网络的语言使用和同伴网络的语言使用两类,同时根据新生代语言意识的发展状况,又分为青春期之前和青春期之后两个阶段。此次的调查样本主要来自上海、汕头两个城市的 90 后和 00 后群体。

学校语域下,师生网络中的交际双方在社会权势关系方面的地位是不平等的。教师处于社会权势关系中的上位关系,学生则处在下位关系。由于教师的权威,教师对学生有一定支配权,对学生各方面的引导与影响也很显著。师生网络互动中,教师会通过显性或者隐性的方式对学生的语言习得和语言使用产生影响。在青春期之前,新生代的自我语言意识相对薄弱,多数人习惯地接受和服从教师的指令或引导,在他们语言社会化的过程中,吸纳与教师相似的语言使用规范和社会文化观念;青春期之后,在学校域的师生互动中,随着自身语言意识的发展,新生代会对来自教师方面的语言意识或者语言使用习惯进行消化吸收,会根据自己的理解做出一些判断,不再简单地全盘接受。在从被动性语言社会化到自主性语言社会化的转换中，这些年轻群体的语言能力和语言使用习惯也会发生变化。

一、被动性语言社会化与语言使用

新生代被动性语言社会化主要发生在青春期之前。为了寻找和发现新生代在这一时期师生交际的具体情况以及当时的感受、经验等等内容，语料的搜集主要通过访谈法，同时结合叙事转向法来引导受访者回忆青春期内的语言使用状况和一些相关的语言实践经历。语言社会化的过程和00后在师生网络的语言使用情况主要通过访谈信息获得。语言使用情况见表5-1。

表5-1　新生代师生网络的语言使用

城市	入学阶段	课堂上			下课后		
		普通话	方言	普+方	普通话	方言	普+方
上海 (n=145)	小学	82人/ 56.55%	0	63人/ 43.45%	102人/ 70.34%	15人/ 10.34%	28人/ 19.32%
	初中	91人/ 62.76%	0	54人/ 37.24%	110人/ 75.86%	9人/ 6.21%	26人/ 17.93%
	高中	106人/ 73.10%	0	39人/ 26.90%	116人/ 80.0%	10人/ 6.90%	19人/ 13.10%
汕头 (n=141)	小学	52人/ 36.88%	11人/ 7.80%	78人/ 55.32%	57人/ 40.43%	55人/ 39.00%	29人/ 20.57%
	初中	42人/ 29.79%	6人/ 4.25%	93人/ 65.96%	52人/ 36.88%	56人/ 39.72%	33人/ 23.40%
	高中	94人/ 66.67%	0	47人/ 33.33%	85人/ 60.28%	27人/ 19.15%	29人/ 20.57%

注：普+方指的是普通话和方言。

在学校语域下，师生网络中，不管是在课堂上还是在课间休息，两个城市新生代使用最多的交际语言是普通话，在被动性语言社会化阶段和主动性语言社会化阶段，这种交际用语都未发生变化。具体来看，上海和汕头新生代语言使用的相同特征包括：（1）在课堂内和下课后的师生互动中，使用普通话均是主流趋势，而且高中阶段的新生代在这两个语境下普通话使用率都是最高的。课堂上，上海、汕头普通话使用率分别为73.10%和

66.67％；下课后，普通话使用率上海为 80％，汕头为 60.28％。（2）师生互动中方言的使用率较低。不管是在课堂上还是下课后，上海新生代在课堂师生互动中，从小学到高中阶段，全部使用普通话；汕头有少部分受访者在小学和初中阶段在课堂上使用方言与老师互动。（3）普通话和方言交替使用完成师生交际的整体比率较低，从小学至高中阶段呈递减趋势。除了上述共同特征之外，他们的语言使用还存在较多差异：首先，上海新生代普通话使用率从小学阶段一直到高中阶段都远远高于汕头。虽然两个城市的受访者普通话使用率在高中阶段都很高，但总体看来，汕头新生代普通话使用率总体偏低。小学和初中阶段不管是课堂上还是课下的师生互动中，使用普通话的汕头新生代比率都低于 40％。其次，汕头新生代在课堂上和下课后交替使用普通话和方言与老师交流的比率高于上海。最后，下课后使用方言与老师交流的比率，汕头高于上海。其中，汕头新生代在初中阶段使用方言与老师交流的最多（比率为 39.72％），其次是小学阶段（比率为 39.00％），高中最少（比率为 19.15％）。不过，即使是比率最低的高中阶段，汕头受访者下课后用方言与老师交流的比率也高于上海。访谈信息显示，上述语言 1 使用情况与新生代的语言社会化过程有关。

案例 1："我觉得（说普通话的）规定是在小学、初中比较严格，高中没怎么管了但已经约定俗成了。其实是老师在要求，小学老师就不准我们说上海话，但是学校方面根本不会有什么处罚，老师他们自己是很克制的，上课不能说上海话，因为外地学生比较多，上海学生上海话能力也不行，所以慢慢地就大家都说普通话了。我上学之后方言退化很快。"（上海样本 N4）

案例 2："我印象中学校一直没有明确规定说要讲普通话，高中以前都没有，可能其他地方的学校有？老师上课就会说，大家要讲普通话，特别是小学，老师们自己教学相关的内容基本上也是用普通话的，然后大家不知不觉就习惯了，学校这种比较公共的场合就应该说普通话。"（上海样本 N20）

案例3：“小学的话老师说普通话说得比较多，因为当时在教我们说普通话，所以老师就一直要求我们要多说多练，才能标准，初中以后就没怎么有要求了。”（汕头样本5）

案例4：“小学是有提倡讲普通话，但是没有严格要求，就是老师上课40分钟一直讲，听着听着就习惯了，可以说就是靠老师上课，因为我们都是用普通话学知识，带动整个学校都是讲普通话。”（汕头样本19）

四个案例均能清晰地看出，在学校语域的师生互动中，尤其是课堂上的师生交流活动对受访者的语言能力和语言使用习惯有极为重要的影响。可以说，课堂师生互动是受访者语言社会化的重要场景。根据我国的政策法规，学校环境下，教师的授课语言为汉语普通话，教师需要利用普通话来传授各类学科的知识，在这一过程中，教师也会要求或者有些学校会明确规定学生也需要在课堂上使用普通话来开展师生互动。即使有些学校或者老师没有明确规定使用普通话，但随着时间的推移，多数受访者逐渐形成在校园里应该尽量使用普通话的语言习惯和语言意识。教师在教授文化知识的同时，有意或者无意地增加了普通话的输出，学生在学习知识的同时，对普通话的接触越来越多。当教师引导他们在课堂上使用普通话完成一些操练或者参与课堂活动的时候，也在潜移默化地训练新生代的普通话能力。案例1受访者所在的学校，尤其是小学和初中对使用普通话有明确规定，老师甚至会进行严格的语言管理和引导。这样的师生网络下，受访者对普通话的认同度提高，使用率和使用效果均有较多提升，并逐渐形成在学校语域使用普通话这种语言意识。案例2—4中，受访者的学校虽然没有明确的使用普通话的规定，但由于教师使用普通话，或者使用普通话开展教学活动，就慢慢影响这些受访者也改变语言习惯。受访者形成在学校环境下，尤其是在师生互动时使用普通话的习惯。这些新生代在青春期之前，自我语言意识尚未完全形成，多数人会选择服从学校或者老师的语言意识和语言管理，同时由于教师潜在的权威感，他们会不知不觉中模仿老师的语言使用习惯，在有意或无意间接受来自老师方面的语言态度和使用语言的规则。可见,教师显性或隐性的语言社会化对他们被动性语言社会化影响深远。

案例 5:"学校层面上去明确规定的这种我没见过,一般就是老师会提倡。所以从小学开始我在学校都说普通话。"(上海样本 N8)

案例 6:"老师一般是用普通话上课的,可能有些年纪大的老师有口音,但大多数老师现在普通话都很标准了,学校没怎么管过,但是小学老师告诉我们说要说普通话,后来好像习惯了,就在学校就有一种讲普通话的冲动。"(汕头样本 2)

案例 7:"推广普通话的标语吗?那或许是上个世纪的事情了吧。我们在学校就是自然而然的了,因为老师上课都是用普通话上课的,老师是从小对我普通话影响最大的人。"(汕头样本 24)

学校环境在某种程度上是我国宣传和推广普通话的重要场所,在 90 后、00 后的入学阶段,尤其是在语言关键期之前的学校生活中,课堂上老师使用普通话教学基本已经成为一个最常规的要求,师生均使用普通话也逐渐成为主导趋势。多年来,我国推广普通话效果显著,尤其是在城市社区的成果引人注目。根据教育部公布的数据,截至 2022 年我国普通话普及率已经达到 80.72%。此次受访的新生代,入学的时间段正是国家开始倡导大力推广普通话的时期。多数新生代在语言关键期的阶段,正是很多城市、学校将大力推广普通话列为重点语言文字工作内容,而且也是推普力度最大、活动最多的时期。以上海为例,学校会推出普通话周、推普员选拔等活动,这些都会对当时在校的新生代产生影响,会改变他们的语言意识和语言使用情况。不过,很多受访者表示,他们自己并不太关注国家或学校推广普通话的相关规定或者文字宣传等信息,很多关于语言使用的规定或者指令均是通过老师获知。很多语言行为习惯的形成也与老师的口头指令和直接的语言管理行为密切相关。教师在师生互动中会通过隐性和显性的语言社会化向新生代传达来自国家或者学校的政策,使他们逐步服从学校的要求与规定,在潜移默化中形成对普通话的积极认同,自觉自愿地将普通话作为自己在学校语域中的常用交际语。这样的语言认同和语言实践在一定程度上压缩了方言的使用空间,也减少了新生代在校园环境中使用方言的概率,他们的方言能力也在一定程度上衰退或者最终消失。访谈信息显示,某些老师由于自身语言能力的限制,会使用方言,或带口音的普通话或者地方普通话进行教学。这种现象在新生代的小学和初中阶段较为常见,由于这时期的新生代语言意识和语言能力均在发展变化中,所以在语言使用方面,新生代会模仿老师或同伴的语言行为习惯。从方言传承的视角看,使用方言、带口音的普通话或者地方普通话的老师,反而为这些新生代提供了更多接触方言的机会,也提供了练习说方言的平台。不过,这种情况只出现在汕头的新生代中。

案例8:"我小学大多数老师年纪比较大,他们会有时用普通话,有时用汕头话,甚至有的完全用普通话的,初高中就比较少了,影响多多少少是有的,有些概念到现在还是很模糊,我普通话也没学好。"(汕头样本1)

案例9:"我小学的时候老师是用普通话上课的,但是他们有口音,我普通话就一直被教的有口音,影响还不算大,但是我初中的数学老师,他年纪比较大,经常直接用潮汕话上课,我课后去补习,他们是用普通话上课的,我适应起来很困难,因为脑海里面很多知识,比如说知识、公式、概念这些,上课听的是汕头话,去补习听的是普通话,听不懂有的。"(汕头样本9)

案例10:"我小的时候都是本地老师,很多老师上课会用潮汕话的,最多就是小学的数学老师还有初中的历史老师,我都听得懂所以知识什么的还好,外地同学听不懂是很影响的,还有就是我的普通话就没有说得很标准,我有时候说一些知识概念这些东西的时候就会口吃,想很久说不出来。"

（汕头样本 15）

三个案例中的受访者都属于方言能力强于普通话能力的双言不均衡全双言人。受访者相似的经历是，在小学至初中阶段，某些任课教师普通话水平较低，所以在授课时主要使用方言、带方音的普通话或者地方普通话，这在无形中增加了方言的输出，为某些新生代学习方言提供了机会。这几位受访者当时都处在语言能力发展的关键期和被动性语言社会化阶段。在师生互动过程中，受到这些教师语言输入的影响，会模仿老师的语言使用习惯，并从语言使用中加深对方言的认知，与此同时也提升了个人的方言能力。由于在课堂或者课下的语境中，来自老师方面的标准普通话操练偏少，更重要的是，这一时期他们更倾向于和老师的语言习惯保持一致，学校语域下会较多地使用方言，也因此影响了他们普通话能力的发展。这几位受访者基本可以用普通话与人交流，但普通话带有较为明显的方言色彩。因此，课堂上老师使用方言虽然不符合国家对于教师语言的规定，但却能在一定程度上增加方言的输出，为新生代提供使用方言的场所和空间。而且，访谈中笔者发现，有些教师在课堂上使用方言，并非完全由于普通话能力的欠缺。有时候是一种带有特定意义的语码转换，通过这种语码转换构建某种社会身份。而新生代在与老师的社会互动过程中，也发现这种转换会传达一些特殊的社会文化规范。

案例11："上课老师偶尔会说上海话，就开玩笑、叫同学名字，或者要骂他的时候，有时就会说上海话，可能感觉这样比较亲切一点，没有那么严肃。"（上海样本 N10）

案例12："老师上课发泄气愤的时候会说上海话，我觉得是因为人在情绪激动的时候比较容易回归第一语言，老师都是上一代的上海人，上海话应该才是他们的第一语言。"（上海样本 N20）

案例13:"上海老师总体上多一点,他们上课偶尔会飙一两句上海话,就是幽默一下,调节一下气氛,这就是刻在语言背后老一辈的生活方式、表达习惯吧。"(上海样本N22)

案例14:"授课内容肯定是不会的,但是我们有些老师就是比较有意思,他会举个例子,开个玩笑,或者唠叨我们的这种时候,会故意说几句汕头话,初中老师最多。给我一种感觉就是讲汕头话的人会很有意思,比较没距离。"(汕头样本5)

案例15:"有的老师会在跟知识没有关系的时候,比如说闲聊,讲他自己的经历,讲一些之前的学生故事之类的,就会用成汕头话,可能汕头话讲起故事来比较有那种……亲身经历感?比较接地气。"(汕头样本9)

案例11—15中,在课堂语境中,总体上师生互动采用的都是普通话,说明这些老师对普通话的掌握状况良好。不过在一些特殊语境下,比如在与学生开玩笑,或者批评、调侃学生,或者讲述一些小故事的时候,会特意转用方言。而当老师们出现这种语码转换行为时,受访者表示能够明确感受到不同的情感色彩或者与使用普通话时完全不同的交际氛围。老师们有意通过使用方言来传达一些个人观点、主观情感或者对于学生的情感和评价。这种在特定语境下的语码转换,让受访者感受到普通话和方言的不同价值及功能。他们认识到方言具有更有利于调节交际气氛、更有利于拉近彼此距离或者更有利于抒发亲切的情感等功用,而这些是普通话缺少的功能。通过这种语言社会化过程,受访者改变了以往对普通话和方言的认知,并在一定程度上影响他们的语言使用。

案例16:"有些比较接地气的……就是一看就很'上海人'的老师,他们上课有时候会说一些上海话的梗或者俗语之类的,那些东西用普通话讲完全不对的,我们讲这些话也是说上海话的。"(上海样本N24)

案例17："我们政治老师会在用一些方言俗语来讲汕头的状况或者讲一些生活哲理的时候，专门用汕头话来讲那些俗语，这种情况蛮少的，但是挺有意思。我们就会学起来。"（汕头样本10）

案例18："老师平时课堂上是用普通话的，但是有时候教古诗的时候，她会教我们用汕头话念，体会那种韵律感，她说因为汕头话是古汉语的遗留。还有小学辨别同音字的时候，老师的方法就是教汕头话分别怎么读，读法不一样就区别开了。我们掌握一门方言还是有点用的。"（汕头样本17）

案例16—18中在上课的时候，授课老师虽然以普通话讲课为主，但在涉及某些知识内容的时候，会特意使用方言或者引用方言的词汇、俗语等帮助学生更深入地理解课文内容，或者来提升课堂的气氛、激发学生的学习热情，等等。在这种师生互动的语境下，受访者了解到方言的特殊魅力。比如，会让严肃的知识更接地气或者更加有趣，或者让他们了解到方言在课堂教学中的独特作用。在这些语言社会化过程中，教师隐性的语言使用习惯让这些受访者对于地域方言和地域文化的理解、认同感大大提升。课堂上老师的这些语言行为在一定程度上可以激发新生代习得或使用方言的积极性和主动性。

下课之后的师生互动活动也会在一定程度上影响新生代的语言使用状况。下课后的师生交际过程中，老师的掌控力较之课堂上略有减弱，学生不需要完全地服从于老师的语言行为规范。比如，按照国家的语言政策，普通话是教学语言，但相关的语言政策法规并不禁止在下课之后使用方言。在这样的背景下，下课之后的师生互动过程中，师生均可以成为交际活动的主体。不过由于青春期之前，也就是新生代小学、初中阶段，他们的自主性语言意识仍在形成中，教师个体的语言社会化会影响新生代被动性的语言社会化过程。在课堂语境下，老师显性语言社会化居于主导；在下课之后，师生之间的交际中，老师隐性的语言社会化逐渐代替显性语言社会化。老师明确发出语言使用的规定或者指令的行为减少,直接向学生灌输语言知识或者直接帮助学生提升语言能力的活动也较为少见。取而代之的是通过老师自身的语言实践,通过特定的语言表达形式和语言使用习惯来影响学生。在社会化过程中,学生会感受到老师语言实践传达的某些交际意图。他们会在服从、模仿老师语言行为的过程中,改变自己对某种语言变体的认知,逐渐形成新的语言使用习惯。

案例 19:"我小时候比较多接触的都是青浦本地的老师,他们一下课基本是讲青浦话的,这个时候我去交个作业什么的,他也跟我说青浦话,我就也跟他说,不然很格格不入。"(上海样本 N3)

案例 20:"我好像只有高中遇到过一个外地老师,之前的本地老师都很喜欢用潮汕话,感觉好像他们上课迫不得已才说普通话,平时管我们纪律,叫我们去谈心,包括说批评同学,基本都是习惯性地用汕头话,我一般能用汕头话回答得了的都会用汕头话,这样比较不尴尬。"(汕头样本 7)

案例 21:"小时候老师跟我们交流都是用普通话的,因为普通话比较标准、正式,上海话更亲密一点,说上海话不像师生关系吧,他们不说上海话,我们也不说。"(上海样本 N9)

案例 22:"老师私下跟我们说话普通话、上海话都说,正常讲事情就普通话多一点,然后老师想要表达想跟你聊聊心事、聊聊天这种,就会用上海话,好像比较有感情,比较容易交心吧。"(上海样本 N19)

案例 23:"小学基本上就全都是普通话,老师好像是有意的,因为想让我们学的时候就有机会多说普通话,但是初中突然特别多汕头话,尤其是我们班主任,他很喜欢讲汕头话,尤其就是班级管理那些事情,可能很生活化吧。我不知道是不是我一个人,潮汕话在初中流利程度直线飞升。"(汕头

样本5)

案例24:"课下交流的话……我们可能小时候,就是学普通话那段时间,和老师讲普通话是比较多的,后来基本都用汕头话了,因为我们学校的老师基本上都是附近的人,都是生活中习惯讲汕头话的,年纪比较大的老师讲普通话很差,老师讲什么我就讲什么。"(汕头样本26)

上述访谈案例证实,在小学和初中阶段,90后、00后在下课后的师生互动中,交际用语的选择更多受到老师语言行为习惯的影响。虽然在课下语境中,教师语言交际行为的主导力有所减弱,但师生仍处在上对下的社会权势关系中,教师仍然是有较高权威声望的交际主体,所以无形中仍然在掌控新生代的语言选择与使用。案例19、20中,下课之后,老师之间倾向于使用方言进行交流。这一习惯也延续到下课后的师生互动场景。受访者在交际过程中,意识到老师对方言使用的态度以及实际的使用情况,随之改变自己在课堂上普通话为主导的交际习惯,转用方言与老师交流。方言的使用让师生间的互动变得自然,而这种良好的交际氛围也强化了受访者下课后使用方言进行师生交际的意识。可以说,这种意识和语言使用促进了受访者方言能力的发展。案例21—24中,受访者信息显示,师生互动中使用什么样的语言变体,完全取决于老师。老师不使用某种语言变体,受访者也跟随着弃用这种语言变体。这种来自老师的不同的语言选用习惯和原则,让受访者了解到不同语言变体出现的语境和空间。比如,方言更方便增进感情和拉近彼此距离,普通话更适合谈论严肃的话题或内容,方言更生活化,是本地人经常使用的语言变体,等等。虽然上述受访者的经历略有差异,但在小学或者初中阶段,在被动性语言社会化过程中,由于受老师隐性或显性语言社会化的影响,丰富了自身的语言文化知识,加深了对普通话和方言功能与价值的理解,这些早期语言社会化活动在一定程度上影响了他们语言能力发展和语言使用情况。

二、自主性语言社会化和语言使用

随着年龄的增长,尤其是进入高中阶段,多数新生代语言意识形成,开始进入自主性语言社会化阶段。为了比较被动性语言社会化和自主性语言社会阶段新生代语言使用状况,笔者同样利用访谈信息搜集相关数据;在此基础上,还结合访谈中的一些细节来分析不同的语言社会化对新生代语言使用的影响。具体的使用场景仍分为课堂上和下课后两种。访谈信息显示,虽然进入自主性语言社会化阶段,但师生网络中老师与新生代之间仍是不平等的社会权势关系。处于上位权势的老师在面对处于下位权势中的学生时,仍具有很高的权威与声望。因此,新生代虽然具有了自我语言意识,但自主性语言社会化与被动性语言社会化并非全然分离,而是交织一起。在师生网络互动过程中,在语言行为由老师主导的情景下,学生在被动性语言社会化中仍会在一定程度上服从或接受老师的语言选择与使用习惯。与此同时,自我语言意识让新生代不会一直处于被动接受状态,会逐渐进入自主性的语言社会化。这种自主性语言社会化会影响师生网络中新生代的语言使用情况,也会在一定程度上影响他们语言能力的发展。

案例 25:"老师他们有的时候会不自觉蹦出上海话,会有同学听不懂就直接打断老师,然后提出'请您不要再说上海话了我听不懂'这种要求,老师不得已只能全部说普通话了。但是如果老师私下找我,他跟我很熟了的话,就会知道我家里都是本地人,会说上海话。我们会感觉老师跟你说上海话,就是一个'他喜欢你'的标志,就是感觉他跟你是亲近的。所以我在和老师沟通的时候,会故意地使用一些上海话,也不用全部说,就是比如说,老师他前面说普通话,然后问'你懂了吗'的时候,他们本地人老师会习惯性就变成'你懂得伐',这个时候就抓住机会回他上海话,关系就会突然拉近。"(上海样本 N17)

案例 26:"老师他们见到家长会说上海话,跟我们一般是普通话,我们也说普通话,因为普通话会比较官方的感觉,老师可能也不会跟我们闲聊。我现在上了大学反而会比较多跟老师说上海话,而且我们学校上海本地同学比例不算很高,但是上海老师比例很高,我给你举一个例子,比如体育课的老师他是上海老师,你跟他说一两句上海话,他就知道你是上海人,一下就认识你,会比较关注你……就只要说一两句就行,不用再多讲了,我向他表露我是上海人的身份就可以,上海话才有这种特别的作用。所以其实上海话要会些基本的,但不一定要多地道。"(上海样本 23)

案例 25、案例 26 中两位受访者均是在师生网络互动中对方言(上海话)的作用产生新的认知。案例 25 中,当处于上位社会权势关系的老师主动转用上海话的时候,受访者意识到这一时刻方言的使用起到了重新建构彼此之间关系的作用。方言的使用凸显彼此是关系亲近的熟人关系,是不同于老师与其他同学的关系。从受访者的观察来看,老师基本是在与熟人、关系很亲近的人交流时才会使用方言,老师的这种语码转换一下子让交际双方都意识到彼此是属于同一个交际网络中的成员,社会距离倏然缩减。而受访者在发现方言带来的身份建构作用时,会更加有意识地在这个交际网络中提升方言的使用率,其方言能力也在这种日常互动中不断提高完善。案例 26 与 25 的相同之处是,受访者在社会化过程中,利用方言的使用凸显出自己作为本地人的身份之后获益,而这种结果又或多或少激发受访者适当使用方言的动力。虽然受访者表示,说太多方言的机会和场合并不多,但方言这种建构社会身份的独特作用却让受访者一直注意维持自身的方言能力,这样在社会化过程中的某些时刻,可以通过方言的使用来为自己谋取福利。这种意识的出现或多或少为方言的传承提供了一些希望。新生代在成长后期自主意识增强,不再完全被动地接受教师的语言态度和语言使用习惯,对方言或普通话逐渐形成自己独立的看法。在师生交际中,他们意识到,选择何种语言变体与老师交流,决策的关键要素不是根据语言能力,而是根据这种语言变体的使用是否能强化自己与老师之间的共同特征。如果可以强化同质性的特征,即使自己对这种语言变体的掌握程度稍低,也不会影响交际目的的实现。上述案例中受访者发现只要出现"说方言"这种语言行为，哪怕方言不够地道，却能收获较好的交际效果。比如，可以让自己被老师接纳，可以更好地融入到师生网络中。基于师生网络交际的经历，一些新生代更新了自己对方言功能的认知。比如，有些人意识到方言是否地道并不重要，有时候只要有"说方言"的这种行为出现，哪怕方言不够地道，也能实现交际意图，甚至获得一定的利益（如获得老师的青睐和关注等等）。同样的案例也出现在汕头。

案例27："我是看不同老师行事的，跟本地的老师，他们不习惯讲普通话的，用汕头话去跟他们讲话，就像'自己人'那样的，会更亲切一点，而且我在学校里面是那种比较活泼的学生，跟老师们关系就是很铁的那种，我觉得用汕头话会增进相处，感觉跟老师也好、同学也好，甚至是陌生人，感情距离都会拉近一点。"（汕头样本3）

案例28："被老师叫去办公室，我会下意识地讲汕头话，比较有'安全感'，因为讲汕头话估计不会有什么不好的下场，像我有个同学他欠作业，老师心情好的话就是补交就行，心情不好罚抄好多，普通话比较适合用在正式严肃的场合，如果用普通话完成一个对话，那这次对话会比较严肃，它的结果可能就会比较差，如果是潮汕话，整个过程就会轻松很多。"（汕头样本10）

案例27、28和上海的案例相似，在课下的师生互动过程中，受访者明确发现方言的独特作用。在与本地老师交际中，使用方言可以缩短与老师之间的社会距离，拉近彼此的情感；此外，还可以营造较为舒适的谈话环境，增加学生心理的安全感等。自主性语言社会化阶段，新生代在师生网络交际中，已经不局限于完成一次与老师的互动，还会产生与老师亲近、成为老师交际网络中的一员、获得老师认可等精神层面和情感层面的需求。

案例29："我潜意识里觉得老师就是教我说普通话、应该说普通话的一

群人,他们的身份叫教育者,所以见到老师我会尽量用普通话,我觉得这是比较尊重老师的。"(汕头样本 6)

案例 30:"我跟老师说话我比较习惯说普通话,现在学校很多外地老师,我觉得说普通话是对他们的礼貌和尊重。"(汕头样本 25)

案例 29—30 的受访者出于对普通话的认知,比如,普通话更适合正式、严肃的氛围,更能让对方感觉到被尊重或者被重视,等等。在师生互动中,受访者选择以普通话作为师生网络的交际用语,而避免使用方言,从而传达出尊重和爱戴老师的交际意图。语言社会化过程中,新生代发现普通话与方言在建构身份中的不同作用。因此在师生网络中,他们会根据交际语境的不同主动进行语码转换,从而可以建构不同的社会身份,融入不同的交际网络,弥补使用普通话无法建构的身份或者无法实现的交际意图。

第二节　同伴网络与语言使用

"同伴"根据《现代汉语大词典》《韦氏新大学词典》中的解释,指的是在一起工作、生活或从事某项活动的人;在心理学、社会学领域,同伴被认为是处在地位平等的人际关系中的人。同伴关系指的是在一起工作、生活或从事某项活动的个体间在社会互动过程中建立和发展起来的一种人际关系。已有研究发现,同伴网络在儿童母语学习期间发挥十分重要的作用,它是儿童和青少年自我意识形成发展中的重要影响因素。随着年龄的增长,当青少年个体逐渐脱离家庭、脱离父母引导进入自我发展阶段时,同伴关系常成为青少年个体情感依赖、情感抒发的重要依靠。继承语的相关研究显示,成长时期的青少年个体,会更多受到同伴关系的影响,其语言习得、语言态度与行为等会在一定程度上与同伴关系趋同。语言社会化其实是在社会文化等多种因素影响下获取语言文化知识和交际互动技能的过程,社会互动是重要的促进动力。同伴网络是青少年按照自己的意愿建构的人际交往关系,对新生代语言的选择和使用有不可忽视的影响作用。社会学家指出,人的社会化过程,其实是个体通过与其他人的交往逐步融入社团、社会的过程。社会化的目的是降低人的生物性,提高社会性。人的社会化过程就是一个不断学习、提高和完善的过程,学习的目的是增加与他人的同质性特征,降低异质性的内容。语言社会化过程也是如此,就是利用语言习得和使用不断提升个体社会化,同时利用社会化不断了解语言的特性和语言使用的社会文化规范,从而可以更好地适应各种社会角色,建构不同的社会身份。简言之,个体的社会化就是一个学习和适应社会习俗规范,获取与其他社会成员更多的同质性特征,从而让自己更好地融入社区和社会的过程。根据学者的研究,这种获取同质性特征的关键期大概在12—20岁。多数00后、90后在这一阶段正处于求学时期,在校园语境下,除了上文的师生网络,对他们语言习得和使用产生重要影响的就是同伴网络。

本研究中的同伴网络指的是由同学、朋友等处于平等社会地位的人一起建构的人际交往关系。同样根据访谈的语料来概括城市新生代在同伴网络中的语言使用情况,结果见表5-2。

表5-2 同伴网络城市新生代的语言使用

	上海(n=145)	汕头(n=141)
普通话	49人/33.79%	28人/19.85%
方言	6人/4.14%	5人/3.55%
双言	90人/62.07%	108人/76.60%

由表5-2可知,在同伴网络交际中使用最多的交际方式是交替使用普通话与方言。两个城市的使用率均很高,上海双言的使用率为62.07%,汕头更高,为76.60%;其次,交际用语使用率较高的是普通话,上海和汕头的使用比率分别为33.79%和19.85%;两个城市新生代在与同伴交际时只使用方言的比率均较低。结合访谈中新生代语言社会化的状况,笔者将分析同伴网络中不同语言选用的影响因素以及什么样的同伴网络更有利于方言

能力的发展与使用。

一、语言社会化与方言的使用

表5-2显示,两个城市中,新生代在同伴网络互动中,虽然使用方言与同伴交流的人数偏少,但两个城市仍有大约4%的新生代会选用方言与同伴交流。从访谈信息中,我们可以找到这些受访者使用方言与同伴交流的原因。

案例31:"我从小到大处的比较好的都是上海人,都会讲上海话的,我们都讲上海话.同学之间普通相处的话当然上海话,偶尔吧很少的普通话。如果我基本上确定是本地人就是用上海话的,本地人说本地话比较方便省力,而且表达的时候会更贴切,我们比较熟的我都会让他们讲上海话。"(上海样本12)

案例32:"我从小到大基本都跟朋友讲汕头话,遇到外地朋友会说普通话,但是就比较少跟他们亲密接触,熟的都是本地人,那大家都是汕头人,用汕头话肯定比较自然,用普通话还得有一个把汕头话翻译过去的过程,很别扭,不自然,普通话不太接地气,大家一起玩还是用方言比较好融入,我也会跟我的朋友们要求大家要说汕头话。"(汕头样本30)

案例31、32中的受访者来自上海和汕头,但却都在同伴网络互动中使用方言进行交际。两位受访者都是普通话和方言能力均衡发展的全言人,因此可以在不同的社交网络中选择不同的语言变体。在他们的语言意识中,方言更适合在熟人、朋友以及私人场合中使用。在这些语境下,使用方言能够拉近交际双方的距离,让彼此间的情感更亲近。因此,在同伴网络中,这两位受访者都选用方言进行交际,除了上述所说的方言可以拉近情感之类的功能,还可以利用方言的使用获取更多与同伴相似的特征。两位受访者根据自己的观察发现,本地人为主的朋友网络中,彼此在一起时会不自觉地使用方言,方言基本成为本地人朋友圈的一个重要特征。这种同质化的特征让同伴网络成员的联系紧密,也是区别于其他同伴网络的一个重要标志。比如,在非本地人为主的同伴网络中,普通话一般成为常用的交际用语。了解到这种差异之后,在本地人为主的同伴网络中,受访者有意地增加方言的使用,在不断的互动中,他们的方言能力也会得到强化。

二、语言社会化与普通话的使用

在同伴网络中,有些受访者会选择使用普通话进行交际。上海新生代在同伴网络中使用普通话与同伴交际的比率(33.79%)高于汕头(19.85%)。

案例33:"可能是因为从小学开始学校有那种引导,反正朋友之间基本上都是说普通话,我在上海出生长大,听多了能听懂上海话,但也没有到能说的程度,说上海话不太可能。学校里面没人在说,想学也没地方学。"(上海样本 N11)

案例34:"学校里面完全不会用上海话的,一般不会有人讲上海话,就算有我也开不了口的,我连'你好'都不太敢说,小时候在家里会的,越不说就越不会了。"(上海样本 N14)

案例35:"我的大多数朋友都是学校认识的,所以一直就习惯见面就说普通话的,而且我们都……很大程度因为水平的原因吧,根本不可能用上海话顺利地交流,上海话最多只能回家讲,但我们跟同学朋友相处的时间又很长,所以上海话总体上是用得越来越少了。"(上海样本 N22)

案例33—35中,虽然来自不同的城市,但三位受访者在同伴网络中均选择使用普通话。从访谈中可知,三位受访者家庭的通婚结构存在差异,两位来自外地人家庭,一位来自老本地人家庭。虽然家庭通婚方式不同,但三位受访者的方言能力都较差。这应该是他们选择在同伴网络中使用普通话的最主要原因。案例 33 中的受访者由于家庭用语主要为普通话,缺少学习当地方言的场所。在语言社会化过程中,方言的一部分能力(方言听力)得到发展,能听懂方言但不会说;案例 34—35 的受访者曾经在家庭语境中习得方言,但由于缺少使用方言的平台与场所,方言能力衰退,因此缺少使用方言的信心,更习惯于使用普通话与人交际互动。除外,幼年时期的语言使用习惯也让受访者选择使用普通话与同伴交流。三位受访者从幼年时期,在被动性语言社会化过程中,已经形成在各种语境下使用普通话展开互动交流的习惯,即使是熟悉的朋友同学,也习惯使用普通话。可以说,这是社会以及学校语境下显性语言社会化对新生代语言使用的影响。

案例 36:"我小学到初中是在澄海读的,我们那边本地同学都说汕头话的,就只有遇到外地同学出于尊重会跟他说普通话,但今年到市区这个学校以后,我突然发现大家都讲普通话,我也讲,我也不知道为什么,可能是下意识地不想跟别人不一样吧,我说普通话一直就比较差,吐字不清,口吃,今年习惯说了,我觉得普通话越来越有用了,我学好很重要。"(汕头样本 16)

案例 37:"我以前都说汕头话,是今年在市区读高中才学会说普通话的,今年我发现同学他们大家都在讲普通话,肯定有必要学会才能去融入他们,对我来说,这个必要性今年开始很强烈。上次我出去外面不会说普通话被人家笑,我觉得我读书这么多年都说不出普通话,在外面大家都在说普通话的时候,我只能说汕头话,很没面子,别人会觉得我很好笑。我很想学,以前只能听懂,今年才开始能说得出口,进步很大,我很开心,对我来说现在学普通话最重要。今年觉得会说普通话别人就不会笑我了,普通话渐渐有提升,你看我现在基本可以流利跟你对话了。"(汕头样本 28)

这两个案例的受访者在同伴网络中选用普通话的原因与上述几个案例不尽相同。案例 33—35 中的受访者主要因为方言能力较差,缺少使用方言的自信才选用普通话。但这两位受访者,虽然家庭的通婚模式不同,一个来自本地人与外地人通婚的家庭,一个来自老本地人家庭,但两位受访者的方言能力都很强,属于方言能力强于普通话的全双言人。访谈中两位受访者也表示,在很长一段时间内,在与朋友交流时主要使用方言,觉得使用方言很自然,也感觉彼此很亲近。但在高中阶段,两位受访者都有意识地改变了自己的语言使用习惯,在同伴网络中开始使用普通话。主要的原因是同侪压力。受访者发现"大家都讲普通话""有必要学会才能去融入他们",而且不会说普通话"被人家笑""很没面子,别人会觉得我很好笑"。同伴网络中,同伴的反馈、回应让受访者对普通话的认知发生改变,重新开始思考普通话的价值与作用。通过观察,受访者发现普通话可以帮助他们变得与同伴相同,不会成为异类,从而可以更好地融入同伴网络;普通话还可以避免来自他人的嘲笑,获得他人的尊重与肯定。普通话带来的这些积极影响,让受访者主动地去提高和完善自己的普通话能力,这种行为在某种意义上成为城市新生代语言能力发展的动力。

案例38:"因为学校的同学大多数时候都是聊题目、聊新闻,这些正式的东西用普通话比较好说清楚,而且另一方面,高中学校有很多潮汕其他地区来的同学,大家口音很不一样,有的都不太听得懂,讲普通话更容易沟通。"(汕头样本2)

案例39:"汕头话我也能说很流利,但我长大后就是习惯了学校里面就讲普通话,可能是因为时代原因?我觉得同龄的朋友更应该讲普通话,如果没有刻意融入汕头文化的需要,我觉得普通话完全够用了。"(汕头样本7)

案例40:"我觉得普通话普及了,学校里面大家用普通话更能表现彼此,特别是互联网的世界主要是使用普通话,我们同学间基本上都使用普通话。"(汕头样本24)

案例38—40,受访者均来自本地人家庭,虽然有老本地人和新本地人的差异,但总体上家庭背景相似。语言能力方面,他们都是普通话和方言能力均衡发展的全双言人。也就是说,他们可以非常自如地在普通话和方言之间转换。但在同伴网络中,这几位都只选用普通话进行互动。主要的原因在于对普通话的积极认同。这几位受访者在语言社会化的过程中,对普通话和方言的接触与了解都较为全面。在综合概括之后,这几位对普通话的认同率较高。他们认为普通话作为全国范围内的通用交际语,是适用于不同的语境和不同的社交网络的。随着社会的发展,朋友网络中也有一些不会说方言的人,这种背景下,普通话的作用更为显著,可以避免不会方言带来的语言障碍,而且也可以避免有些朋友不理解方言文化带来的情感隔膜。因此在与同伴交际时,这些受访者均选择普通话来与同伴交流,主要希望通过普通话的使用减少地域身份差异带来的情感隔膜和交际障碍。在他们的语言意识中,普通话更有利于构建高效且平等的人际关系网络。综合上述案例可以发现,选择在同伴网络中使用普通话的受访者,虽然家庭通婚结构、家庭抚养方式包括个人的双言能力都存在不同,但他们的共同之处是都更认同普通话在同伴网络中所发挥的积极作用。比如,利用普通话融入同伴网络,建立平等友善的关系,减少交流障碍和情感隔阂,等等。普通话带来的这些便利,让这些受访者更倾向于使用普通话完成交际,相应的,普通话能力也通过这样的形式得到增强和完善。

三、语言社会化和双言的使用

同伴网络中交替使用普通话和方言应该是城市新生代语言使用中的新特征。而且两个城市新生代双言使用率均偏高,成为同伴网络中最主要的交际方式。

案例41:"小学比较少(说上海话),因为大家都说普通话嘛,就习惯了。初高中反而多了,因为很多都是一路的同学,相处时间长越来越熟,我们那种三五个人比较熟的,就可能会无意识地两种都用,特别是说一些日常的事情,不过如果几个人里面有一个听不懂,那我们就不会用上海话过多交流。"

（上海样本 N7）

案例 42："一般普通同学都是用普通话，对熟人，比如说闺蜜之类，就会用上海话，因为上海话说起来比较亲密。现在宿舍都是本地人，我们日常一半一半吧，讨论学术问题全都是普通话，但日常沟通会用上海话，因为室友是关系比较近的人。"（上海样本 N10）

案例 43："我小学到初中在市区上的，就是虹口区，比较多是说普通话的，就偶尔碰到上海同学，关系比较好的，就觉得可以说上海话，可能我们在学校被教多了普通话，就觉得上海话是日常生活中关系亲密的人才会用的，比如家人或者很好的朋友。高中我在青浦读的，青浦同学他们之间会说青浦话，但是我们市区来的同学就不太说上海话。上了大学之后明显比高中多很多，高中的外地同学不会很强调自己是来自哪里的，就是融入集体一起学习，但是大学大家都会比较强调自己是哪里人，我觉得说上海话是表明自己是上海人的一个好方法。"（上海样本 N16）

案例 41—43 中，受访者的家庭通婚结构和抚养方式不同，但都在同伴网络互动过程中采用交替使用普通话和方言的交际方式。受访者提及原因时表示，一是因为开始上学，学校均规定使用普通话，在校园语境下习惯使用普通话。所有同龄人都经历了类似的语言社会化过程，也形成了相似的语言使用习惯，因此使用普通话已经是一种非常自然的行为。之所以会穿插使用方言，是在与同伴交往的过程中受到他们的影响慢慢形成的语言习惯。关系亲近的同伴，在使用普通话的时候，间或用一些方言，彼此都感觉很亲切。受访者也表示，这种双言同时使用的情况，仅会出现在关系亲近的同伴网络中。决定采用普通话和方言交替使用的主要影响因素是与同伴之间的社会距离。一般来说，与社会距离较远的同伴交往主要会选用普通话，与社会距离较近的同伴交流且双方的双言能力大致相当的时候，则倾向于普通话、方言同时使用。

案例44:"从小比较熟的朋友都是我们那一片的,家里基本上都说汕头话,所以我们比较熟的也是说汕头话的,现在普通话多一点,因为大家是汕头不同地方来的,我跟着普通话也变多了。但是我们教室里面讲学习的时候都是说普通话,回宿舍讲生活的事情,还有跟朋友打游戏,就都是用潮汕话的,比较习惯,比较爽。"(汕头样本1)

案例45:"小学到高中都是,只有比较熟的朋友私下聚一起玩才会说汕头话,不在教室,因为感觉教室是学习的地方,这种场合再熟也讲普通话。"(汕头样本6)

案例46:"就是有场合的问题,我们如果开个玩笑或者是打球的时候,那肯定都是潮汕话,但是探讨问题的话都会用普通话,就是学习的场合,因为学习的东西学的时候也是普通话,而且也比较复杂,潮汕话根本说不出来。室友间一般都是潮汕话,因为寝室是一个放松的地方,欢乐的氛围适合讲潮汕话。"(汕头样本10)

案例44—46中,汕头的三位受访者都来自老本地人家庭,祖父母和父母亲都会说当地话,受家庭语境的影响,上述受访者也都会说当地话。可现阶段在家庭内部,受访者没有选择方言作为唯一的交际用语,而是普通话和方言同时使用。不仅家庭语境,即使在本地人为主的同伴网络中,交际方式也是普通话和方言交替使用。同上海受访者相似的是,普通话和方言进行语码转换的影响因素,除了同伴间的社会距离之外,还与交际话题、交际语境等因素有关。比如,在教室语境谈论与学习有关的内容,他们倾向于使用普通话;当在宿舍等私人语境,或者与熟悉的朋友交流、嬉戏玩乐等,则更喜欢使用方言。在他们的认知中,方言更适合家庭域、朋友域等语域,而普通话则适用于正式、规范的场所,适合学术探讨等正式话题。随着这种语言意识的形成,很多新生代开始重新学习方言,以帮助自己更好地融入同伴网络。而这种认知也有助于新生代对方言的重新习得与使用。

　　案例47："我上海话能听懂,会说一些简单的词,我家都是外地人,完全没人会上海话,我就是从小听同学说的学会的,特别是高中的时候,本地同学多,那些男孩儿喜欢说上海话的多,可能是出于好玩儿。他们跟我说话是基本用普通话的,但是我听不懂他们在说什么的时候,多少还是有些隔阂,所以我一直学,听懂了会比较有归属感。"(上海样本N18)

　　案例48："小学到初中,大家不会觉得上海人是一件特别的事情,因为非常多外地的学生。到了高中,本地人就很多了,确实融不进去,他们都住在市中心那一小块地方,周末就会出去玩儿什么的,他们也不是排外,就是从小家庭环境也比较相似,他们家里都教上海话的,关系就比较亲密。我高中才有意识去接触上海话的,因为毕竟在上海,一点都不会也不是很好。之前也一直在有上海话的环境里面,真的开始学的时候就会觉得其实都听过,没有那么难。我觉得融入一个群体语言掌握得怎么样不是那么绝对性的因素,我在学上海话他们也会接纳我,他们知道我是外地人,对外地人其实标准就没那么严格,他们会教我,还跟我说'你说的还可以没关系你慢慢学',总体上是比较宽容的,排外的我可能也不会想融入。"(上海样本21)

　　案例49："我小时候没有那种要学这边语言的兴趣,根本没努力去学,爸妈也没管,感觉能听懂就行了,说不说无所谓,后来我遇到一个一样是外地的同学,他爸妈也完全不会的,我小时候遇见她她就完全会说了,因为她想要跟这边的同学交流,很努力去学。我渐渐也有意识;就会跟我的同学朋友去学,只要多交流就会学得很快。"(汕头样本12)

　　案例50："我的学校外地人一直不多,小时候我身边的朋友都会说汕头话,但是他们都不跟我说,他们之间讲的,我完全没有交流的机会。他们讲的时候,我只能凭那个语气、语调,结合一些我听懂的词,去猜他们在说什么，我是希望能听懂的，一直听不懂有点尴尬，我会请他们翻译给我听。高一的时候，我发现有一个同学是初中才来汕头，他讲得比较差但完全听得懂，他知道我听都听不了几句的时候还笑我，我就觉得好无奈。现在我让我的朋友们一天教我一个词，虽然经常反复忘记，但是还是多少学了一点，他们还夸我发音居然'有那味儿'，会很开心，我又可以了。"（汕头样本21）

案例47—50受访者父母一方或者全部来自外地，不会说当地话。因此受访者在家庭语境下，接触与了解当地方言的机会较少。即使有些受访者会说方言，习得的也主要是父母的家乡话。入学之后，基本使用普通话进行交际。因此，这几位受访者当地方言的能力较弱。但在自主性语言社会化时期，受访者在同伴网络中对方言的独特作用有了进一步的了解，因此产生学习当地方言的动机和热情，并在同伴网络中反复练习与模仿，这在一定程度上促进了部分新生代方言能力的发展。此外，新生代也会利用习得的方言与同伴交流，获得同伴的肯定与认可，帮助自己更好地融入同伴网络，拉近与同伴的关系。这一过程中，他们方言使用的自信心增强，对方言承载的地域文化规范与习俗等内容也有更多的接触与了解。这些认知让他们开始在同伴网络中采用普通话和方言交替使用的方式与同伴互动，即使方言能力稍弱，也不畏惧，而是寻找尽可能多的机会练习、提高。同伴网络中双言现象的出现，一方面为方言的使用带来更多的空间，另一方面也为普通话和方言的和谐共处找到新的契机。

第三节　公共场所域语言社会化和语言使用

在师生网络和同伴网络交际中，交际双方的社会距离较近，个人的相关信息熟悉，社交网络需要建构的社会身份较为单一。交际对象类似于传统社会的熟人关系，彼此之间存在某种程度的共聚关系，交际双方在特定的语境下熟悉所处社区或社交网络的规范要求,因此会在特定语境下作出符合社会(或社区)规范的语言选择。这样的语言行为会呈现出一致性的特点与规律,语言使用的波动较小。成年之后,新生代开始步入社会,身处复杂多样的社交网络之中,对语言的习得与选用提出更多挑战。如前述,由于城市化进程中,城市社区的社会流动日益频繁,城市人口变得复杂,除了本地人之外,还有大量的外地人。当新生代在公共场所与这些背景各异的人进行交际互动时,交际方式与交际风格都变得复杂;而且,交际双方互不了解,都是陌生人,公共场所的人际交往关系,开始进入陌生社会的陌生人交往模式,这与师生和同伴网络的熟人为主的人际交往关系截然不同。公共场所语域下,新生代在语言社会化过程中,为了要应对陌生化的人际交往关系,必然需要对自身的语言选择与使用状况进行调整。结合访谈语料,本节将聚焦分析新生代进入社会之后的语言社会化及对他们语言使用的影响。具体分析公共场所语域下新生代的语言社会化过程和语言使用状况,根据交际场所、交际者的关系以及交际话题的不同进行区分并逐一分析。

一、交际场所与语言社会化、语言使用

已有研究发现,不同的交际场所会影响语言的选用和使用。匡芳涛、安礼艳(2008)的研究指出,社会场合及其言语结构构成语言信息交流的主要内容,交谈双方一般会先确定社会场合及双方的关系,然后才会确定与之相衬的语言表达形式。社会语言学家的研究显示,在多语社会中,公共场所中的多语多言(含双语双言)处于不同的社会地位。一般来说,会有一个语言变体逐步成为具有较高地位、较高声望的高变体,其他的语言变体则成为声望和社会地位均较低的低变体。不同语言变体的使用场所和对象等存在差异(Coulmas 2006)。我国虽然不是一个多语社会,但在城市语言生活中使用多语或多言的现象也很常见。与西方多语社会类似,在我国城市语言生活中,普通话的声望地位较高,是高变体;其他少数民族语言或方言则为低变体。普通话和方言的使用也会因交际场所的差异出现不同。新生代在不同交际场所下的语言使用情况见表5-3。交际场所包括居住社区、餐饮店、

购物商场、农贸市场、政府部门和银行等。购物商场、政府部门和银行等交际场所的交际互动中,交际对象的来源复杂,彼此之间的背景差异大,流动性也很大,这类交际场所对于出入人员的着装、语言使用等会有一些显性或者隐性的要求;居住社区、餐饮店、农贸市场这类交际场所下,交际对象彼此之间也互不了解,但整体的语言环境比较随意、轻松,对进出人员的规定或者要求较为宽松。选择两类不同的交际场所,目的是观察交际场所的差异是否会引起新生代语言选择和使用的变化,并结合新生代语言社会化的过程来分析引起差异的因素。

表 5 - 3　不同交际场所下的语言使用

交际场所	上海($n=145$)			汕头($n=141$)		
	普通话	方言	普+方	普通话	方言	普+方
居住社区	44 人/ 30.34%	47 人/ 32.41%	54 人/ 37.24%	20 人/ 14.18%	80 人/ 56.74%	41 人/ 29.08%
餐饮店	135 人/ 93.10%	0	10 人/ 6.90%	107 人/ 75.88%	15 人/ 10.64%	19 人/ 13.48%
农贸市场等	125 人/ 86.21%	0	20 人/ 13.79%	114 人/ 80.85%	9 人/ 6.38%	18 人/ 12.77%
购物商场	53 人/ 36.55%	35 人/ 24.14%	57 人/ 39.31%	30 人/ 21.28%	75 人/ 53.19%	36 人/ 25.53%
政府部门/ 银行等	135 人/ 93.10%	5 人/ 3.45%	5 人/ 3.45%	121 人/ 85.81%	15 人/ 10.64%	5 人/ 3.55%
医院	95 人/ 65.52%	16 人/ 11.03%	34 人/ 23.45%	46 人/ 32.62%	55 人/ 39.01%	40 人/ 28.37%

注:普+方指的是普通话和方言。

表 5 - 3 显示,两个城市的新生代在政府部门和银行、农贸市场以及餐饮店等交际场所下,普通话的使用率均偏高,上海还略高于汕头。比如,上海新生代在餐饮店和政府部门(或银行)等交际场所下普通话使用率高达90%以上,汕头在这两个交际场所下普通话比率虽然也很高,但略低于上海。在居住社区和购物商场这两类交际场所下,两个城市普通话的使用率均较低。交替使用普通话和方言的情况,更多出现在居住社区和购物商场这两个交际场所下,两个城市的使用率均偏高。上海新生代在居住社区和

购物商场交替使用普通话的比率在40％左右，汕头在30％左右。在使用方言方面，两个城市的情况略有不同。在不同的交际场所下，汕头新生代均有人会选择只使用方言进行互动，其中方言使用率最高的是在居住社区（56.74％）和购物商场（53.19％）；上海方面，在餐饮店和农贸市场等交际场所虽然有些新生代会使用方言，但总体的使用率均较低。方言使用率最高的交际场所是居住社区，比率为32.41％，低于汕头。

在语言社会化过程中，新生代发现了普通话和方言在使用场所、交际氛围等方面的差异。比如，他们认识到普通话作为国家的通用语，适合严肃、正式的政府部门或者其他类似的工作部门使用；方言则适合随意、轻松的交际场所使用。

"因为政府、银行、超市这些地方他们工作规定一般是要说普通话的，而且他们的工作人员可能本地人、外地人都有，不一定会说上海话，我们年轻人普通话都没问题，就要尽量说普通话，尊重他们的工作规定，减少对他们工作造成障碍。"（上海样本 N1）

"政府、银行、医院这些地方，我是用普通话的，因为我觉得这些场合需要比较正式、严肃的沟通方式，普通话是比较规范的。"（上海样本 N5）

"政府、银行这种地方，每天五湖四海的人都有，他们都规定的，觉得普通话更通用，反正也没什么亲近的必要，我之前试过说上海话，然后对方柜员就很懵地看着我，我就切回普通话了，普通话办事快多了，我干脆都用普通话的。"（上海样本 N15）

"我爸爸是公务员，我妈妈是护士，他们都是同事之间讲汕头话为主，但是开会还有对外的时候，都要求讲普通话，所以我一般在这些比较正式的地方，都会说普通话，我觉得这是应该的。"（汕头样本 17）

"银行我没怎么去过,今年去政务中心办事的时候我是讲普通话的,因为这些场合就是很严肃,就那种安安静静的气氛,感觉比较高级,我讲'土话'不太合适。"(汕头样本 28)

"我觉得像百货啊、银行啊这些地方,相对外来人口会比较多,还有就是他们的工作人员一般是被要求在工作的时候必须用普通话的,那他们讲普通话的时候你非要讲汕头话很奇怪,我一般还是用普通话的。"(汕头样本 30)

上述访谈信息显示,在不同的交际场所,两个城市的新生代均会根据需要选择不同的语言变体与他人互动。他们认为这样的语言行为才更符合社会(或社区)的规范习俗,也更能得体地完成交际过程,实现较好的交际效果。不过在医院这种交际场所下,当与医生、护士互动时,两个城市的语言使用状况差异较大。上海的新生代在医院选用普通话作为交际用语的比率很高,为 65.52%,方言的使用率较低,占比为 11.03%,另有 23.45%的新生代会普通话和方言交替使用。汕头的新生代在医院里有 32.62%的人使用普通话,但有 39.01%的人会使用方言与医生护士交流,方言使用率高于上海,普通话和方言交替使用的比率为 28.37%。笔者认为,两个城市的差异,可能受到交际对象等因素的影响,下文将另作分析。

"平时出去买菜啊买东西啊,这些场合本地人会比较多,用上海话讨价还价什么的,比较亲切自然,也肯定比用普通话方便,用普通话可能别人有点疏远你。"(上海样本 N2)

"我觉得菜场其实外地人挺多的,但是因为去买菜的比较多都是爷爷奶奶,他们普通话不好,会用上海话,那个环境就促使外地的小摊小贩久而久之也会说上海话,所以一般我去菜场、小店铺会说上海话的,比较方便,说不定还能多给你两根葱,这就是地方特色的东西。……出租车我也是,只要司机他想说上海话我就说上海话。"(上海样本 N10)

"我们家搬到徐汇之后,买菜的地方大家都讲上海话,我就被迫也得多讲上海话,为了多讲还要多学,特别是这种生活化的沟通,这就是这里的人的生活方式,别人怎么问你,你就得怎么回。特别是买东西的时候我会优先说上海话,因为对方可能会因为你是上海人打点折。"(上海样本 N30)

"我觉得菜市场或者就是这些路边小店小摊,就是讲潮汕话最多的场合,因为好像在大家的认知里,这里就是一个潮汕人居多的地方,我的惯性思维就是大家都是讲潮汕话的,那我也会更倾向于去讲潮汕话,你去讲普通话问题也不大,比如说你跟摊主说'我要那条鱼'他肯定也听得懂,但是你要砍价什么的就不方便,他可能不会理你。"(汕头样本 3)

"市场一般是用汕头话的,还有那些小商店也是,就是一个环境的问题,在菜市场的人都是说汕头话的,你得用汕头话才能拉近一点距离,没有那么强烈的陌生感,菜市场应该是最明显的,因为要讨价还价,这种涉及钱的事情,还是看起来熟一点的好。"(汕头样本 8)

"我家还有学校旁边这些小卖部啊小店什么的,本地人还是挺多的,基本上他们都是习惯跟买东西的人讲汕头话,那我也只能用汕头话回答,'宰外地人'这种现象现在应该很少,你用普通话他也能跟你说,但是用方言会跟他们显得比较'自己人'那种意思。"(汕头样本 17)

"我觉得用汕头话亲切地道,尤其是在日常生活的那些场合,普通话太正式,汕头话比较能展现出汕头文化里面那种热情好客的味道。比如说菜市场、小摊这些,他们平时讲汕头话就是多一些,我也说汕头话,因为才亲切,不会格格不入的,只会说普通话听说会被人坑,这我没经历过不敢肯定。"(汕头样本 19)

上述信息可以反映出受访者选择在菜场、居住社区等场所使用方言或者双言较多的原因。受访者表示，这些交际场所虽然人员往来很多也很杂，但整体的语言环境较为轻松、随意。当地方言更适合在这些交际场所使用，一方面可以利用当地方言的使用向与他们互动的商贩或工作人员表明自己本地人的身份，从而为自己带来某些便利或者获取某些额外的"红利"。比如，不会被欺生，避免"宰外地人"现象，可以用相对优惠的价格购买商品等实际利益。另一方面，使用方言可以拉近与交际对象的社会距离，可以缓解使用普通话带来的正式、严肃的氛围。在这些交际场所的工作人员或者服务人员，很多为本地人，选择使用方言"亲切""不会格格不入"。在语言社会化过程中，两个城市的受访者对于普通话和方言在这些交际语境下的认知状况基本相同，但实际的语言使用方面存在差异。在农贸市场这类交际语境下，上海新生代普通话与方言同时使用的比率高于汕头。此外，在餐饮店等非正式的、生活化的公共场所，两个城市的新生代更倾向于使用普通话，方言的使用率偏低。

二、交际对象与语言社会化、语言使用

社会语言学研究强调关注社会环境中的语言，这是社会语言学与传统语言学最大的不同，也是为了更好地关注语言生活中的变异与变化。语言使用者的性别、年龄、阶层、社会身份等会影响语言的选择与使用。语言社会化理论关注语言、社会与文化的互动关系，其实是强调社会因素对语言使用的影响。

语言社会化从言语互动中关注语言行为，这一思路下，交际互动被看作社会化的本质特征，也被认为是影响语言使用的促动力。言语交际参与双方积极合作并努力去构建话语行为。语言使用者是互动活动的协作者和具有主观能动性的参与者，不是被动的、只知道服从的接受者；交际过程中，交际双方的语言行为其实就是一种会互相影响的社会互动。一般情况下，任何涉及互动关系的过程都会促进语言社会化的发展（Ochs 1995）。在公共场所语域下，新生代在与不同交际对象交际时，语言行为也会或多或少地受

到交际对象的影响。具体来看,当与来自不同地区、不同年龄或者不同社会距离的交际对象交际时,新生代的语言使用情况不同(见表5-4)。

表5-4　交际对象与新生代的语言使用

交际对象	上海(n=145)			汕头(n=141)		
	普通话	方言	普+方	普通话	方言	普+方
与街坊、邻居	30.00%	30.00%	40.00%	13.20%	56.74%	30.06%
与饭店服务员	91.71%	0	8.29%	76.72%	10.04%	13.24%
与大商场售货员、服务人员	86.70%	0	13.30%	80.01%	6.67%	13.32%
与摊主、菜场工作人员	23.32%	36.48%	40.20%	20.31%	53.34%	26.35%
与政府机关、银行等工作人员	93.32%	3.35%	3.33%	86.49%	10.06%	3.45%
与医护人员	66.31%	10.15%	23.34%	60.07%	36.55%	3.38%
与出租车司机	66.74%	13.35%	19.91%	53.09%	20.17%	26.74%
与外卖小哥、快递员	53.31%	3.31%	43.38%	56.71%	16.67%	26.62%

数据显示,上海和汕头的新生代普通话使用率最高的是在与政府机关、银行等部门的工作人员、与饭店服务员交际的时候。上海新生代在与这些人交际时,普通话使用率均在90%以上;与大商场售货员和工作人员交谈、与医护人员、出租车司机以及与外卖小哥、快递员等交际时,两个城市选用普通话的比率也较高。方言使用方面,两个城市新生代在与摊主、菜场工作人员、街坊邻居交际时,使用率较高;与上海相比,汕头的使用率(占比在50%以上)高于上海(30%左右)。

"现在很多餐厅、饮品店的服务员,还有超市营业员之类,一般年纪比较轻,很多都是打工的大学生,他们很可能听不懂上海话,或者说得也不好,我们这一代年轻人一般都说得不怎么样,那就干脆都说普通话就好了。"(上海样本N5)

"像一些小的店铺、面摊这种,上海人开的,(店主)年纪都比较大,基本

是上海话为主,在上海,跟老一辈的人说话,如果能说还是尽量说上海话吧,他们毕竟更习惯一点。"(上海样本 N7)

"我感觉在外面会说上海话的人不多,特别是同龄人,我们都是习惯说普通话的,小区邻居长辈的我就会用上海话聊,因为他们都是上海人,我知道他们年纪大的本地人很可能不太会说普通话,照顾老人家,还是用上海话比较有亲切感,同龄人都用普通话。"(上海样本 N8)

"我会看对方年纪,如果遇到外公外婆一样年纪的肯定不会说普通话了,因为汕头老年人外地人也不多,我外公外婆在他们那个年龄层就算普通话不错的了,很多爷爷奶奶都是只会说汕头话的。"(汕头样本 2)

"如果对方是我的同龄人,像奶茶店的服务员什么的,还有商场的柜员之类的,年轻人我就会倾向于用普通话讲话,可能比较有活力?就是比较'像年轻人'。但是我遇到年纪大一点的,比如说邻居,就是会汕头话为主,因为潜意识里觉得长辈都是更适应汕头话一点的,见到长辈年龄的人第一反应会说汕头话,他们心里会对讲汕头话的小孩子印象好一点我感觉。"(汕头样本 6)

"可能影响我判断的第一就是年龄。我一般是遇到年纪大的就用潮汕话,比如邻居都是大爷大妈这种,还有菜市场,因为我觉得年纪大的人,一般用潮汕话他会比较亲切、舒服,用普通话他们不习惯讲,会不舒服,同龄人我就有的潮汕话有的普通话,主要看聊天当时的心情。"(汕头样本 10)

上述访谈信息显示,两个城市的受访者会根据交际对象的年龄选择语言变体。总体的规律是在公共场所,新生代在与年轻的或者同龄人互动时,主要会选择使用普通话,有些会选择普通话和方言交替使用的方式。这样的语言行为是受到交际对象的影响。原因之一是交际对象方言能力缺乏或者方言能力较差,无法沟通,为确保有效的沟通,选择普通话;另一个原因是凸显年轻人的身份。

通常情况下,在公共场所说方言多为年龄大的老年人或者受教育程度较低的人。受访者在与年轻的交际对象交流时使用普通话,主要目的是为了减少由于语言选用可能带来的负面认知,让自己显得"比较有活力""比较'像年轻人'"。在上述受访者的认知中,使用方言的基本前提是交际对方为本地老年人、长辈或者熟人等。只有在与这类交际对象互动时,方言的使用才会带来正面的积极意义。比如拉近彼此距离,让交际对象感觉亲切、自然,让自己显得有礼貌等等,否则的话,则有可能被交际对象赋予一些较为否定性的评价,比如,受教育程度低,来自劳工阶层或者不是本地人等等。

交际对象是否为本地人也会影响新生代的语言使用情况。在家庭语境被动性语言社会化过程中,新生代了解到方言适用的交际对象、交际的语用规则与规范;学校语境下的被动性和自主性语言社会化过程一方面让他们了解普通话的使用范围、功能和交际场所等内容,另一方面还进一步了解到普通话与方言的关系,两者不同的价值与地位等信息。这些不同语境下的语言社会化,最终让他们对普通话和方言的认知越来越清楚与客观。如前述,在新生代的语言意识中,方言可以承担地方身份认同的功能,在我国城市化发展初期,尤其在人口流动相对缓慢的时期,是某一地区本地人的重要交际工具。而普通话则是我国全面的交际工具,是适用于不同地区、不同人群的通用语言,尤其在当前社会流动相对频繁的背景下,普通话作为各族人民通用语的地位愈加被认可。

"公交车司机一般本地人比较多,这种情况下可以用上海话的,出租车的话主要看对方是哪里人,还真不一定是上海人,他如果表露出他是本地人,那我就会用上海话跟他说,大家都是本地人。"(上海样本 N2)

"我们一般就是看对象的,如果大家都是青浦人的话,就会用到青浦话,但只要有不是本地的,肯定都是用普通话更好。……打车、坐公交、买饮料,就是在比较多外地人的地方,因为你不能确定对方是不是青浦人,说青浦话他们很可能听不懂,就还是说普通话好一点,但是我要是确定对方是青浦人,特别是老的,我感觉他们有可能不太会说普通话,那我就被迫要用蹩脚的青浦话和他们交流。"(上海样本 N3)

"我在外面不会一直说普通话或者上海话,就一般碰到上海人,比如说认识的公车司机,或者公车上给老奶奶让座,我就会讲上海话,会显得比较亲和,但我可以切换的,对方一直在说普通话的,比如说服务员什么的,我就完全说普通话了,免得人家听不懂很麻烦。"(上海样本 N22)

"我觉得汕头的司机外地人很多,特别是出租车,基本都是外地人,所以上车就说普通话,免得人家听不懂跟你说'请讲普通话'还挺尴尬的,我没有地域歧视那个意思,而且好像就算对方是本地人他也不会刻意要反驳我,大家就用普通话简单聊几句了。"(汕头样本 6)

"打车的话其实一两句就能知道司机哪里人,一般本地人都说汕头话的,可以拉近一点距离,就两个人处在一个空间里,能少点那么强烈的陌生感,那如果对方一听就是外地口音,我就跟他说普通话。基本上说普通话的人都是很难听懂汕头话的。"(汕头样本 8)

"一般小店、小饭馆的话,我第一反应是说汕头话的,因为这些店一般是卖一些日常用品还有吃的,大多数是本地人开的,用汕头话去问询就会有一种亲切感,用方言聊天的话不会那么拘束,双方没那么'敌对'?但是一般去百货商场之类的地方,一般都会讲普通话,因为现在外地人多起来了,要尊重别人,避免他们听不懂的窘境。"(汕头样本 25)

基于对普通话和方言的不同认知状况,新生代会根据交际对象是否为本地人来选择和使用交际语言。在与本地人互动时,通常选择方言;而与非本地人交际时,主要使用普通话。受访者的访谈中给出不同语言选择的原因,跟本地人说方言时,能够让交际氛围更加融洽("能少点那么强烈的陌生感"),交际双方处于更加平等("不敌对")的地位。此外,受访者表示,跟本地人说方言,会让自己"显得比较亲和"。与外地人使用普通话的理由包括确保交际顺利进行(听懂方言,无法沟通)、尊重对方、避免误解(比如,有些外地人会觉得对方说方言是地域歧视等),等等。

"买东西的时候我一般不用上海话,反正至少要确定对方是不是上海人,因为我觉得上海容纳了越来越多各个地方来的人以后,很难确定卖东西的是哪里人,不要说上海话比较好。"(上海样本 N4)

"上海现在菜市场啊,还有这些店铺啊,包括外卖、快递、滴滴这些人员,哪里人都有,可能相对年纪比较大的本地人多一点,有上海口音的,那我就会用上海话去跟他们讲,但是年纪轻的一二十岁的,很有可能不是本地人,就算本地人也蛮多不会讲的,我完全没办法确定对方能不能听懂,能不能说,五湖四海的,不确定的我就说普通话稳妥一点。"(上海样本 N15)

"上海的菜市场其实上海话比例也不高,因为某些行业很少本地人去从事,上海本地农民一般在崇明一带,他们说的上海话也很难听懂,所以很多人都是用普通话的,上海话确实会让你确定是上海人的人有归属感,但是这种公开的场合,人员复杂、很难确定的时候,用普通话更加有地域包容性,不会觉得好像本地人故意在掩饰什么。"(上海样本 N17)

"我觉得这些小店小摊现在上海人也不多了,像那种街边的烟酒店、文印店,反正我接触下来都是外地人,所以都是说普通话的。"(上海样本 N19)

前文提及,在不同交际场所下上海新生代使用普通话的比率总体上高于汕头。访谈信息显示,这与受访者对是否为本地人的判定状况有关。作为一线城市的上海,外来人口数量远高于汕头,城市的社会流动和开放程度也远超汕头。因此,很多上海受访者表示,即使是在餐馆、菜场、居住社区这些较随意、轻松的交际场所,也会尽量多使用普通话;根据观察,他们发现在这些交际场所工作或服务的人员很多是外地人。在无法判定对方是否为上海本地人的情况下,上海的新生代会首选使用普通话,这样的语言选择主要是为了确保交际的顺利进行。在这些交际场所的很多外地人虽然长居上海,但仍然无法听懂或者不会说上海话,受访者表示,如果本地人在明知对方是外地人且上海话能力较差的时候仍坚持说方言,一方面无法保证交际的顺利进行,另一方面还会带来一些负面影响。比如,让交际气氛变得尴尬或者让对方产生"上海人排外"等误解。

与交际对象的社会距离也会影响新生代公共领域的语言选择与使用。以新生代在居住社区的语言使用状况为例。根据社会学者的界定,社区指的是某一个区域内个体与他人的集合。同一个社区内的成员在情感认知、社会文化规范等方面存在较多的联系和共同特征。本次调查的居住社区包括新生代家庭居住的小区以及小区附近休闲场所、商店、菜场等公共场所。在居住社区内,主要的交际对象为邻居、街坊或者经常接触的社区工作人员、服务人员等。与政府机关、银行、医院等交际场所相比,居住社区的交际双方虽然大多数是互不认识的陌生人,但因为彼此拥有很多的共同特征,让这些成员成为"熟悉的陌生人",这些独特性也会对语言选择和使用产生影响。

"我住在金山那边,小区本地人为主,上海话挺多的他们,我确实是习惯先说普通话的,但如果他们跟我说上海话,那我也会跟他们说,比较像家里闲聊那种氛围。"(上海样本 N2)

"我们小区里还是本地人比较多,交流的话基本上也是本地人会聚在一起,外地人也不会经常在这个圈子里多交流,所以邻居熟悉了,我知道大家都是上海人,我就也会用上海话,可能比较能表达一种友善的好感吧。"(上

海样本 N7）

"我住在虹口的附近都是本地人，就是一个上海人口密度非常高的地方，不说上海话显得不太合群，而且和邻居的交流一般都是一些家长里短的事情，有时也需要套套近乎，说上海话能拉近彼此的距离，提意见说'你家狗太吵了'之类的事情，都是本地人说着本地话就好一点，说普通话就有点唐突。"（上海样本 N16）

"小区有没有外地人我倒没注意，我们这条楼梯都是本地人，见面都说汕头话的，因为小时候爸妈就会让我用汕头话叫人，一直就习惯了，可能邻居这种生活场景，我潜意识里面觉得汕头话比较贴近生活，就很合适。"（汕头样本 8）

"小时候跟邻居很熟，男女老少的都讲汕头话的，大家都本地人，一直说普通话的那家就是外地人了，可能就在小区不怎么混得开。后来我搬过家，现在跟邻居不算很熟，但是打个招呼基本也是说汕头话的，都到家门口了，好像说普通话有点奇怪。"（汕头样本 13）

"我们住在周边的都是本地人，有的还是亲戚，大家都乡里乡亲的，长辈他们都是说潮汕话的，我用潮汕话跟他们交流比较亲切。"（汕头样本 27）

上述受访者因为居住的社区本地人较多，而且方言在社区中的使用率较高，在这样的社区环境下，使用方言与交际对象沟通比较亲切。此外，利用方言可以维持与交际对象相同的特征，也可以表明自己是这个特定社区一员，增强彼此之间的相互联系。因此，这几位受访者在这一交际场所使用方言的积极性较高。上述受访者所居住的社区主要是本地人居多的传统社区，社区成员间的联系较为紧密，社会距离较近，方言的交际功能和凸显地域身份的功能较为突出。但在一些新兴的小区，社区成员来自四面八方，彼此之间的相互关联较少,社会距离远,而且社区内各种方言混在一起,方言的交际功能大大减弱,凸显地域身份也不仅仅通过方言来实现。在这类社区,新生代的语言使用与传统社区存在差异。

  "我们小区本地人确实是比较多的,他们中老年人经常拉家常什么的,就是用上海话,但是我都说普通话,我说得也不好,跟他们说的话也不多,打个招呼普通话就够了。"(上海样本 N1)

  "我跟小区里的人都说普通话,他们都是上海人,但是他们只会跟我爸妈那种四十多岁的人聊起来,他们就会用上海话,但是他们见到我们这些年龄小的,就是问问好而已,都会完全说普通话,也不熟。"(上海样本 N17)

  "我以前住在徐汇,后来搬到普陀,我住的都是上海人很多的地方,但是我很少跟他们沟通,稍微认识打个招呼的,就用普通话了,完全不熟突然用上海话好奇怪的。"(上海样本 N19)

  根据访谈信息可知,在新型的居住社区,社区成员之间的关系发生变化,虽然社区内仍有少部分人会使用方言进行交流,但使用的对象和场所存在限制。比如,交际对象多为中老年,而且彼此熟悉,社会距离较近等等。而生活在这类小区的新生代,与说方言的群体接触互动少,仅限于问好或寒暄;另外,新生代缺少与这些人去维系共同特征或者拉近彼此社会距离的需求,更像是偶然遇见的陌生人,因此受访者多倾向于使用普通话,通过普通话的使用可以保持彼此较为疏远的关系。

  前文提及,在医院这个相对正式的交际场所,上海新生代绝大多数人会选择使用普通话与医生、护士互动;在汕头,更多的新生代使用方言。访谈信息显示,这与两个城市医院的人员构成、彼此之间的社会距离等因素有关。

  "我跟医生描述哪里不舒服的时候使用潮汕话的,因为从小就习惯了,

一直看的就是家附近的医院,都是很熟的医生,老医生了讲普通话他也磕磕绊绊的。"(汕头样本 2)

"我们这边习惯就是一个医生会认准,所以我的医生都是我经常去看的,我也知道他是汕头人,而且他跟病人都讲汕头话的,我讲我什么症状什么的都是说汕头话,汕头人很多在医院都是说汕头话的吧,医生外地人也不多。"(汕头样本 3)

"我爸就是医生,他们接触的人比较多都是讲汕头话的中老年人,所以他们工作环境很多都是讲汕头话的,医生和病人都本地人居多,而且跟医生一般看久了都认识,从小就被教育说用汕头话表达比较合适。"(汕头样本 30)

这几位受访者均来自汕头,在描述医院工作人员的时候,共同特征是很多医护人员为本地人,很多入院的病人或者与他们认识或者通过熟人关系介绍认识等,彼此之间的社会距离较近。此外,较多医护人员也习惯使用当地话与病人交流。因此受访者在医院这一交际场所下更倾向于使用方言与医护人员交流,确保交流顺利、通畅。这与汕头城市规模小、外来人口少等客观因素有关。上海的受访者表示,即使是本地人,医生和护士也会较多使用普通话,作为国际大都市的上海,病人并不局限于本地人,很多人是来自全国各地。这一语境下,普通话更适合作为交际工具。

三、交际话题与语言社会化、语言使用

不同的交际话题会影响交际双方的语言选择与使用。Gumperz 概括出两类语言转换:情景式语码转换和喻意式语码转换。前者指的是因为交际情景改变或者由于交际参与者构成人员改变而出现的语码转换;后者指的是由于交际话题变化、交谈语气改变以及交际角色关系变化等引发的语码转换(转引自李经伟 1999)。城市新生代在社会化过程中,也会因交际话题的改变而改变自身的语言使用状况。

"我是比较看讲的是什么事情的,像餐厅点餐、奶茶店买奶茶,特别是那些连锁店,菜单都是全国通用的,好多菜名,特别是西餐菜名,还有饮料名字,我根本都不会念,所以都是用普通话的,用汕头话念出来很不正经。……打车的时候,上车确认身份地点的时候是用普通话的,好像比较正式严肃,然后如果司机开始跟我聊天拉家常的时候,大家自然就会变成汕头话了,比较聊得起来。"(汕头样本2)

"我一般去书店会说普通话,因为交流的话题都是文化知识,说普通话比较文雅,也能比较准确表达……邻居的话,本地人居多,开口肯定都讲上海话,但是因为上海话它毕竟是一个方言,它非常日常、口语,没有书面化的形式,所以一般他们问到学业上的事情,比如说问我成绩、过两年去国外哪个大学交换之类的事情,那种一般都不太会用上海话表述的事情,我就会根据话题有变化,一般会说普通话。"(上海样本N23)

虽然来自不同的城市,但如果涉及类似的交际话题时,受访者的语言选择和使用状况大致相似。当与交际对象谈论文化、教育等比较正式、严肃的话题时,受访者均会选择普通话。这类话题,有些是方言中缺少适当的表达话语,普通话更能准确地传情达意,还有些是为了让交际对象感觉出自己对交际话题的重视或者表达交际的诚意。当与交际对象谈论一些轻松、随意的话题时,更倾向于使用方言。可见,具备双言能力的城市新生代,在公共场所与他人互动时,会根据交际话题的差异调整自身的语言使用,主要目的是让交际对象感觉舒服,营造良好的交际氛围,实现交际意图。

"我去银行这些地方我一般是用上海话说的,但是我去买东西一般都是说普通话的,因为家里人给我灌输过一种观念,在上海说上海话会有很多帮助,我一般说的话是希望对方为我提供帮助,不是应得的,换句话说就是有求于人的时候,我就会用上海话说,比较能在说话间表达我的热情吧,就是

'套近乎'，但是买东西的时候，对话的内容就是正常交易，没什么感情交流，就用普通话。"（上海样本 N16）

"医院这个要分情况，看医生的时候，基本都是用汕头话，因为那个看诊的过程其实有点像平常的这种聊天，说普通话就很疏远，很刻意，但是去药房拿药，找护士输液什么的，要说那些很书面、只认字都不知道是什么的药名，平时都不怎么说，只能照着念普通话，好像也比较客气礼貌。……银行、政府也是，那个服务过程用汕头话会比较亲近好办事，但是一到看合同，讲业务内容什么的，就要讲普通话比较正式，也不容易含混。"（汕头样本 13）

调查显示，在银行、医院这类交际场所，新生代，尤其是上海的新生代，更倾向于使用普通话。如前述，主要理由是作为大都市，在银行、医院工作的人员多数为非本地人，普通话更方便沟通，不会存在交流障碍。但上述两个案例显示，即使在同一个交际场所，受访者也会因交际话题的不同改变自身的语言使用。第一位上海的受访者，普通话和方言能力都很强，但在银行这种交际场所，谈论主题不同，其语言使用不同。如果是关于寻求银行帮助的话题，受访者会转用上海话，通过上海话的使用表明自己本地人的身份，也"表达自己的热情，套近乎"，受访者觉得方言的使用有助于事情的顺利进行；可如果与对方交流的是正常的业务，则主要使用普通话，因为这时候只要公事公办即可，不需要打情感牌，也不需要拉近与对方的关系。而这种语码转换，是基于受访者语言社会化过程的经历，是"家里人给灌输的一种观念"，即"在上海说上海话会有很多帮助"。汕头受访者的语码转换过程与上海的类似，也是根据谈论内容和主题的不同改变自己的语言使用。比如，与医生谈论自身病症的时候，使用方言拉近与医生的距离，降低就诊时严肃的交际氛围；而如果交际的话题涉及拿药、签合同时，由于这类话题更看重内容的理性表达，因此受访者主要会使用普通话。可以说，现实生活中语码转换的需求，会让新生代重新思考方言的价值，也会在一定程度上推动其对方言的习得和使用。

本章小结

基于访谈信息,本章主要分析了城市新生代语言社会化以及对他们在不同语域语言使用的影响(见图5.1)。

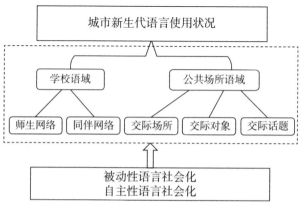

图 5.1　城市新生代语言使用语域

研究聚焦的是学校语域和公共场所语域新生代语言使用情况,同时还对不同语域下新生语言社会化类别及对语言使用影响展开讨论。在学校语域,具体分为师生网络和同伴网络中的语言使用。在师生网络,不管是课堂还是下课后的师生互动,新生代最常使用的语言变体均为普通话;方言的使用率整体较少,不过汕头的方言使用率高于上海;普通话和方言共同使用的比率两个城市均出现同样的变化趋势,即,从小学至高中阶段,双言使用率呈递减趋势。同伴网络中,双言现象较为常见,交替使用普通话和方言的比率最高。访谈信息显示,家庭通婚结构、家庭通婚方式等因素不仅影响新生代的语言社会化,也会影响同伴网络中新生代的语言使用。公共场所语域,由于交际场所、交际对象以及交际话题等方面的差异,新生代语言变体的选用和使用状况会出现变化。交际场所对语言使用的影响表现为,在正式、严肃的场所,新生代主要使用普通话,在这一场所下,普通话的使用给新生代带来积极影响,让交际对象感觉到礼貌与尊重,也在某种程度上提升交际效果;在轻松、随意的交际场所,新生代选择和使用方言的比率较高。除了能够凸显本地人的身份之外,使用方言还能为新生代带来某些便利或者获取到某些好处。不过,交际场所对新生代语言选择和使用的影响是有限制的,在同一个交际场所,由于交际对象的差异,同样会引起语言使用的变化。具体来看,交际对象的年龄、是否为本地人的身份、交际双方之间的社会距离等因素都会影响新生代语言的选择与实际的语言使用。概括而言,方言适用的交际对象具有年龄大、长辈、本地人或者社会距离近等特征,普通话则更适用于带有年轻、有活力、非本地、社会距离远等特征的交际对象。研究还显示,在同一个交际场所,即使是面对同一个交际对象,还会因交际话题的差异而改变新生代语言的选择和使用。社会化过程中,新生代会根据不同的话题选择使用不同的语言变体,以实现不同的交际意图。上述不同语域中新生代语言使用的差异,与其被动性语言社会化和自主性语言社会化过程密不可分。

第六章　语言社会化与新生代的语言态度

　　语言态度指的是个体对社会生活中使用的语言资源的认知状况,具体包括对语言资源价值、作用、社会地位以及发展前景等方面的认识和看法。根据学者的研究,语言态度可以从情感、认知以及意向三个方面体现出来。情感态度指的是个体对语言资源的使用体验、感觉以及对它的爱憎状况,具体又可细分为积极肯定的态度和消极否定的态度两类;认知态度指的是个体对语言资源价值、地位等类信息的了解、自我评价以及判定;意向态度指的是个体对于语言资源的行为倾向(高一虹、苏新春、周雷 1998;王远新 1999;Nguyen & Hamid 2016)。语言态度反映出的是个体对社会中各种语言资源的不同看法或者是长久以来形成的社会个体头脑中的刻板印象。根据已有的一些研究,语言态度在某种程度上会影响社会或社区个体对语言的选择与使用。作为未来社会的主导者,城市青年群体对不同语言资源的语言态度,可以反映或者可以从中预测未来一段时间各种语言资源发展变化的状况。

　　关于语言态度的研究始于 20 世纪 30 年代左右,当时的研究者让受访者根据广播中某个人的录音对这个人的性格、品质等特征做出判定。这应该是最早的变语配对实验法的雏形。20 世纪 60 年代,Lambert 利用变语配对实验法研究了语言态度、学习动机在双语学习和双言能力发展中的价值以及影响语言态度的因素。此后,第二语言习得、社会语言学、继承语等研究领域关于语言态度的研究逐渐增多。早期,中西方学者关注最多的是语言态度的内涵问题,很多学者从不同的角度阐释了自己的看法。代表性观点包括:语言态度是关于语言使用者个体对语言在表义空间价值的主观评判,是语言使用者情感在语言中的投射(Agheyisi & Fishman 1970);价值评价是语言态度的核心,是人们对语言的使用价值的看法(戴庆厦、张弼弘1990);语言态度是个体对某种语言或文字的社会价值形成的一定的认识或做出的某种评价,它会受到社会和民族情感、文化、民族认同、学习目的和动机等因素的影响(王远新 1999)。此后,关于语言态度与语言使用、语言态度影响因素等内容的实证研究增多。有些研究会比较社会成员对不同语言资源的态度,或者比较同一个社会或社区成员不同的语言态度。这类研究发现不同国家、地区、阶层和种族的语言使用者,其语言态度存在差异;此外,某些非标准变体虽然具有重要的群体认同价值,但在现实生活中的地位价值却偏低;反之,某些标准变体虽然地位价值高,但群体认同率却偏低。有些研究讨论了不同社会文化背景对语言态度的影响(Dailey & Giles 2005;Nguyen & Hamid 2016)。第二语言习得、母语研究以及继承语的很多研究聚焦讨论了学习者语言态度与社会文化的关系、语言态度的差异对语言维持和语言传承的影响(Premsrirat & Uniansasmita 2012;Ubalde 2017)。国内少数民族语言研究的学者讨论了语言态度的形成机制、身份认同与语言态度的关系、语言态度与少数民族语言的学习和使用等内容(戴庆厦、邓佑玲 2001;魏炜 2013;王远新,2017)。此后,有些学者专门关注了青少年群体语言态度方面的研究。有些研究比较了少数民族地区学生对母语(少数民族语言)、普通话的语言态度,同时讨论了影响语言态度的社会因素(比如性别、升学类别、父母通婚结构、居住社区等等)。李廷海、薄其燕(2016)的研究发现,少数民族地区青年群体对自己母语和汉语的态度存在差异,而这种语言态度的差异则与他们对自己民族文化认同的状况有关。邬美丽(2008)、王娟(2017)等研究发现,少数民族地区多数大学生对母语的积极认同率高,但对汉语的认同度却偏低,影响因素复杂多样,包括家庭环境、父母的语言态度、使用汉语的经历,等等。二语习得领域,学者们关注的是语言态度与语言学习的关系。比如,有些研究发现,在中国学习中文的留学生对中文的积极评价率高,学习积极性高,影响他们语言态度的因素包括个体的中文水平、家庭的语言环境、家庭的来源地等因素;还有些研究发现中国大学生整体上对英语的正面积极评价率高于其他语言变体,而这一语言态度的形成受到英语的国际地位、英语的市场价值、英语的影视剧等因素的影响(赵玉超、陈建平 2013;许宏晨、高一虹 2011)。中文作为继承语研究方面,Leung & Uchikoshi(2012)对美国华裔家庭中文传承状况的研究发现,父母的语言期望和语言态度、父母对双语学习的信心以及高质量的家校联系等会对华裔子女双语能力发展产生积极影响;梁德惠(2020)研究发现,美国华裔子女中文水平的发展与华裔父母传承中文的意愿紧密相连。传承意愿强烈的父母能为子女提供更多的中文学习机会,中文传承的成功率较高;王玲、支筱诗(2020)研究发现美国华裔家庭父母语言意识分为清晰积极类、模糊被动类和否定消极类等三类,语言意识不同,父母在华裔子女中文发展中所起的作用也不同。近年来,也有学者调查了城市社区青少年群体对普通话和方言的语言态度。高一虹、苏新春和周雷(1998)调查比较了三个城市的大学生群体对多种语言变体的态度,最终发现三个城市青少年语言态度出现差异的主要因素是城市的经济发展、社会意识形态包括所处的地理位置等。对国内青少年群体关于普通话、方言等语言态度的研究发现,国内青少年群体对普通话的功能和价值认同度很高,虽然对方言的忠诚度较高,但方言的传承和使用仍存在挑战(徐晖明、周喆 2016;王玲 2021)。

上述研究,主要采用的研究方法包括问卷调查法、访谈法、实验法和会话分析法等。问卷调查法主要通过设计各种问题来搜集语言使用者对某种语言资源的看法、评价等,这类方法能够搜集到比较大规模的数据,概括语言态度的整体特征;访谈法则主要是个案研究,基于访谈信息来概括个体的语言态度,最大的优势是能够深入分析影响语言态度的因素、语言态度形成的过程等内容;实验法,比如之前提及的变语配对实验法,一般会请某个人提前用不同的语言资源朗读或者介绍某些内容,然后让受访者根据准备好的录音材料做出自己的主观判断,研究者根据受访者的答案推断他们对不同语言资源的态度。这种方法由于不会提前告知受访者研究目的,较为客观。近年来兴起的会话分析法,会采用录音、录像或者参与观察等多种方法的结合,首先将受访者在日常交际互动中与语言态度相关的情境转换成互动文本。互动文本包括受访者使用的语言的、副语言、非语言的各种内容,然后对文本进行详细分析并从中推导出受访者的语言态度。这种研究方法的最大好处是将语言态度和社会文化语境相结合,能较为深入地探究出影响语言态度形成和发展变化的原因。本研究分析新生代的语言态度,也将分析语言社会化对新生代语言态度的影响,因此采用问卷调查法、访谈法、叙事转向法、参与观察法等多种方法相结合的方式展开调查。调查对象主要是来自上海和汕头的新生代,主要集中在成年的 90 后和 00 后。关于语言态度内容的调查,主要从情感、认知和意向三个维度展开。情感维度指的是个体对语言资源的主观感觉,主要考察个体对语言资源的喜好状态,包括是否好听、是否亲切、是否喜欢等方面的评价;认知维度指的是个体所掌握的知识与信念,关于某个语言资源社会地位、是否有用、是否有必要性学习等方面的看法;意向维度指的是个体的行为或行动倾向。

第一节　新生代习得多语资源的态度

语言是一种资源的观点已经逐步被学界接受与认可。广义视角的语言资源指的是不同语言变体及其背后的社会文化价值;狭义视角的语言资源指的是语言信息处理需要的各种语料库和语言数据库以及各种语言词典等。语言资源具有隐性和显性两方面的价值,隐性价值是语言本身的价值,包括语言地位、规范程度、语言历史、承载的文化等;显性价值是语言本身价值的具体体现,包括社会交际作用、使用领域、使用效益等(李宇明 2008;李现乐 2010)。新生代关于多种语言资源价值、地位的判断与评价,在某种程

度上会影响其掌握多语资源的状况。本次关于新生代多语资源的态度,主
要调查他们关于掌握多少种语言资源的态度,而不是关于某一个具体语言
的态度。提供受访者参考的多语资源包括普通话、方言、英语、第二外语、第
三外语等。多语资源态度的调查侧重于考察新生代对各种语言资源集合体
的主观评价,从他们对掌握多种语言资源的判断与评价,反映出他们的语言
态度。

如前述,语言态度分为正面积极的语言态度和否定消极的语言态度,为
了考察出新生代哪一类语言态度占主导,调查中我们将他们的评价分为五
个等级,从1—5依次为非常赞同、比较赞同、一般、比较不赞同、非常不赞
同。1代表掌握的语言资源越多越好,2代表比较赞成掌握4—5种左右;
3代表赞成掌握2—3种语言资源;4代表掌握的语言资源最好不超过2种;
5代表一种语言资源即可。选择1—3的归为正面积极的态度,4—5的归为
否定消极的态度,结果见表6-1。

表6-1 新生代多语语言资源态度和实际多语能力($n=286$)

类别	语言态度	人数/百分比	实际掌握情况
1	越多越好	7人/2.45%	32人/11.19%
2	4—5种比较好	11人/3.85%	135人/47.20%
3	2—3种比较好	212人/74.13%	58人/20.28%
4	不超过2种	52人/18.17%	48人/16.78%
5	1种即可	4人/1.40%	13人/4.55%

一、习得多语资源的态度

由表6-1可知,两个城市新生代对掌握多种语言资源的态度以正面积
极态度为主,有近80%的受访者比较赞成尽可能多地掌握一些语言资源,
选择只掌握一种语言资源或者不需要掌握太多语言资源的受访者总体占比
较少。根据访谈,持正面积极态度的受访者对掌握多种语言资源的意义和
价值的看法可概括为三种类别。第一种看法认为多语资源有助于提升个人

与外界的联系。受访者表示,每一种语言资源都不是孤立存在的,各种语言资源之间存在很多内在的联系。在当今全球化、城市化的背景下,掌握的语言资源越多,说明个体同世界其他国家与地区的联系越多。第二种看法认为语言资源能反映文化。不同的语言背后有不同的文化,掌握多一种语言资源,就可以多了解一种不同的文化,能丰富自己、丰富生活。第三种看法认为掌握多种语言资源是个体能力的体现。某个人能学会很多种语言,本身就说明这个人能力强大。其他一些关于掌握多种语言资源的看法还包括:掌握多种语言资源能够了解更多的知识,可以开阔视野;可以促进大脑发育;可以提升语言表达能力,提高语感和语言使用能力;还能帮助找工作,有实用性。

二、多语资源的实际掌握情况

从调查结果看,新生代实际掌握多种语言资源的状况较好,掌握 3 种(包括掌握 2—3 种的情况)及以上语言资源的人数最多,总体占比接近80%。具体来看,掌握的 3 种语言资源主要是指普通话、方言和英语;4—5种语言资源主要指普通话、英语、方言和其他外语,或者普通话、英语、方言和另外一种方言;5 种及其以上的多语资源指的是普通话、英语、多种方言、第二外语,等等。只掌握一种语言资源的新生代人数占比较小(占比4.55%)。由此可见,除普通话之外,新生代掌握最多的语言资源是英语,也就是说在 21 世纪,我国年轻一代认为最重要的语言资源和实际掌握的语言资源仍然是普通话和英语。那么,我国新生代对外语资源的掌握情况到底是什么样的状况? 调查结果见表 6 - 2。

表 6 - 2　新生代英语掌握情况调查(n＝286)

内容	类型	数量/百分比
是否会说英语	是	273 人/95.45%
	否	13 人/4.55%

(续表)

内容	类型	数量/百分比
开始学习英语的时间	7 岁及以前	134 人/46.85%
	8—18 岁	152 人/53.15%
	19—22 岁	0
	23—30 岁	0
英语掌握程度	很差(不会)(1)	5 人/1.75%
	水平较差(2)	13 人/4.55%
	一般(3)	119 人/41.61%
	比较好(4)	129 人/45.10%
	很好(5)	20 人/6.99%

　　表 6-2 中的英语掌握程度指的是利用英语进行口语交际的能力,不包括书面表达能力。其中是否会说的判定标准较为宽松,只要受访者能够与人简单说一点,就判定会说。也因此,新生代整体会说英语的比率偏高,达到 95.45%。对个体英语口语能力,我们进行了分级,具体分为五个等级,从 5—1 口语能力逐级递减。5 代表口语能力很好,4 表示比较好,3 表示口语能力一般,2 表示水平较差,1 表示很差。受访者自己进行主观判断,选择所属的等级。数据显示,英语口语能力自评为很好的受访者较少,占比为 6.99%,自评英语口语能力比较好和一般的人数占比最多,达 80% 以上。从实际观察来看,受访者对自己口语能力的评价总体上比较严格。调查中我们发现,一些专门以英语为专业或者工作中常使用英语的受访者,对自己口语能力的评价选择的等级为 4,觉得口语能力只是比较好。但调查员的客观观察发现,这部分受访者的口语能力基本可以评判为第 5 等级。但即使如此,受访者整体的英语口语能力不错,大多数受访者可以用英语进行基本的交流。这一数据表明,当代年轻群体整体的英语口语能力发展较好,这种良好的发展趋势,与我国政府、家庭以及个人在英语学习方面的付出和努力密不可分。由于英语进入我国的中小学教育体系,尤其是我国高考的主要

科目之一,因此全国上下都很重视英语的学习,而且很多人开始学习英语的时间较早。此次调查(见表 6-3),有 46.85％的受访者是在 7 岁入学之前就开始学习英语,剩余的受访者虽然学习英语的时间稍迟,但都是在 18 岁之前开始。这一年龄段是新生代成年之前的求学阶段,也就是说他们基本是在高中之前开始学习英语,成年之后大部分新生代会继续学习英语,但没有人从 18 岁之后才开始从零起点学习英语。

表 6-3　新生代其他外语掌握情况($n＝286$)

内容	种类	百分比
是否掌握其他外语	是	29.14％
	否	70.86％
其他外语数量	一门	84.31％
	二门	9.80％
	三门及以上	5.89％
其他外语种类	日语	50.90％
	德语	16.64％
	法语	12.81％
	韩语	9.43％
	西语	4.55％
	挪威语	1.89％
	拉丁语	1.89％
	葡萄牙语	1.89％
开始学习第二外语时间	7 岁及以前	12.10％
	8—18 岁	45.17％
	19—22 岁	42.73％
	23—30 岁	0％

（续表）

内容	种类	百分比
开始学习第三外语时间	7 岁及以前	23.78％
	8—18 岁	42.89％
	19—22 岁	33.33％
	23—30 岁	0％

三、外语资源的掌握情况

其他外语能力，指的是除英语之外的外语能力。较长一段时间以来，我国多数人将英语能力等同于外语能力，即使现阶段仍有较多人持这一观点。在很多中小学课表中，其中所列的外语科目实际上指的就是英语课。根据实际观察，我国掌握第四外语、第五外语的人数极少，因此这里只调查新生代掌握第二外语、第三外语的情况。

数据显示，在所有受访者中，会说除英语之外的其他外语的人数较少，占比为 29.14％。其中，掌握一门其他外语的人数最多，占比为 84.31％，这一数据验证了笔者的观察，就是实际生活中，掌握第三、第四外语的人数总体偏少。新生代掌握的其他外语中，大多是世界十大使用人数最多的语言，包括西班牙语、法语、德语、葡萄牙语、意大利语，还有就是在我国学习人数较多的外语，如日语、韩语等；也有一些新生代掌握了一些比较小众的外语，比如挪威语、拉丁语等等，但总体占比较小。其中，掌握日语的人数较多，占比为 50.90％，其他占比较高的依次为德语、法语、韩语。虽然本次调查的样本不大，但调查对象分别来自一线大都市上海和规模发展与上海差异较大的汕头，因此调查结果具有一定的代表性，整体上可以发现，当前我国的年轻群体掌握的外语仍然只局限在英语，外语的多样性方面需要进一步增强。新生代学习第二外语、第三外语的时间与英语类似，多数仍集中在 18 岁之前，但与英语不同的是，有不少人是在 18 岁之后才开始学习第二、第三外语的，占比分别为 42.89％和 33.33％。关于外语学习途径方面，英语的学习主要是在学校学会的（占比为 81.14％），学校以外学习途径占比很少；其他外语的学习途径与英语学习类似,多数受访者是在学校学会,少部分人是与家里人或者与其他人交流学会。不过,与英语学习不同的是,通过网站、APP或其他辅助手段学习其他外语的人数占比较大,比率为58.74%,学习途径与英语学习相比更丰富多彩一些。我们也调查了受访者第二、第三外语的口语交际能力,与英语一样,将口语能力分为五个等级,受访者自己判断选择,最终的结果见表6-4。

表6-4　第二外语和第三外语的口语能力(n=286)

语种＼等级	很差(不会)(1)	水平较差(2)	一般(3)	比较好(4)	很好(5)
第二外语	65.14%	22.29%	7.43%	4.57%	0.57%
第三外语	89.14%	9.72%	0	0	1.14%

由表6-4可知,受访的新生代对第二、第三外语的口语交际能力总体上评价偏低。第二外语能力在3—5等级的比率为12.57%;第三外语能力在这些等级的比率非常低,仅有1.14%。多数人自评的第二、第三外语的口语能力是处在1—2这两个等级,也就是说,多数人虽然学习了第二外语、第三外语,但多数人停留在能听懂一部分但说得不好或者只会看不会说的状态,新生代其他外语水平亟待提升。

第二节　语言社会化与普通话、方言态度

城市新生代关于普通话的语言态度主要从之前提及的三个方面考察,语料搜集通过问卷调查法和访谈法获取,主要请受访者回答相关问题,比如学习普通话的好处、在当前社会中的作用以及有什么实际的作用等等,还有一些问题是关于语言社会化方面的,主要目的是考察新生代语言态度形成和发展变化的影响因素,这次主要依据的仍是汕头和上海两个城市新生代的语料。

一、语言社会化和普通话态度

表6-5 新生代对普通话、方言的态度

内容	问题	回答归类	上海(n=145) 百分比	汕头(n=141) 百分比
认知维度	社会地位	普通话	26.7%	13.3%
		方言	0	26.7%
		一样有地位	6.7%	26.7%
		没有感觉	66.7%	33.3%
	有用程度	普通话	36.7%	56.7%
		方言	16.7%	13.3%
		一样有用	46.7%	30.0%
		没有感觉	0	0
	习得的必要性	普通话	23.3%	36.7%
		方言	0	6.7%
		一样有必要	76.7%	50.0%
		没有感觉	0	6.7%
情感维度	亲切度	普通话	3.3%	0
		方言	93.3%	63.3%
		一样亲切	0	0
		没有感觉	3.3%	36.7%
	好听状况	普通话	3.3%	30.0%
		方言	63.3%	40.0%
		一样好听	16.7%	13.3%
		没有感觉	16.7%	16.7%
	更喜欢的语言变体	普通话	6.7%	30.0%
		方言	66.7%	30.0%
		一样喜欢	3.3%	33.3%
		没有感觉	23.3%	6.7%

（续表）

内容	问题	回答归类	上海（$n=145$）百分比	汕头（$n=141$）百分比
意向维度	更倾向于说的语言变体	普通话	63.3%	56.7%
		方言	10.0%	20.0%
		两种都说	26.7%	23.3%
		两种都不说	0	0
	更希望深入学习的语言变体	普通话	0	16.7%
		方言	66.7%	36.7%
		两种都想学	3.3%	16.7%
		都不想学	30.0%	30.0%
	未来想教孩子说的语言变体	普通话	10.0%	6.7%
		方言	56.7%	6.7%
		两种一起教	10.0%	80.0%
		暂时没有想法	23.3%	6.7%

普通话认知维度主要包括三个方面的内容，普通话社会地位、有用程度和习得的必要性。普通话社会地位主要通过与方言的比较做出评判。表6-5显示，上海有26.7%的人认为普通话比方言更有社会地位，但绝大多数受访者（66.7%）表示没有感觉，在访谈中，有些受访者做了进一步解释，觉得普通话更方便沟通，更有用，但如果因此觉得它更有地位，缺少充足的说服力；汕头受访者对这一问题的看法更加多样一些。汕头新生代认为普通话比方言有地位的人较少，占比仅有13.3%；还有26.7%的人认为普通话和方言一样有地位。在关于哪一种更有用的问题上，汕头有56.7%的人认为普通话比方言重要，高于上海的36.7%；不过，上海认为普通话和方言一样有用的比率（46.7%）高于汕头（30.0%）。当问及哪一个语言变体更有必要习得的时候，汕头选择普通话更有必要的比率（36.7%）高于上海（23.3%）。在情感态度方面，关于亲切度、是否好听以及自己的喜好度方面，上海新生代对普通话的正面积极认同率偏低，汕头的比率虽高于上海，但仍相对较低，此项的最高积极认同率仅为30%。意向态度方面，两个城

市选择更倾向于使用普通话的比率较高。

在语言社会化过程中,新生代根据自身的经历和体验,接受并认可普通话作为国家通用语的地位与价值。

"普通话肯定是现在上海最重要的语言,是比较规范、正式的交流方式,能把所有人都连通起来,讲普通话地位肯定是要高一点的。"(上海样本N5)

"我特别害怕有一点,就是在广东、香港他们会讲粤语是一件很光荣的事情,到上海就变成'你们怎么说这个话啊,是不是瞧不起外地人',这个城市这样的矛盾是很突出的,所以我会尽量避免这样的事情发生,说普通话就好了。我觉得中立很难存在,普通话之所以现在在大家心里地位高,就是因为它默认是能最好解决这个问题的办法了。"(上海样本 N17)

"(在上海)没什么场景说了上海话就地位高吧……我觉得(方言)推广很难,毕竟普通话更利于交流融合,年轻人心里都是偏向普通话的,普通话在我们这一代地位肯定要高一点。"(上海样本 N28)

"对我而言,或者说对于我们这个年纪的人来说,我觉得说普通话是要比较有地位一点的,年轻人都用普通话嘛,很多场合用普通话会显得比较正式,也能照顾到所有人。而且潮汕话很多地区听起来不太一样,普通话作为能统一的语言,地位是不是就要高一点呢?"(汕头样本 19)

"说普通话地位要高很多。我以前都说汕头话,是今年在市区读高中才学会说普通话的,上次我出去外面不会说普通话被人家笑,我觉得我读书这么多年都说不出普通话,在外面大家都在说普通话的时候,我只能说汕头话,很没面子,别人会觉得我很好笑。"(汕头样本 28)

上述受访者对普通话地位、价值、情感等方面的认知,主要与自身的社会化过程密切相关。来自不同城市的受访者对普通话的认知存在较多的共同之处,比如,都认识到普通话适合正式、规范的场合,不仅方便沟通,还有利于避免地域歧视,让交际双方处于平等的地位,等等。在城市高速发展的过程中,在方便沟通、减少交际障碍这一层面,普通话确实比方言具备更多的优势,而这种优势在一定程度上确立了普通话较高的社会地位和声望。访谈显示,很多新生代并不否认方言的价值与功能,但就实用性方面,认同普通话的比率更高。

"其实你在上海会说普通话就能……或者说才能走天下,可能从实用性上来说,上海话没有太大的实用价值的,它更多是作为一种文化的承载而已。"(上海样本 N4)

"虽然我讲普通话不如讲汕头话流利,会结巴,但是我还是觉得用普通话方便,现在普通话普及很广,在汕头现在不会说汕头话的人很多,不会说普通话的人少了,汕头话很多场合是不能用的。而且工作了很多人都说普通话,会说普通话才能上好学校,找到好工作。"(汕头样本 15)

"普通话对我来说更有用,我感觉更多人更懂一点,就是同学什么的,因为讲的人比较多,所以用普通话比较容易融入跟相处,比较有用。"(汕头样本 18)

"我是个实用主义者,普通话方便易懂,懂的人比较多,用的概率也比较多,说实话从理性来讲我认为普通话远比汕头话有用得多。汕头话这种方言,就是该被淘汰的、没有用的老古董,只是从感情上,我没办法让这种从父辈那里祖祖辈辈传给我的东西断在我这里而已。"(汕头样本 25)

从实用性上,普通话可以"走天下""上好学校,找到好工作",可以"比较容易融入跟相处,比较有用",诸如此类的认知在上述受访者心中根深蒂固。调查数据显示,几乎所有的新生代语言意识中均存在类似的关于普通话地位与价值的认识。

"普通话更有用,在上海生活普通话完全够了,日常生活中,只要人群中有一两个不是本地人,都用普通话,也不存在什么场合你说青浦(上海)话效果就会好一点什么的,我觉得没有,我会说青浦话也用不上啊……(学上海话)完全没有这个必要,很多长辈说要上海话,说是文化保护,但我觉得消逝就消逝吧,有兴趣的可以去学,不是必要的,你说好普通话就够了。"(上海样本3)

"我觉得无论上海人还是外地人,都没有必要一定要学会上海话,普通话和上海话都各自有交流比较便利的场合或者说人群,但事实上现在不会上海话也不会怎么样,你也不是天天和老阿姨打交道。"(上海样本9)

"汕头方言是老祖宗的语言文化,确实是应该被传承下去,但现阶段我不太担心这个,我觉得还是普及普通话相对重要一些,现在工作学习都要用普通话,普通话必须要学会,要学好,不会是行不通的。"(汕头样本15)

"普通话更有必要去学会,汕头话不会讲没关系,影响不大,大家都在讲普通话,肯定有必要学会才能去融入他们,不会说会被人笑。对我来说,这个必要性今年开始很强烈,我到市中心来读高中之后。"(汕头样本28)

由于普通话的实用性,两个城市新生代在认知态度方面,大多数人均认同普通话的社会地位、有用程度且学习必要性都远远超过方言。虽然认可了普通话的价值,但可喜的是,很多新生代的语言意识开放且包容。在承认普通话的同时并不完全否定方言,关于方言的使用与传承问题,认识也比较理性。他们表示,方言没有必要像普通话一样在全国范围内推广与普及,此外,对于方言习得状况也不必强求,适当引导之后顺其自然。在情感态度上,认同普通话"更好听""更喜欢普通话"的新生代,给出的理由包括普通话更简单易懂,好学且全国通用。

> "每个人有每个人的审美,我就更喜欢普通话,觉得普通话比方言好听一点,方言听起来就是不怎么好听。"(上海样本 7)

> "虽然说我普通话说得也不怎么样,但我还是觉得普通话又方便又简单,好听,汕头话好多生僻的东西,说起来没有那么顺耳。"(汕头样本 15)

> "普通话更好听,更喜欢,因为音少,好学还通用,说起来简单顺耳,汕头话音太多了,很难学,而且十里不同音,好多不怎么好听。"(汕头样本 20)

> "我个人倾向于普通话,我觉得普通话更好听一点,方便易懂,汕头话有很多很奇特的发音,很多同音字居然是完全不一样的意思,字典都查不到,听起来太奇怪了,我不喜欢。"(汕头样本 25)

在意向维度上,多数新生代表示会多说普通话,也希望下一代最先掌握普通话。最主要的原因仍与普通话全国通用语的地位有关。汕头的受访者表示,汕头话与普通话差异较大,有很多生僻的、"没有那么顺耳"的内容,有些年长的汕头人因不会普通话与人交流存在障碍;相比之下,普通话又方便又简单,使用普通话可以全国畅通无阻。后一代可以不掌握汕头话,但必须要会说普通话。

> "上海话在上海人口中比例越来越少了,其实我们说上海话没什么优越感的,而且好像故意把'上海人'划分出来一样,经常碰到公交车上有人问司机哪一站,司机一用上海话就吵起来了,对我而言上海话能少说就少说,用普通话语言能统一最好。"(上海样本 N7)

"如果我主动选择的话,我一般更倾向于说普通话,因为汕头现在有很多外地人,我们不能完全否认,'外省人'这种歧视一直存在,汕头人多少还有点排外,外地人会容易心理不平衡,所以我比较想多用普通话。"(汕头样本 24)

"我本身就讲得不好,我不会教小孩方言的,本身在上海讲不讲上海话就是无所谓的,方言要说就要说得标准,四不像的没有必要说,硬要讲好像故意要挤入本地人圈子一样,母语者一听就知道很好笑,我的上海话就已经奇奇怪怪了,现在差距不算太大,我再教下去下一代差距越来越大,没有这个必要,讲普通话就好了,语言统一最能尊重所有人,最方便交流。"(上海样本 N7)

"应该不大可能再让小孩讲,一方面如果我自己带,我自己说得不好,教起来是很麻烦的;另一方面,学习方言是需要环境的,到他们那时候让小孩说上海话的肯定更少了,平时以普通话为主,上海话学不会也无所谓了。"(上海样本 N28)

觉得下一代有必要学会普通话方面,除了普通话的实用性价值之外,受访者还给出其他的理由。首先,两个城市的受访者均强调,普通话可以消除因使用方言带来的地域歧视。上海的受访者访谈中提及,由于城市人口流动的频繁,外来人口越来越多,上海本地人数量减少,而且他们这一代很多人上海话能力不强,没有必要通过说上海话来彰显自己本地人的身份;汕头受访者则明确指出,当前社会背景下,汕头人"排外""歧视外省人"等现象依然存在,这会让常住的外来人口心理不平衡,不利于城市居民的和谐相处。其次,双言能力不平衡也是支持受访者坚持下一代有必要学会普通话的原因。两个城市的新生代有不少人具备普通话和方言的能力,但如前文分析,很多人属于普通话强于方言的双言人;这种双言能力不均衡的状态,让某些人对方言的自信度不高,担心自己或者下一代会因方言不够地道遭受偏见或歧视。比如,受访者明确表示,方言就必须要标准、地道,"四不像的没有必要说",否则使用方言的话会让人耻笑,而且"好像故意要挤入本地人圈子一样";此外,受访者认为自己的方言能力已经较弱,那么"再教下去下一代差距越来越大"。基于这种语言意识,很多新生代期望自己的下一代能够掌握普通话,更多说普通话,毕竟在很多新生代看来,当前时代背景下说不说方言已经无所谓了。

"说上海话很蹩脚或者很装腔作势说是能听出来的,能听出来有的人想说又说不好。我就很蹩脚,不习惯说,大部分场合还是倾向于说普通话,就算以后去外面出差,我也不想出来给大家表演一段讲上海话。"(上海样本 N3)

"如果是我有得选,我主动讲第一句话的话,我是习惯用普通话的,除非对方非要跟我说上海话,我才会犹豫一下要不要跟他讲上海话,因为我的整个普通话表达能力会更完备一点。"(上海样本 N6)

"虽然我汕头话说起来是要流畅一些,但我现在倾向于说普通话,因为我会担心说汕头话有人听不懂,我不知道有多少,可能不多。但我现在更喜欢普通话,我还是选择普通话,想说好它。"(汕头样本 1)

相比于上海的新生代,汕头新生代自身也更倾向于深入学习和完善普通话能力。原因复杂多样,最主要的是认识到普通话的社会地位、全国范围的高声望以及不可替代的实用价值;此外,与汕头新生代语言不安全感有关。语言不安全感指的是语言使用者在发觉自己的说话方式与规范、标准的形式存在差距或者不一致时,在使用这种语言形式时会产生不自信的心理。

"对我来说(深入学汕头话)还不如学标准的普通话,我觉得方言大家日常交流肯定是没有问题,没有必要花时间去学这些,但是我们这边的人普通话多少都有一点口音,我更希望普通话能提高。"(汕头样本1)

"我对深入学习汕头话没什么想法,要提升的话我更想学习普通话,我普通话讲不好,我们如果长大以后去外面应该用到普通话多一些。"(汕头样本4)

"我觉得汕头话现在这样够了,普通话就远远不够,我很想学,以前只能听懂,今年才开始能说得出口,进步很大,我很开心,对我来说现在学普通话最重要。"(汕头样本28)

"我会先把我的孩子普通话教会,避免他以后跟我一样有口音,方言以后再说,但我还是侧重普通话跟他多说一点的,因为时代不一样了,他以后工作学习肯定普通话更重要。"(汕头样本15)

"我会先教孩子普通话,因为普通话太晚教的话,就会不太流利,思维方式也很难改过来,用方言先形成思维习惯就不好了。方言以后总归会长期在汕头的这个环境里,他自己就学会了。"(汕头样本30)

在汕头,普通话的推广与普及状况较好。汕头新生代和上海新生代一样,从入学开始,学校教育语言就是普通话,师生网络、同伴网络也基本都是普通话交际,几乎所有新生代都具备普通话能力。可访谈信息显示,汕头的受访者对自己的普通话能力总会存在或多或少的质疑,最主要的就是总觉得自己的普通话带有方音,在普通话能力上缺少自信,语言不安全感强烈。因此,上述汕头受访者均期望通过努力能够提高和完善自己的普通话能力,从而为未来的求职、社会交际等打下良好基础。在社会化过程中,这些受访者意识到自己普通话能力不足可能会带来一些消极影响,因此,他们特别强调自己的下一代能够习得标准、规范的普通话,这样在使用普通话的时候,能够增强语言安全感,为他们带来便利与更好的发展前景。

二、语言社会化和方言态度

调查结果显示(见表6-5),认知维度方面,汕头有26.7%的新生代认为方言比普通话更有社会地位,上海无人持这种态度;上海和汕头认为方言比普通话更有用的比率分别为16.7%和13.3%,整体比率均较低。前文已分析,大多数新生代接受并认可普通话的实用价值。当问及哪一个语言变体更有必要习得的时候,汕头选择普通话更有必要的比率(36.7%)高于上海(23.3%)。在情感维度方面,新生代在亲切度方面,均认同方言具有更高的亲切度,认同此点的新生代,两个城市的比率均很高,上海占比为93.3%,汕头占比为63.3%;上海和汕头认为方言比普通话更好听的比率也较高,占比分别为63.3%和40.0%。在意向维度上,上海有66.7%的新生代表示更希望自己能够深入学习并提升方言能力,这一比率高于汕头(36.7%);有56.7%的上海受访者表示,更希望教给自己下一代的语言变体是方言,汕头新生代赞同此观点的比率较小,仅为6.7%。访谈信息显示,上海新生代中觉得方言比普通话更有用的理由,主要与方言的一些特殊作用有关。

"家里人给我灌输过一种观念,在上海说上海话会有很多帮助,比如说问路啊搭便车啊什么的,成功率会比较高。我自己现在的确有感受到了,就比如说我在路上问路,前提是我觉得那个人应该讲上海话的话,我一问上海话他就会明显热情很多,用普通话他就会比较冷淡,所以特别是在我需要对方为我提供帮助的时候,上海话会有用很多。"(上海样本N16)

"在上海讲上海话比较有用,会更合群,更有利于你在圈子里混得好一点,我爸就跟我说他们现在单位,上海人并不会因为你是血统纯正的上海人就跟你亲近,只要你会讲一点上海话,表现出用上海话的热情,他们就会很高兴,很看好你。普通话太普通了,达不到这种效果。"(上海样本23)

"爸妈说的,上海话工作学习什么的,比较容易融入圈子,关系更亲密一些,比方说以后工作场合,上海大部分工作单位高层还是上海本地人,会讲上海话比如说面试之类的,就会有一定的优势。"(上海样本 N30)

上述访谈信息显示,上海话具备一些普通话没有的实用功能和价值,可以通过使用上海话获得一些帮助或者便利。比如,说上海话向陌生人求助更容易获得帮助,在职场说上海话更容易得到上级的认可或者融入团队。而这些语言意识的形成主要与受访者在家庭语境被动性语言社会化有关,是在家庭内部与家人互动过程中了解到关于上海话和普通话的差异,而且由于受访者尚年轻,多数人缺少实际的经验或实际的职场经历,因此就接受和认可了家庭成员对上海话的看法。认同方言比普通话更实用的汕头受访者,方言语言意识的形成则更多地受自主性语言社会化过程的影响。

"在汕头,汕头话必要性应该是要强一点,因为普通话你不会说的话,完全生活不会有影响,但是从头到尾不会说的话,在汕头生活下去可以,但交际还是会有很大问题,那样就会很麻烦。"(汕头样本 4)

"我的体验来说还是汕头话比较有用,因为毕竟日常生活中还是讲汕头话的人比较多,很多人普通话磕磕绊绊的,非要用普通话就会很影响沟通效率。我之前在一个事业单位实习,感觉得用汕头话才能比较好跟同事融入,办公室氛围说汕头话比较自然,他们知道我是本地人,我还非要一直说普通话,看起来就会很装……虽然说对年轻人求学发展来讲,普通话作为全国通用的话,它普及很必要,但说实话,在汕头学会汕头话的必要性更大,不会普通话生活基本不会有什么影响,但是不会汕头话早晚会遇到点麻烦。汕头话和普通话差别太大了,不一定会说完全,但多少听懂是必要的。"(汕头样本 13)

"我个人感觉,目前来说潮汕话比较有用一点,很多场合还是比较需要,比如说买菜买东西,大多数人还是说潮汕话的,用潮汕话比较容易听懂,他们说起来舒服也比较愿意卖你好东西。你如果听不懂,他们还要很努力翻译成普通话给你听,沟通起来不方便很多。"(汕头样本 14)

上述的汕头受访者在社会化过程中,认识到汕头话在本地区的强大功能,比如,如果不会说汕头话,可以生活下去,但"交际还是会有很大问题,那样就会很麻烦";"潮汕话比较有用一点,很多场合还是比较需要"。基于这样的语言社会化过程,汕头一部分受访者更认同汕头话的社会地位、实用性价值,也更认同学习的必要性。如前述,普通话在汕头的推广和普及率较高,但实际生活中,由于汕头外来人口数量较少,社会流动的频繁程度远远小于上海,因此汕头话的地区声望很高,在很多场合的使用率很高。汕头话在当地社会互动中优势地位明显,而且使用汕头话在某些场所能够获得一些物质利益。比如,在菜场、小商店等交际场所,使用汕头话买菜买东西,除了容易被对方听懂之外,汕头话会让交际对象感觉舒服,"也比较愿意卖你好东西"。

在情感维度上,上海和汕头新生代觉得方言比普通话更加亲切的人数占比很高,这与已有的研究结论相同,也是方言最重要的价值和功能。语言社会化过程中,新生代亲身感受到方言作为地域文化载体和象征的重要意义,并形成了与上一代相似的语言意识,认可并接受方言地域身份认同功能,承认方言可以给语言使用者带来强烈的归属感和亲切感。

"上海话亲切的,上海人能用上海话交流的时候,首先能让对方有亲切感,就像'找到组织了',就算我讲得很笨拙,都会有一种归属感。"(上海样本 N4)

"汕头话更亲切,汕头话是潮汕人生活中的语言,很多汕头人的日常生活,用普通话说出来就是很生硬,很难有亲切感。"(汕头样本 1)

"汕头话是一种印记,已经烙印在血液里了,在汕头要去表达一些事情,你去跟人讲普通话就很隔阂,讲汕头话比较贴近生活,比较能拉近距离,熟人之间一般都用汕头话。"(汕头样本8)

"我觉得用汕头话亲切地道,尤其是在日常生活的那些场合,普通话太正式,汕头话比较能展现出汕头文化里面那种热情好客的味道。"(汕头样本19)

在方言是否比普通话更好听、是否更喜欢方言等问题上,上海新生代表示更喜欢方言、方言比普通话更好听的比率很高(占比为63.3%),汕头的比率低于上海(40.0%)。

"我觉得上海话好听一点,虽然我不怎么会说,公车现在加了(上海话)报站,听起来比普通话有韵律,可能因为它调子比较复杂,它好像有五个调。喜欢的话我还是更喜欢普通话吧,可能是就是因为我讲得不好,觉得上海话很难表达精确。"(上海样本N7)

"我觉得两种我一样喜欢,一半一半吧,但相比的话肯定汕头话更好听一点,它有八个音,像在唱歌。"(汕头样本5)

"我更喜欢普通话,可能因为我只会讲这个,讲的时间最长。我刚刚在学说汕头话,汕头话有七个还是八个音调,而且最后嘴巴有没有闭上还是不一样的意思,普通话就只有四个,我觉得汕头话听起来就很新奇,很有趣。我记得小时候我的二胡老师就很喜欢用汕头话来数节拍,很好听,有一次他突然换成了普通话,就不是那个调调了。"(汕头样本21)

总体上,两个城市新生代对方言的正面积极认同率较高。喜欢方言的受访者给出的理由中,首要的是与方言本身语音方面的特征有关。比如,上海话听起来"比普通话有韵律";汕头话"有八个音,像在唱歌"等等。

"我更喜欢上海话一点,上海话好听一些,因为它音调比较多,比较婉转。有很多词普通话没有的,都很好听。"(上海样本 N9)

"上海话好听,普通话我觉得可能也是因为每天说每天听,我很难评价它有什么特点,也很难对它有什么感情,但是我觉得上海话音调就比较'扭',就是那种'扭',就很可爱,很好听,我比较喜欢。"(上海样本 N21)

"上海话吴侬软语呀,很多用词很有吴语特点,说起来整个人就会变得很嗲、很甜,很好听,我讲的不是特别好,但对它还是很喜欢的。"(上海样本 N30)

"我更喜欢汕头话,汕头话更好听,因为从小讲习惯了,就形成一种记忆,很顺耳,所以好听。我普通话说得不好,有口音,听起来就是不好听。"(汕头样本 9)

"汕头话好听一点,普通话也不是说难听,就是没什么意思,而且就算我普通话算是说得很好的了,但说普通话对我来说也是一件很烦的事,我还是不喜欢它。我不觉得这两者有什么高低之分,汕头话是地方话,习惯讲了,会有很多有意思的词汇啊、语法啊,听上去比较生动,有生活气息。"(汕头样本 13)

语调婉转、语音有韵味、音调有趣、有生活气息等语言系统本身的特色是让很多新生代喜欢方言的原因。在语言社会化过程中,新生代对方言的接触与了解加深,并丰富了自己对方言系统的认知,很多受访者能够较为清晰地分析自己当地方言语音、语调、词汇等方面的特色。这些方言知识的丰富也在某种程度上加深了他们对方言的关注与喜爱。由此可见,受访者的语言态度是会随着语言社会化过程逐渐变化的,对语言变体的认识也会由浅入深。

"我觉得讲上海话这种举动就代表你对上海是有感情的,所以不管你是外地人还是本地人,都会感觉很亲切。讲得好不好无所谓。"(上海样本 N18)

"其实能讲一两句就好了,足够证明我是'上海人'或者'我喜欢上海',给人的态度就是亲切的,讲得怎么样都行,后面讲普通话都可以的。"(上海样本 N23)

方言所带来的亲切感与归属感,更是语言社会化过程的影响。新生代在社会互动过程中,在习得和使用方言的过程中,方言变得"顺耳",听起来更加舒服。从访谈信息中可知,在新生代的语言意识中,方言不再只是拉近与本地人社会距离、凸显地域身份的工具;方言还可以帮助他们更好地了解当地文化和习俗,帮助他们更好地融入当地社区,提升社区的归属感。方言的这种功能对外来人员更为重要,在尝试讲方言的过程中,他们会不知不觉地更加亲近当地社区,当地社区也会更好地接受他们。这种语言行为不是利用方言来排外,而是利用方言提升自己在当地社区的幸福感以及自己对当地社区的融入度。

在意向维度上,希望自己能够深入学习方言的新生代人数,上海高于汕头。在语言社会化过程中,新生代认识到在某些交际场所与特定交际对象互动时,方言的使用比普通话更为高效。

"两种我都可以说,总体上更愿意说上海话,只要知道对方是上海人我一般是选择上海话的,照顾别人,也比较亲切。除非对方听不懂,那我才用普通话。"(上海样本 N8)

"只要能说上海话的地方我都更愿意说上海话,毕竟是母语,说起来就是思维比较顺畅,想讲很多事情的时候,比普通话说起来顺嘴。但是上海比较多外地人,本地人也很多不会说上海话,所以在外面普通话得说,但和家人朋友就还是愿意说上海话。"(上海样本 N12)

"我生活中还是更习惯说汕头话,好像都没意识到应该讲普通话还是什么别的,一来就是汕头话。我觉得还是一个习惯问题,我也有意识到得学好普通话,但说不了啊,久而久之真的已经是习惯性的记忆了。"(汕头样本 9)

"今年觉得会说普通话别人就不会笑我了,但普通话渐渐地有提升,但没办法,真的还是有点困难,会卡住。而且跟我身边大多数的人,都是习惯说汕头话的,现在下意识还是说汕头话,可能其实我也还是倾向于说汕头话的。"(汕头样本 28)

上述受访者都具备了普通话和方言的双言能力,但在语言社会化过程,他们认识到普通话和方言在不同交际场所中的不同价值与效果,因此在语言能力具备的情况下,更倾向于根据不同的交际意图、交际场所以及交际对象来选择方言或者普通话进行交际。这也是一部分受访者选择方言比普通话更有用或者更希望自己能够深入学习方言的原因。

"希望在生活中能增加一些上海话的积累,不过如果有一些方言课程的话,能在教上海话的时候穿插一些上海本地海派文化的普及、语言文化的传播这些,那我很愿意去'补习'的。"(上海样本 N6)

"虽然我觉得普通话更有用,但我还是想深入学汕头话多一点。因为我们避免不了一些长辈不会普通话(的情况),我们是小辈,学习能力比他们强,不能强求他们学普通话,那就要我们去学好汕头话来适应他们,才能更好交流。"(汕头样本 20)

新生代中有一些受访者的双言能力不均衡，尤其表现在方言能力较弱。这些人由于缺少根据不同交际对象、交际场所选择不同语言变体的能力，因此更希望有机会的话可以提升自己的方言能力，这样能够适应各种社会互动网络的需求。方言能力的提升有助于这些人提升交际能力或者提升交际效果，因此，他们希望能够在不断的学习和努力中提高自己的方言能力，以获得更高的评价，更好地完成交际任务。很多来自外地人家庭的新生代，特别希望有机会发展自己的双言能力，在社会化过程中，他们越来越意识到方言能力的缺失对自己来说是一种缺憾和不足。

"我更想深入学习上海话，就是发音、词汇这些，我希望能达到日常交流的水平。只会说普通话有点遗憾的，比较难融入。"（上海样本 N5）

"小的时候只会普通话对生活没有影响，但现在一直只会普通话，觉得没有方言有点遗憾，这个只是个人愿望，觉得自己是个上海人，还是要会一点上海话。"（上海样本 N18）

"我很愿意去学汕头话，像我们这样外迁来的，来这边学习的，都很想学，我想学到能平常跟本地人交流的程度，很深入倒不一定，交流这些一定要做到。"（汕头样本 12）

上述案例中的受访者，在与不同社交网络交流的过程中，越发意识到方言对于自己的重要性。虽然父母是外地人，但这些新生代都是货真价实的当地人，作为当地人不会说当地方言，让他们觉得是一种缺憾。因此，在语言社会化过程中，对方言的态度发生改变，态度从无所谓转变到认同方言；有些受访者还看到方言的重要性，比如，方言能够帮助融入同龄人群体、获得地方身份认同等等，因此学习当地方言的愿望强烈。在是否会教授下一代学习方言这一问题上，上海和汕头的新生代语言态度差异较大。上海新生代希望教授并帮助下一代学习方言的人数比率远远高于汕头。

"我更希望深入掌握更多上海话有意思的知识,因为我感觉上海话会说的人越来越少了,上海文化这么多有趣的东西,它们需要保护,也需要传播,还是得靠我们这一代人先把上海话学起来的。"(上海样本 N8)

"我日常中说上海话是没什么问题的,但我还是想学,一门语言越精通越好,在社会上总是会有帮助的。现在年轻人里面讲上海话的越来越少了,这是一种传承,光靠现在一些有意的政策影响力还是不够的,我们年轻人都要更多去学,才能教好下一代。"(上海样本 N27)

"我觉得其实我现在两方面日常交流都是很好的,可以随意切换,反正跟我的同龄人应该不分伯仲,比较想再学汕头话,主要是想改掉一些被普通话带跑了的音,因为家里人会笑我,可能受他们影响我对汕头话的要求也比较严格,你说一个土生土长的汕头人如果讲得还不如李嘉诚,是不是显得很不专业? 普通话是很必要,但我觉得差不多标准,能顺利交流就行了,汕头这边大家都有口音。"(汕头样本 3)

　　上海新生代首先期望自己能够深入学习方言,主要动机是增强对地域文化的了解。语言社会化过程中,上海新生代对方言的发展前景了解较多,多数人发现上海方言的传承面临较大的挑战,对方言的发展较为关切,因此很多新生代希望通过自身努力做好方言传承方面的工作,确保上海话长久的生命力。汕头新生代对于方言传承的大任,关注与思考的人较少。汕头新生代在被动性语言社会化过程中,受父母和家人语言意识、家庭语言管理的影响很大,汕头当地有很多家庭更认同普通话的地位与价值;另外,汕头当地对汕头话的维持与传承问题重视程度和上海相差较大,在很多当地人的语言意识中,学好普通话比学习汕头话更必要也更有意义。上海新生代对方言传承的态度更为积极与主动,他们中的很多人非常强调上海话的地域文化标志和地域身份认同标志的重要功能。另外,上海社区各界对上海话使用人数的减少、上海话传承危机等问题较为关注,关于这类问题的宣传、讨论也较多,城市大多数居民对方言传承的关注度高、参与感强。语言社会化过程中,新生代不可避免地受到整个城市方言传承意识的影响,因此也很重视下一代方言的习得与传承问题。

"我以后无论在不在上海都会教我的小孩说上海话的,因为我是上海人,他是我的小孩,那我自然要把这一部分带给他,可以说是一种文化的传承吧,现在形势似乎不容乐观。"(上海样本 N10)

"我觉得得教小孩上海话,就和我父母一样一直跟他说就行,我不担心会影响他的普通话水平,生在上海的小孩,那总归要会当地的方言吧。"(上海样本 N12)

"下一辈是需要学会说上海话的,是一种传承,我会教,小孩子上幼儿园之前最好要学会上海话,从我们这一代人来看,上学前没学好,后来会说上海话的可能性就会很低,就算会说也会讲得很差,所以最好在上学之前就通过日常交流教孩子上海话。"(上海样本 N27)

"我会从小和我的孩子说上海话,应该说我比较希望能实现这样,如果我的还不够标准,我也会让我爸妈教他,或者上课去系统学也行。后来再学普通话没问题,我觉得不会受影响。"(上海样本 N13)

"我肯定会教孩子说上海话,我觉得这是上海人最后的底线,上海本身就是一个外来人口很多的地方,如果我的孩子生在上海连上海话都不会说的话,他可能都算不上上海人了,上海话是上海人的一个基本技能吧,要先掌握,而且我希望能让孩子和我父母去学,他们比我说的正宗多了。"(上海样本 N16)

"我最希望还是交给我爸爸妈妈去灌输给我的孩子上海话,因为我本人也说的这个样子不好强求小朋友,那我希望他通过被爷爷奶奶'轰炸'起码听得懂,能说几句更好,普通话我倒是觉得不担心,因为我家里也没有那个标准的环境,我普通话也很标准,我觉得家里不怎么要教小孩子普通话的。"(上海样本 N17)

"我觉得方言是文化流传的不可或缺的部分,我们这里都是一代一代教孩子说汕头话的,孩子从小就在汕头话的环境中长大,他要跟我的亲人们沟通,就要学汕头话,而且他是汕头人,我还是希望他能传承我的方言的。普通话顺其自然,以后去上学就学会了。"(汕头样本 1)

"我会教汕头话,普通话小学什么的都会教,在家里就是教汕头话,不然以后他也不知道去哪里学了。"(汕头样本 5)

可以看出,上海的受访者对上海话的传承、上海话衰落等内容非常了解,也有强烈的危机意识,因此更重视教授或培养下一代方言能力的发展问题。某些受访者由于自身双言能力发展不均衡,尤其方言能力较弱,但工作网络、同伴网络的互动经历让他们看到方言的特殊功能;而且这些不同社交网络的经历也让他们认识到,即使家庭内部缺少方言的环境,但只要有学习方言的热情,在工作网络、同伴网络等语境下也能学会方言。在这种语言意识下,上海新生代对于方言传承持乐观积极的态度。不少受访者表示,虽然自己方言能力较弱,不能亲自教授下一代学习地道方言,但会尽力努力帮助他们,会积极帮助他们寻找或者创造习得方言的机会。上海新生代对待方言传承的积极乐观态度,与他们自主性语言社会化过程密不可分。相比之下,汕头新生代对方言传承的看法较为悲观与保守。在他们的方言意识中,成功习得方言的首要条件是家庭成员要具备方言能力,只有这样下一代才有机会接触与了解方言,也才能学会说方言。倘若家庭语境缺少接触方言、说方言的机会,那方言传承基本会失败。这种方言意识主要受被动性语言社会化中父母及家庭成员的影响。此外,由于同伴网络、师生网络包括工作网络较为单一,语码转换的行为较少,汕头新生代对于方言在其他社交网络中习得信心较少。事实上,前文的调查已经发现,离开了家庭语境,在其他语境的语言社会化过程中(比如同伴网络、工作网络的语言社会化)也可以习得方言或者完善方言能力。

三、语言社会化和双言态度

双言态度指的是把普通话和方言放在同等位置、对两者看法基本相似的态度。表 6-5 中认同普通话和方言一样的观点,我们归为双言态度。认知维度方面,认同"普通话和方言一样有用、普通话和方言都有必要习得"的人数较多,而且上海新生代所占的比率都超过汕头。其中,上海新生代持有这两种观点的比率分别为 46.7% 和 76.7%,汕头的比率分别为 30.0% 和 50.0%。情感维度,两个城市的新生代认同方言和普通话一样好听,并且两种语言变体都喜欢的人数都偏少。上文对普通话态度和方言态度的分析显示,有些受访者觉得普通话(或方言)更好听、更喜欢普通话(或方言)。意向维度上,两个城市新生代倾向于使用两种语言变体的比率基本相同(占比均在 20% 左右)。差异较大的看法集中在关于"未来想教孩子说的语言变体"这一问题上。上海仅有 10.0% 的新生代觉得应该普通话和方言一起教,比率较低;汕头新生代中有 80.0% 的受访者表明应该一起教。

情感维度方面,两个城市 15% 左右的新生代觉得普通话和方言一样好听;汕头的比率低于上海,有 33.3% 的汕头新生代表示,对普通话和方言都一样喜欢。对这些受访者访谈信息的分析发现,在情感态度方面,对普通话和方言持有相同情感认知的人更多受到家庭被动性语言社会化的影响。

"我觉得两种差不多吧,听起来肯定是上海话亲切一点,但是我好像不觉得哪种更难听、哪种更好听,各有各的特点,都挺好听的,而且都是一直在用的语言,习惯了就都喜欢。"(上海样本 N6)

"其实两种对我来说都很重要,都是必备的,可能有各自适用的地方,普通话听起来高端一些,汕头话比较贴近生活,更亲切一点,好不好听我没什么感觉,但是因为都有用,所以我都喜欢。"(汕头样本 8)

"两种我都挺喜欢的,在家里习惯听汕头话可能会觉得汕头话更好听一点,更亲切接地气一点,但其实对于我们年轻人来说(两种)都是必不可少的语言,日常生活中一直在说,一直在用,我觉得我是一样喜欢的。"(汕头样本 10)

从新生代认知态度可知,多数新生代对普通话和方言的看法是开放包容的,并不是肯定一种语言变体之后,就简单粗暴地否定另一种语言变体。这种开放包容的语言意识对方言的传承非常有利,为方言的习得和使用留下较多的场所和空间。

"用上海话能让对方觉得你是上海人,不过现在上海容纳各个地方的人越来越多了,我觉得其他地方的同学对自己的方言了解都比上海人对上海话了解的多,在上海普通话和上海话地位一样的。"(上海样本 N4)

"说上海话能让人觉得'一听就是本地人'那种亲切感,不过上海太多外地人了,听不懂上海话就说普通话,一样的。而且现在很多上海年轻人都不会说的,虽然我很喜欢上海话但是不得不承认,上海话确实没有以前那么绝对优势了,现在地位跟普通话差不多吧,至少目前是差不多的。"(上海样本 N15)

"我认为在汕头讲普通话和讲汕头话地位没什么差别吧……普通话现在在中国是通用的,汕头也普及了,就算大家讲得比较普通,但也都能听懂,不会因为你讲什么话就比较有身份,有地位,不会有什么不一样的。"(汕头样本 3)

"时代发展啦,再加上之前汕头不是'创文'嘛,普通话在汕头越来越普及了,虽然肯定很多人说得还是普普通通,但是基本上每个人普通话都会,说汕头话和普通话没什么差别了,以前汕头话地位绝对比较高,现在都差不多了我觉得。"(汕头样本 10)

"以前汕头话地位很高,上一辈人有很强烈的那种'外省人'的歧视,就是因为说普通话有隔阂吧,他们感觉理所当然的,对我们这一代来说已经是一种很奇怪的想法了。我觉得很疑惑,现在汕头外地人也不少了,我们也都会说普通话,没有什么隔阂了,那既然本地人和外地人地位是一样的,用汕头话、用普通话地位就应该是一样的。"(汕头样本 25)

语言社会化过程中,新生代意识到只掌握一种语言变体的局限与限制。城市化的发展、社会流动的频繁以及城市人口构成的复杂化,都让新生代认识到掌握的语言变体越多,越能够让自己在社会互动交际中占据主动,更能让自己根据不同的交际需求进行语码转换,从而能够快捷、高效地完成交际活动,在某些时候,也能够让自己更容易达成目的或者获取一定的利益。

"两种都有用,各有各的用处,很难说谁更有用。普通话对于我们来说是一直都要用的语言,有用是肯定很有用的,我们不能因为一直用就忽视它的价值。上海话的话,特别是对于我们这样的新上海人去融入上海这个地方是很有用的,我举个例子,像我们要出去社会实践,做一些采访项目什么的,遇到一些年纪大的上海居民,他们会喜欢跟你讲上海话,这个时候你总得听懂吧,听懂亲切了人家跟你说话不吃力,就愿意跟你讲的多。"(上海样本 N18)

"两种都有用吧,在市区里面日常的话普通话是有用的,但有些场景呢,比如说问路,或者跟年纪大的人交流,老一辈不会说普通话的也有,总要和

他们接触的,这时候上海话说起来就比较能达到目的。对我来说两种作用
是相等的。"(上海样本 N22)

"在汕头,如果你交流的对象只会汕头话的话……而且这种情况挺多
的,汕头话这时就比较有用,但是普通话读书学习都要用,而且交际会更广
一些,两种都一样有用。"(汕头样本 4)

"两种都有用,都一样。方言在潮汕地区管用,而且很管用,但是现在汕
头很开放呀,两种都可以用,不会因为你说什么话就有什么不一样的。普通
话是行走到哪里都通用的交流工具,我们学生群体里面普通话是有用的,正
式的场合比如说读书写字,等等。但是在汕头有很多中老年人,年纪大的人
他会比较适应说汕头话一点,普通话沟通会有很大麻烦,那这时候你去讲汕
头话就能通畅一些。"(汕头样本 6)

开放包容的语言意识,让新生代对普通话和方言不同的价值与功能认
知清楚,因此更倾向于根据不同的交际语境、交际对象选择更为适当的语言
变体进行交际。数据也显示,两个城市大约有 30% 的新生代认为具备双言
能力尤为重要,也有必要根据具体语境交替使用普通话和方言。

"我觉得中国所有地方的人都应该既会说普通话又会说那里的方言,因
为都有它的必要性,但是很可惜我觉得上海这一点做得不是很好,没有那个
特别好的语言环境了。"(上海样本 N1)

"身为上海人确实应该两种都学,两种都会的,我们有责任去传承本地
的一种文化。而且生活中都得用。"(上海样本 N5)

"两种都一样有必要,普通话普及的必要性这个是明摆着的,当然需要
学会,上海话是存在于原生上海人之间的一种沟通方式,没有了很可惜,外

地人这么多,上海话一直变迁这个是必然的了,但还是有必要学会,这是上海人的标志。"(上海样本 N25)

"现代社会了,两种都得会啊。普通话学习、工作是肯定必要学,也必须掌握的,那汕头话你作为这里土生土长的人,不会也不科学,而且方言是文化中不可或缺的一部分,作为当地人有必要传承下来。"(汕头样本 1)

"我觉得像我们这样从小习惯讲潮汕话的孩子,学习普通话是很有必要的,而且我们很有必要现在努力培养普通话的思维,为了学习,也为了以后出去外面更适应。但另一方面来说,我们这边都是潮汕人为主,汕头人学会基本的汕头话还是必要的。"(汕头样本 9)

"目前汕头这个城市,从用处上来说我觉得普通话更重要,但潮汕话的传承也不能终止,责任就在我们这一辈人身上。新时代了,土生土长的汕头年轻人,两种都学会是必要的。"(汕头样本 30)

概括来说,新生代一方面非常认可和重视普通话作为全民通用语的价值与实用性。访谈中多位受访者表示,掌握普通话在当前的社会背景下对于学习文化知识,未来的升学、求职,扩大社交网络等方面都有不可替代的重要性和必要性;另一方面新生代也很看重地域方言的价值与功能。他们很强调方言地域文化的承载功能、突显当地人身份的认同功能以及拉近社会距离和情感的纽带功能。城市发展规模越小、城市外来人口越少,方言的这些功能越显著、越重要。汕头因为城市规模较小、外来人口数量偏少,城市类似传统视角的熟人社会,方言的重要性和必要性较为突出,因此有80.0%的汕头新生代表示下一代应该同时具备普通话和双言能力,他们也更倾向于同时教授下一代。新生代的语言意识中,具备双言能力的青年人在语言社会化过程中的自我掌控力更大,也能更好地融入所在社区,更容易被工作网络、同伴网络等各种社交网络接受认可。

第三节 新生代语言态度的影响因素

调查数据显示,不同城市新生代的多语资源态度、普通话态度、方言态度以及双言态度等几种语言态度或多或少存在差异;即使是来自同一个城市的新生代,其语言态度也存在诸多差异。在语言社会化过程中,哪些因素对新生代语言态度的形成与发展更具有影响力,值得关注。关键影响因素的发现,有助于发现影响多语(包括多言)能力发展以及方言传承的深层动因。结合访谈语料,笔者发现下面的几种因素对新生代语言态度发展变化影响较大。

一、城市发展和城市语言环境

对上海和汕头新生代语言态度的调查显示,城市发展状况和城市语言环境会影响语言态度的发展变化。上海、汕头两个城市的地区方言,在方言区的地位和所在城市的声望来看,相差无几。上海话和汕头话都属于当地的强势方言,在所在地区具有隐性的高声望。受访者的访谈信息中均提及上海话和汕头话在当地的隐性高声望地位。比如,社会化过程中,在某些交际语境下,通过使用上海话或汕头话,语言使用者可以得到一些额外的帮助或物质上的好处,或者有助于语言使用者更好地融入所在的社区,更容易被领导、同伴等认可与接受。但上海和汕头的城市发展状况及城市语言环境却存在较大差异。城市发展状况会影响城市人口迁移流向和外来人口数量,进而影响普通话的普及和方言的生存空间。上海的城市经济发展速度快,人口流动大,城市化水平高,普通话普及早,普及范围广。作为我国的一线城市,上海的社会经济发展水平很好,常住外来人口在上海市总人口的占比接近50%。这样的城市发展背景下,上海语言环境中普通话作为交际工具的重要性毋庸置疑;上海话即使仍然是地区强势方言,可使用空间与交际场所仍然被压缩,上海话传承面临挑战也是不争的事实。近年来,上海普通话推广目标基本实现,很多人开始意识到上海话的重要性,从地方政府、社区到学校,采取一系列措施或举办各类活动倡导市民学说上海话,沪语推广活动如火如荼。在社会化的过程中,上海新生代的方言态度也受到影响。总体来看,上海新生代对方言的态度比较开放,多数人对上海方言持有正面积极的情感态度。受城市语言环境的影响,他们非常关注和重视上海话的传承问题,在方言传承问题上,责任感强,参与的积极性高。汕头的城市经济发展相对缓慢,城市化水平低于上海,人口流向以迁出为主,外来人口数量偏少。普通话在汕头市区的普及时间较晚,普及程度相对较低,而且与上海相比,普通话的普及效果稍差。很多人的普通话带有较为浓郁的方音,总体普通话能力低于上海。作为强势方言的汕头方言在城市语言生活中使用率仍较高,在社会互动中仍是占据主导地位的重要交际工具。汕头居民对方言的认同感强烈,对方言自信感高,汕头话的地域身份认同功能强大,多数人具备较强的方言能力。在这样的背景下,汕头话的传承状况很好,整个城市在推广使用普通话的时候也较少担心方言的传承问题,因此整个城市社区关于方言传承的举措或者活动较少。语言社会化过程中,汕头新生代对普通话和方言的态度出现与上海新生代不同的特征。

二、家庭成员的语言态度和双言能力

新生代语言态度的形成与发展也会受到家庭成员语言态度和双言能力的影响。在新生代幼年时期的被动性语言社会化过程中,家庭成员的影响力最大。如前所述,幼年时期,新生代主要的交际语境是家庭,交际对象主要局限在父母及家庭的其他成员。这一阶段,新生代自我语言意识薄弱,在家庭互动中很容易受到父母和家庭成员语言行为的影响。

"家里人给我灌输过一种观念,在上海说上海话会有很多帮助,在我需要对方为我提供帮助的时候,上海话会有用很多。"(上海样本 N42)

"我爸就跟我说他们现在单位,上海人并不会因为你是血统纯正的上海人就跟你亲近,只要你会讲一点上海话,表现出用上海话的热情,他们就会很高兴,很看好你。"(上海样本 N23)

"爸妈说的,上海话工作学习什么的,比较容易融入圈子,关系更亲密一些。会讲上海话比如说面试之类的,就会有一定的优势。"(上海样本 N30)

根据访谈信息可知,在家庭语境下父母和家庭成员的影响显著。受访者明确表示自己的方言态度完全是家里人灌输的结果。比如,在父母显性语言社会化的影响下,受访者了解到方言在日常互动中可能带来的一些帮助或者便利,或者一些可能的好处。

"我小时候就是两种一起(被)灌输的,我都说得不好,我的孩子更得两种穿插着教了,我觉得孩子作为一个上海人有必要会,我不希望他完全不会说,普通话那更加是,大家都得会。所以一起教吧。"(上海样本 N2)

"身为上海人确实应该两种都学,两种都会的,我们有责任去传承本地的一种文化。而且生活中都得用。"(上海样本 N5)

"两种都一样有必要,普通话普及的必要性这个是明摆着的,当然需要学会,上海话是存在于原生上海人之间的一种沟通方式,还是有必要学会,这是上海人的标志。"(上海样本 N25)

"小孩子语言天赋越早多种开发越好,以后走上社会就是自己的能力,我妈小时候就喜欢让我说话,两种都说,我觉得这是对的,很重要。"(汕头样本 13)

父母与家庭成员不仅在新生代语言态度的形成中发挥重要作用,父母的语言态度和语言能力还会影响新生代语言能力的发展。上述案例中,受访者父母(或其他家庭成员)普通话和方言能力相对均衡,他们更希望子女能发展出相对均衡的双言能力,在家庭成员这一语言意识和双言行为的影响下,新生代最终发展出较为均衡的双言能力。倘若父母(或其他抚养人)为单言人,或者是双言能力发展不均衡的全双言人,新生代的语言态度会出现一些变化。在这类家庭成长的新生代,随着自主性语言意识的形成,会更加倾向于习得和使用父母(或其他抚养人)语言能力较弱的语言变体。

"因为我家都是外地人……小的时候只会普通话对生活没有影响,但现在一直只会普通话,觉得没有方言有点遗憾,这个只是个人愿望,觉得自己是个上海人,还是要会一点上海话。"(上海样本 N18)

"我们这边的人普通话多少都有一点口音,我更希望普通话能提高……至少比我爸妈他们那一代人要好。"(汕头样本 1)

"家里都是汕头人,普通话都很一般,我从小在家里说汕头话……我普通话讲不好,我们如果长大以后去外面应该用到普通话多一些。"(汕头样本 4)

"除了我,我家里人都只会说汕头话……我觉得汕头话现在这样够了,普通话就远远不够,普通话更有必要去学会,汕头话不会讲没关系,影响不大,大家都在讲普通话,肯定有必要学会才能去融入他们,不会说会被人笑。对我来说现在学普通话最重要。"(汕头样本 28)

随着自我语言意识的逐渐形成,新生代开始进入自主性语言社会化阶段,除了与家庭成员的交际互动之外,他们与其他的社交网络(比如师生网络、同伴网络等)接触增多,交际互动的需求日趋多样化、复杂化。在社会化过程中,逐渐意识到双言(或多言)能力对建构多重社会身份的重要性与必要性,新生代对具备双言(或多言)能力的态度随之改变。

三、个体的双言能力和语言使用体验

个体的语言能力状况,尤其是双言能力以及个体在交际互动中的语言使用体验也会影响他们的语言态度。综合来看,两个城市都有相当数量的新生代具有双言能力,不过,有些新生代的双言能力发展不均衡。语言社会化过程中,个体语言使用的体验会影响或改变他们的语言态度。当某种语言变体使用的比率高,个体的这种语言能力就会变得越来越好,这样的良性发展会让他们对这种语言变体的语言态度越来越正面、积极。反之,则会出现更多否定消极的认识。

"我们这一代人都讲普通话了,上海话对我来说都很难开口,怎么用啊?总体上肯定是普通话管用一点。用上海话很容易产生隔阂的,普通话走遍全国,实用范围广很多。"(上海样本 N14)

"说上海话很蹩脚或者很装腔作势说是能听出来的,能听出来有的人想说又说不好。我就很蹩脚,不习惯说,大部分场合还是倾向于说普通话,就算以后去外面出差,我也不想出来给大家表演一段讲上海话。"(上海样本 N3)

上述访谈案例中,这两位上海的受访者,其方言能力发展状况一般,在利用方言与他人交流时会存在某些表达障碍。在语言社会化过程中,受访者出现方言不安全感,对自己的方言能力不自信,担心不够地道的方言能力会影响交际的顺畅进行,也会在一定程度上给自己的形象带来负面影响,不利于良好社交关系的建立。因此受访者认知态度方面对方言的态度趋于消极,更认同普通话的社会地位和实用性。

"普通话更有用,日常生活中,只要人群中有一两个不是本地人,都用普

通话,也不存在什么场合你说青浦(上海)话效果就会好一点什么的,我会说青浦话也用不上啊……(学上海话)完全没有这个必要,很多长辈说要上海话,说是文化保护,但我觉得消逝就消逝吧,有兴趣的可以去学,不是必要的,你说好普通话就够了。"(上海样本 N3)

"我是个实用主义者,普通话方便易懂,懂的人比较多,用的概率也比较多,说实话从理性来讲我认为普通话远比汕头话有用得多。"(汕头样本 25)

"我更喜欢普通话,可能因为我只会讲这个,讲的时间最长。"(汕头样本 21)

上述三位受访者在交际互动中普通话的使用率偏高,方言的使用率较少,随着时间的推移,他们对普通话的积极情感认同度提升,也更认可普通话的重要性和实用性;同时,对方言的态度变得消极。

"我更喜欢汕头话,汕头话更好听,因为从小讲习惯了,就形成一种记忆,很顺耳,所以好听。我普通话有口音,听起来就是不好听。"(汕头样本 9)

"汕头话好听一点,习惯讲了,会有很多有意思的词汇啊、语法啊,听上去比较生动,有生活气息。"(汕头样本 13)

汕头的这两位受访者由于自己的语言使用习惯,经常使用方言,其方言能力发展良好,方言的使用率也偏高。从访谈信息可以发现,他们对方言持有的是正面、积极的态度。评价方言更多会使用"很顺耳""好听""有意思""生动,有生活气息"等传达正向、积极乐观色彩的词汇;由于普通话能力稍差,"有口音",自我的评价是"不好听"。不过,下面的访谈案例显示,语言能力与语言态度并不完全一致。某种语言能力强,对这种语言变体的态度并不一定是正面的、积极的,反之亦然。

　　"虽然我汕头话说起来是要流畅一些,但我现在倾向于说普通话,因为我会担心说汕头话有人听不懂,我不知道有多少,可能不多,但我现在更喜欢普通话,我还是选择普通话,想说好它。"(汕头样本 1)

　　"我在汕头现在会倾向于说普通话,有意为之的,我觉得如果一直像老人家一样说潮汕话,可能以后去到外地就会不自觉地用了,那样不好。我想努力去养成习惯,尽量去习惯普通话的思维。"(汕头样本 3)

　　"我会先把我的孩子普通话教会,避免他以后跟我一样有口音,方言以后再说,但我还是侧重普通话跟他多说一点的,因为时代不一样了,他以后工作学习肯定普通话更重要。"(汕头样本 15)

　　上述三位受访者,都是属于方言能力强于普通话能力的(方强普弱型)全双言人。在社会互动中,使用普通话交际存在一些障碍,但他们对普通话的态度却非常正面积极。比如,他们会明确表达这样的观点,诸如"在情感上更喜欢普通话""普通话更重要"等等。在语言社会化过程中,在与他人交际并建立各种社会身份的过程中,这些受访者意识到普通话的实用功能和无可替代的强大的交际功能,因此在意向态度上个人更倾向于使用普通话,倾向于更加努力学习提升普通话能力,从而借助它更好地融入社会和社区生活。

　　"上海话亲切的,上海人能用上海话交流的时候,首先能让对方有亲切感,就像'找到组织了',就算我讲得很笨拙,都会有一种归属感。……(深入学习上海话)我有这个想法的,上海话是文化的承载,下一代还是不想让它消亡,那首先要自己先学好,给他们做个榜样,不过我不确定今后有没有这个可能性,我觉得说上海话的人越来越少了,比较危险,我想要不就忍受一下嘲讽,找那些会说的人带带我。"(上海样本 4)

　　"我觉得上海话好听一点,虽然我不怎么会说,公车现在加了(上海话)报站,听起来比普通话有韵律,可能因为它调子比较复杂,它好像有五个调。"(上海样本 7)

　　"我觉得我在上海生活了这么多年完全说不出来上海话有点遗憾,小时候老师说多说普通话比较好,当时没有这种意识,现在觉得会说方言的人感觉就是跟我不一样,看同学用上海话跟家里打电话竟然有点羡慕,只会说普通话感觉就是缺失了一点什么,可能方言就是当地人的一种认同,一种连结吧。"(上海样本 11)

　　"我很愿意去学汕头话,像我们这样外迁来的,来这边学习的,都很想学,我想学到能平常跟本地人交流的程度,很深入倒不一定,交流这些一定要做到。"(汕头样本 12)

　　上述四位受访者都是普通话强于方言的双言不均衡全双言人或者半双言人(半方型)。他们的方言能力或多或少存在不足,由于能力的缺失,在各种社交网络中,实际使用方言的比率较低。可在情感态度和意向态度方面,他们对方言的认同度却偏高。在语言社会化过程中,受访者需要建构与呈现的社会身份越来越复杂,对不同语言变体的需求度越来越高,尤其对方言的需求度升高。因此,即使方言能力存在不足,他们对方言的认同度却逐渐提高,都希望能够借助方言更好地融入当地社区,强化突出自己的地域身份;另外,方言的情感价值和文化载体价值也越来越被肯定,这些变化让受访者对方言文化的学习热情升高,对方言传承的关注度也增加。语言态度方面的这些变化均与个体双言能力的发展状况及语言使用体验相关。

本章小结

　　本章从情感维度、认知维度和意向维度三个方面考察了城市新生代的语言态度，并结合访谈语料探究了影响新生代语言态度发展变化的因素。新生代语言态度具体分为四类，即关于习得多语资源的态度、普通话态度、方言态度以及双言态度。综合来看，新生代的语言态度呈现出开放包容、理性客观的特征。结果显示，80％左右的新生代赞成尽可能多地习得多种语言资源，这种语言态度的形成与其对掌握多种语言资源的重要性和必要性的认知状况密切相关。新生代的语言意识中，掌握多种语言资源不仅可以丰富生活，还意味着个体与世界联系的增多，同时也表明个体能力的强大。新生代对普通话和方言的认知态度方面，对普通话和方言社会地位的认同态度较为模糊，对两种语言变体实用性、必要性方面的态度较为明确。此外，新生代对方言、普通话的认同方面与年长一代存在较多的共同点，同样强调和重视方言的情感联系功能、地域身份认同功能等；与此同时，也承认普通话作为全民交际语的重要地位与价值。意向态度方面，个体语言使用习惯与语言态度关系密切。交际互动中经常使用普通话的新生代，其对普通话的积极认同度较高；反之，则对方言的积极认同度偏高。虽然新生代整体上对普通话的认同度较高，但明确表明最愿意习得或者提升的语言能力则为方言能力，不过，他们习得和传承方言的积极性因所在城市不同存在一些差异。具体来看，来自城市经济发达、社会流动频繁的新生代，学习方言的意愿和积极性较高，同时对方言传承问题的关注度也较高。城市新生语言态度方面的新变化是双言态度的出现。这是新生代语言态度更加客观理性、开放包容的体现。持有双言态度的新生代在肯定某一语言变体的同时，不会简单粗暴地否定另一种语言变体，而且对于不同语言变体的功能和价值也更能从多角度、多方位去思考与衡量。在语言社会化过程中,城市发展和城市语言环境、家庭成员的语言态度和双言能力以及个体的双言能力和语言使用体验等都是影响新生代语言态度发展变化的重要因素。

结　语

　　方言传承问题，一直是国内语言学界关注的重要课题。早在 20 世纪 80 年代，就有学者关注普通话对方言的冲击和影响；随后，对城市方言现状和青少年方言使用情况的调查日益增多。不同城市的调查数据均显示，城市新生代对方言的使用逐年递减，甚至有些已经不会说方言；家庭成为方言使用的重要场所，也是方言传承的重要阵地。学者们开始结合家长期望，家长的语言转用、语言认同、语言态度等社会因素来解释青少年方言能力的萎缩或缺失。可已有研究成果显示，上述社会心理认同与实际的语言行为存在矛盾，高认同未必能带来高使用率，反之亦然。这些发现促使我们重新思考制约青少年方言传承的深层动因。总体来看，现有成果较少从语言社会化视角思考语言能力发展与传承的问题，将语言社会化理论与实际调查相结合，或者与方言传承相结合的研究更少。从语言社会化视角思考方言传承的问题，主要理由在于：(1) 已有的方言传承研究，倾向于把方言能力发展视为独立的个人成长过程，方言发展与社区文化环境的交互影响关注较少。研究表明，以文化为基础的社会行为、社区环境是家庭继承语传承中最强有力的影响因素；(2) 两者结合的优势是，能够从语言使用者视角描述家庭、社区文化等对个体语言态度和使用的影响，发现个体语言能力动态发展状况；(3) 当前语言社会化研究中的重要结论，虽多数来自欧美国家，但对我国方言传承与发展研究却很有启发意义，值得我们结合中国的语境深入探索。

　　语言社会化研究总体上属于纵向研究，更有利于分析初学者（或儿童）

在社会化过程中语言的发展过程和变化趋势,强调在自然状态中通过观察获取所需语料。因此,在研究方法上,多数研究采用的是民族志以及其他形式的质性研究方法,但某些研究也不排斥量化的研究方法。基于此,本著作以实地调查为基础,采取定量和定性相结合的方法展开研究。通过问卷调查法、参与观察法、结构访谈法等相结合的方式搜集城市新生代的背景信息、语言能力状况以及语言社会化过程;比较分析主要是对比个体语言社会化过程的异同点以及新生代方言传承状况的差异;社会语言学分析法,主要采用 SPSS 社会统计分析软件,从年龄、性别、职业、家庭通婚结构、家庭抚养方式等角度分析新生代方言能力发展中的社会影响因素与影响机制;叙事转向分析法主要用来考察语言社会化的类型与特征、语言态度等内容。采用这种方法的目的是将研究重点集中在受访者所谈到的经验性内容方面,尤其是直接影响其语言态度、语言意识以及语言社会化过程的微观的、稍纵即逝的体验和经历。受访者叙述性数据有助于发现促使受访者习得和使用某种语言变体的原因或者动机。

研究发现,城市新生代语言社会化类别包括被动性语言社会化和自主性语言社会化两类,划分依据是个体自我语言意识的发展状况。两类语言社会化过程并非截然分开,而是随着自我语言意识的发展状况,相互交织与影响。幼年时期家庭语境和学校语境下的互动交际中,被动性语言社会化占主导,父母、家庭成员以及老师承担"施教者"的角色,利用他们显性语言社会化或隐性语言社会化决定或影响着新生代的语言态度、语言习得和使用。语言关键期之后,新生代语言意识逐步形成并发展,自主性语言社会化过程逐步取代被动性语言社会化。在复杂多样的交际互动网络中,为了更好地融入或者构建不同的社会身份,新生代会出现语码转换,甚至会调整、改变已有的语言使用习惯。语言社会化过程是一个动态变化的连续统,持续影响新生代的语言能力发展和语言使用状况。虽然所处的城市存在差异,但新生代方言社会化过程仍呈现出一些一致性的特征。具体表现为方言习得的持续性、方言能力的变化性、方言使用的红利化以及方言社会化的阶段性等特征。由于城市规模及推广普通话力度的差异、外来人口数量的不同以及社会身份建构需求的不同等因素,新生代方言社会化也出现一些差异。综合来看,城市新生代的方言能力发展状况良好,虽然方言使用率出现下降,但在较长一段时间内,我国城市方言的传承虽面临挑战但尚无濒危的可能。新生代习得和使用方言的途径趋于多元化,除了家庭之外,学校、社区、同伴网络等在一定程度上也能助力新生代方言能力的发展。自主性语言社会化以及方言习得途径的多元化,让新生代即使脱离家庭语境,其方言能力都有再提升与发展的可能性,这给方言传承带来新希望。调查数据显示,城市新生代语言态度整体上是正面积极且开放包容的。首先,对掌握多种语言资源的态度,多数人支持赞成。在他们的语言意识中,掌握多种语言资源不仅可以丰富生活,还意味着个体与世界联系的增多,同时也表明个体能力的强大。其次,新生代对待普通话、方言的态度,整体上趋于客观、理性。一方面,他们接受并认可普通话作为全民交际语的重要地位与价值;另一方面,他们也强调和重视方言的情感联系纽带、地域身份认同等功能。因此,新生代在肯定某一语言变体的同时,不会简单粗暴地否定另一种语言变体,对不同语言变体的功能与价值倾向于从多角度、多方位去衡量与评判。不过,由于城市发展和城市语言环境、家庭成员的语言态度和双言能力以及个体的双言能力和语言使用体验等的差异,新生代的语言态度、习得和传承方言的积极性与参与感等方面会出现不同。所处的城市越发达、社会流动越频繁,新生代学习方言的热情与积极性越高,对方言传承的关注度也越高;此外,对某一语言变体了解、接触多或者使用多的,其对这一变体的积极认同较高;反之,则对这一语言变体的消极认同高。

本著作的创新之处表现在三个方面。首先,新的研究视角。将语言社会化过程与地域方言的传承结合起来研究,这一视角可以深入地讨论地域方言传承与发展的机制和影响因素。其次,新的研究方法。将观察法、访谈法、问卷调查法、叙事转向法等多种方法相结合,不再仅仅依靠某一种研究方法,在最大程度上确保语料的可靠性、真实性,同时也尽力保证研究结果的科学性与有效性。最后,新的研究价值。本研究分析了不同类别语言社会化与地域方言传承之间的关系,并在此基础上讨论影响方言传承与发展的关键因素;深入分析不同城市新生代"愿意说方言"或者"拒绝说方言"的深层社会文化动因,有助于思考新的干预策略。总之,对这些内容的探究可以为宏观语言规划研究提供参考和借鉴。本著作仍存在一些不足,首先,主要采取滚雪球的方法确定研究对象,调查样本不均衡,这让样本的代表性存在局限。其次,调查选取的代表城市数量有限,虽然考虑到城市类别的差异,但由于多种原因的限制,调查城市的数量仍然偏少,分析概括的语言社会化的类别与特征等结论,还需要做进一步的验证。最后,理论提炼仍需要加强。本研究验证了语言社会化理论在中国应用的有效性,但未能对理论做进一步的发展,如何依据现有语料,提炼普适性的规律,这是未来需要认真思考的问题。

参考文献

[1] 鲍明炜.六十年来南京方音向普通话靠拢情况的考察[J].中国语文, 1980(1).

[2] 陈松岑.新加坡华人的语言态度及其对语言能力和语言使用的影响[J]. 语言教学与研究,1999(1).

[3] 陈新仁.语用身份:动态选择与话语建构[J].外语研究,2013(4).

[4] 陈燕玲,林华东.泉州地区城乡学生双言生活状况对比调查[J].语言文字应用,2013(1).

[5] 陈章太.语言变异与社会及社会心理[J].厦门大学学报(哲学社会科学版),1988(1).

[6] 程利娜,程诚.同伴影响的内在特质调节机制[J].青年研究,2020(3).

[7] 戴曼纯.外语能力的界定及其应用[J].外语教学与研究,2002(6).

[8] 戴庆厦.社会语言学概论[M].北京:商务印书馆,2004.

[9] 戴庆厦,邓佑玲.城市化:中国少数民族语言使用功能的变化[J].陕西师范大学学报(哲学社会科学版),2001(1).

[10] 戴庆厦,张弼弘.论仫佬族的语言观念[J].中南民族大学学报(人文社会科学版),1990(1).

[11] 丁金宏,朱庭生,朱冰玲,等.论城市两地户口婚姻的增长、特征及其社会政策寓意——以上海市为例[J].人口研究,1999(5).

[12] 杜占元.普通话助力建设语言文化强国[N].语言文字周报,2017-11-22(001).

[13] 范湘萍.后经典叙事语境下的美国新现实主义小说研究[M].上海:上海交通大学出版社,2015.

[14] 费嘉.南京方言社会学初探[J].南京社会科学,1993(1).

[15] 高一虹,苏新春,周雷.回归前香港、北京、广州大学生的语言态度[J].外语教学与研究,1998(2).

[16] 高颖,张秀兰.大城市"两地婚姻"的变动趋势及特征分析——以北京为例[J].南方人口,2014(2).

[17] 何自然,于国栋.语码转换研究评述[J].现代汉语,2001(1).

[18] 胡明扬.北京话初探[M].北京:商务印书馆,1987.

[19] 黄立鹤,贺蔼文.上海高校学生沪语使用情况调研及其保护传承略谈[J].语文学刊,2013(3).

[20] 蒋冰冰.双语与语言和谐——来自上海市学生语言使用情况的调查[J].当代修辞学,2006(6).

[21] 康岚."谁是外地人":大都市居民的地域身份意识及其影响因素——以上海为例[J].华中科技大学学报(社会科学版),2017(1).

[22] 匡芳涛,安礼艳.语言·交际·社会化语言习得理论述评[J].外语教育,2008(1).

[23] 兰良平.叙事身份研究的社会实践转向[J].话语研究论丛,2016(1).

[24] 李经伟.语码转换与称呼语的标记作用[J].解放军外国语学院学报,1999(2).

[25] 李如龙.闽南方言地区的语言生活[J].语文研究,1995(2).

[26] 李廷海,薄其燕.朝鲜族和维吾尔族双语态度与文化认同——基于双语教育背景的比较研究[J].民族教育研究,2016(6).

[27] 李现乐.语言资源与语言经济研究[J].经济问题,2010(9).

[28] 李宇明.语言资源观及中国语言普查[J].郑州大学学报(哲学社会科学版),2008(1).

[29] 李宇明.双言双语生活与双言双语政策[J].语言政策与规划研究,2014(6).

[30] 梁德惠.美国中西部城市华人移民家庭的语言规划研究[J].云南师范

大学学报（对外汉语教学与研究版）,2020(2).

[31] 林伦伦.粤东闽语区语言生活的变化及趋向[J].广东技术师范学院学报,2005(1).

[32] 林伦伦.潮汕方言五问——基于语言资源保护工程的启动和开展[J].韩山师范学院学报,2017(4).

[33] 刘丹青.语言能力的多样性和语言教育的多样化[J].世界汉语教学,2015(1).

[34] 刘慧,黎顺苗.粤东地区居民语言使用情况调查分析[J].语言文字应用,2020(3).

[35] 刘群.家庭语言规划和语言关系[J].江西师范大学学报(哲学社会科学版),2017(6).

[36] 陆洋,风笑天.新时期亲子互动方式与青少年社会化发展[J].北京青年研究,2015(4).

[37] 吕斌.语言景观视角下当代日本社会的语言问题——以东京为例[J].语言战略研究,2017(2).

[38] 钱乃荣.论语言的多样性和"规范化"[J].语言教学与研究,2005(2).

[39] 钱乃荣.科学保护和传承上海话[J].成才与就业,2012(17).

[40] 单韵鸣,李胜.广州人语言态度与粤语认同传承[J].语言战略研究,2018(3).

[41] 施其生.从口音的年龄差异看汕头音系及其形成[J].中山大学学报(哲学社会科学版),1988(3).

[42] 斯蒂芬・L.申苏尔,琼・J.申苏尔,玛格丽特・D.勒孔特.民族志方法要义:观察、访谈与调查问卷[M].康敏,李荣荣,译.重庆:重庆大学出版社,2012.

[43] 孙晓先,蒋冰冰,王颐嘉,等.上海市学生普通话和上海话使用情况调查[J].长江学术,2007(3).

[44] 汪平.普通话和苏州话在苏州的消长研究[J].语言教学与研究,2003(1).

[45] 汪平.再说上海话的分区[J].方言,2006(3).

[46] 汪卫红,张晓兰.方言代际传承中的父母媒介转译行为[J].语言战略研究,2019(2).

[47] 王娟.新疆维吾尔族大学生的语言态度[J].陕西师范大学学报(哲学社会科学版),2017(4).

[48] 王立.语言期望与中小学生的语言成长[J].语言文字应用,2008(4).

[49] 王玲.城市化进程中本地居民和外来移民的语言适应行为研究[J].语言文字应用,2012(1).

[50] 王玲.语言意识与家庭语言规划[J].语言研究,2016(1).

[51] 王玲.家庭语言规划视角语言传承研究[M].南京:南京大学出版社,2021.

[52] 王玲,支筱诗.美国华人家庭父母语言意识类型及影响因素分析[J].华文教学与研究,2020(3).

[53] 王毅杰,倪云鸽.流动农民社会认同现状探析[J].苏州大学学报(哲学社会科学版),2005(2).

[54] 王远新.论我国少数民族语言态度的几个问题[J].满语研究,1999(1).

[55] 王远新.论裕固族的语言态度[J].语言与翻译,1999(2).

[56] 王远新."一寨两国"的语言生活——云南省瑞丽市云井村村民语言使用和语言态度调查 [J].陕西师范大学学报 (哲学社会科学版),2017(4).

[57] 魏炜.新疆跨民族交际外部语言环境与双语教育——喀什、伊宁、乌鲁木齐三地的语言使用与语言态度比较研究[J].民族教育研究,2013(5).

[58] 文秋芳,杨佳.提升国家语言能力,助推两个共同体建设[J].语言文字应用,2020(4).

[59] 邬美丽.在京少数民族大学生民汉双语态度调查[J].语言教学与研究,2008(6).

[60] 吴光芸,杨龙.社会资本视角下的社区治理[J].城市发展研究,2006(4).

[61] 吴晓林,郝丽娜."社区复兴运动"以来国外社区治理研究的理论考察[J].政治学研究,2015(1).

[62] 伍巍.家庭语言交际格局的动态研究——两个家庭 20 年来语言生活的

历时调查分析[J].语言文字应用,2003(1).

[63] 徐大明,陶红印,谢天蔚.当代社会语言学[M].北京:中国社会科学出版社,1997.

[64] 徐晖明,周喆.广州青少年语言使用与语言态度调查与分析[J].语言文字应用,2016(3).

[65] 许宏晨,高一虹.英语学习动机与自我认同变化——对五所高校跟踪研究的结构方程模型分析[J].外语教学理论与实践,2011(3).

[66] 薛才德.上海市民语言生活状况调查[J].语言文字应用,2009(2).

[67] 叶南客.中国城市居民社区参与的历程与体制创新[J].江海学刊,2001(5).

[68] 尹小荣.双言制理论的演变:概念、类别和模型[J].语言规划学研究,2018(2).

[69] 游汝杰.方言和普通话的社会功能与和谐发展[J].修辞学习,2006(6).

[70] 游汝杰.三十年来上海方言的发展变化[C]//吴语研究.第五届国际吴方言学术讨论会论文集.上海:上海教育出版社,2010.

[71] 游汝杰,邹嘉彦.社会语言学教程[M].上海:复旦大学出版社,2004.

[72] 于根元.推广普通话 60 年[J].语言文字应用,2009(4).

[73] 俞玮奇.普通话的推广与苏州方言的保持——苏州市中小学生语言生活状况调查[J].语言文字应用,2010(3).

[74] 俞玮奇.城市青少年语言使用与语言认同的年龄变化——南京市中小学生语言生活状况调查[J].语言文字应用,2012(3).

[75] 俞玮奇,杨璟琰.近十五年来上海青少年方言使用与能力的变化态势及影响因素[J].语言文字应用,2016(4).

[76] 詹伯慧.汉语方言研究的回顾和前瞻[J].学术研究,1992(1).

[77] 张存刚,李明,陆德梅.社会网络分析——一种重要的社会学研究方法[J].甘肃社会科学,2004(2).

[78] 张璟玮,徐大明.人口流动与普通话普及[J].语言文字应用,2008(3).

[79] 张民选,张日培.多样与和谐:上海城市发展中的语言规划构想[J].云

南师范大学学报(哲学社会科学版),2011(3).

[80] 张先亮,赵思思.试论国民语言能力与人力资源强国[J].语言文字应用,2013(2).

[81] 赵玉超,陈建平.广州亚运会志愿者对不同英语口音的态度调查[J].语言学研究,2013(2).

[82] 郑子安,原苏荣.上海中小学生沪语使用情况及教学调查报告[J].现代语文(语言研究版),2017(1).

[83] 周皓,李丁.我国不同省份通婚圈概况及其历史变化——将人口学引入通婚圈的研究[J].开放时代,2009(7).

[84] 周明朗.语言社会化过程与初级汉语作为外语教学[J].语言教学与研究,1994(3).

[85] 周宗奎.家庭抚养方式与儿童的社会化[J].教育评论,1998(2).

[86] 朱媞媞,苏金智.泉州市中小学生语言文字使用情况调查[J].中国社会语言学,2016(1).

[87] 祝畹瑾.社会语言学译文集[M].北京:北京大学出版社,1985.

[88] 邹春燕.广州客家家庭方言代际传承研究[J].语言战略研究,2019(2).

[89] Acar A. The "communicative competence" controversy[J]. Asia EFL Journal，2005(3).

[90] Agheyisi R，Fishman J. Language attitude studies：A brief survey of methodological approaches[J]. Anthropological Linguistic，1970(5).

[91] Ahn H. Teachers' attitudes towards Korean English in South Korea [J].World Englishes，2014(2).

[92] Amir A，Musk N. Language policing：Micro-level language policy-in-process in the foreign language classroom[J]. Classroom Discourse，2013(2).

[93] Anderson M R. Beyond membership：A sense of community and political behavior[J].Political Behavior，2009(4).

[94] Bachman L. Fundamental Considerations in Language Testing[M].

Oxford: Oxford University Press, 1990.

[95] Bayley S R. Language socialization practices and cultural identity: Case studies of Mexican-descent families in California and Texas[J]. Tesol Quarterly, 2012(3).

[96] Byon A. Language socialization and Korean as a heritage language: A study of Hawiian classrooms[J]. Language, Culture and Curriculum, 2003(3).

[97] Byrne N,Lyddiard T,Furniss R. Considering the impact of maltreatment on children in out of Home Care when providing speech language pathology intervention: Case examples[J]. Speech,Language and Hearing, 2017(1).

[98] Cargile A, Giles H. Understanding language attitudes: Exploring listener affect and identity [J]. Language and Communication, 1997(17).

[99] Chavis D M,Wandersman A. Sense of community in the urban environment: A catalyst for participation and community development [J]. American Journal of Community Psychology, 1990(1).

[100] Chinen K, Tucker G R. Heritage language development: Understanding the role of ethnic identity and Saturday school participation [J]. Heritage Language Journal, 2005(1).

[101] Coulmas F. The Handbook of Sociolinguistics [M]. Oxford: Blackwell Publishing, 2006.

[102] Crago M B, Annahatak B, Ningiuruvik L. Changing patterns of language socialization in inuit homes[J]. Anthropology and Education Quarterly, 1993(3).

[103] Curdt-Christiansen X L. Conflicting language ideologies and contradictory language practices in Singaporean multilingual families[J]. Journal of Multilingual and Multicultural Development, 2016(7).

[104] Curdt-Christiansen X L. Family language policy: Is learning Chinese at odds with leaning English? [M]// Learning Chinese in Diasporic Communities: Many Pathways to Being Chinese. Amsterdam: John Benjamins Publishing Company, 2014.

[105] Curdt-Christiansen X L, Huang J. Factors influencing family language policy[M]//Handbook of Social and Affective Factors in Home Language Maintenance and Development. Berlin: De Gruyter Mouton, 2020.

[106] Dailey M, Giles H. Language attitudes in an Anglo-Hispanic context: The role of the linguistic landscape[J]. Language & Communication, 2005(25).

[107] De Houwer A. Parental language input patterns and children's bilingual use[J]. Applied Psycholinguistics, 2007(3).

[108] Duff P. Language Socialization, Participation and Identity: Ethnographic Approaches[C]// M Martin-Jones, A M De Mejia, N H Hornberger(eds.). Encyclopedia of Language and Education. New York: Springer Verlag, 2008.

[109] Duff P. Second language socialization as sociocultural theory: Insights and issues[J]. Language Teaching, 2007(4).

[110] Ferguson C A. Diglossia[J]. Word, 1959(2).

[111] Firth A, Wagner J. On discourse, communication, and (some) fundamental concepts in SLA research[J]. The Modern Language Journal, 2007(s1).

[112] Fishman J. Bilingualism with and without diglossia[J]. Journal of Social Issues, 1967(2).

[113] Fishman J. Reversing Language Shift: Theoretical and Empirical Foundations of Assistance to Threatened Languages (Multilingual Matters 76)[M]. Clevedon: Multilingual Matters, 1991.

[114] Garret P B, Baquedano-Lopez P. Language socialization: Reproduction and continuity transformation and change[J]. Annual Review of Anthropology, 2002(31).

[115] Garrett P B, Donald P. Internationalisation and the place of minority languages in universities in three European bilingual contexts: A comparison of student perspectives in the Basque Country, Catalonia and Wales[J]. Harnessing Linguistic Variation to Improve Education, 2012(5).

[116] Geerlings, Jolien. Changes in ethnic self-identification and heritage language preference in adolescence[J]. Journal of Language and Social Psychology, 2015(5).

[117] Godson L. Vowel production in the speech of Western Armenian heritage speakers[J].Heritage Language Journal, 2004(2).

[118] He A. Linguistic anthropology and language socialization[M]// S Wortham, B Rymes (eds.), Linguistic Anthropology of Education. Westport, CT: Praeger, 1997.

[119] He A W. Co-constructing institutional identities: The case of student counselees[J]. Research on Language and Social Interaction, 1995(3).

[120] Hymes D. On communicative competence[M]//J Pride,J Holmes (eds.). Sociolinguistics. Harmondsworth: Penguin Books, 1971.

[121] Katz M L. Engineering a hotel family: Language ideology, discourse, and workplace culture[J]. Linguistics and Education, 2001(3).

[122] King K A, Fogle L. Family language policy and bilingual parenting [J]. Language Teaching, 2013(2).

[123] King K A, Fogle L, Logan-Terry A. Family language policy[J]. Language and Linguistics Compass, 2008(2).

[124] Lanza E. Multilingualism in the Family[M]//P Auer ,W Li .Hand-

book of Multilingualism and Multilingual Communication. Berlin: Mouton de Gruyter, 2007.

[125] Lenneberg E. Biological Foundations of Language[M]. New York: Wiley and Sons, 1967.

[126] Leung G, Uchikoshi Y. Relationships among language ideologies, family language policies, and children's language achievement: A look at Cantonese-English bilinguals in the U.S[J]. Bilingual Research Journal, 2012(3).

[127] Li W, Moyer M. The Blackwell Guide to Research Methods in Bilingualism and Multilingualism[M]. Oxford: Blackwell Publishing, 2008.

[128] Li Y, Li D, Gao X. The complexity of family language policy decisions: The case of Cantonese and other regional Chinese varieties [J]. Círculo de Lingüística Aplicada a la Comunicación, 2019(79).

[129] Lynch A. The relationship between second and heritage language acquisition: Notes on research and theory building[J]. Heritage Language Journal, 2003(1).

[130] Nguyen T, Hamid M. Language attitudes, identity and L1 maintenance: A qualitative study of Vietnamese ethnic minority students [J]. System, 2016(61).

[131] Ochs E. Culture and Language Development: Language Acquisition and Language Socialization in a Samoan Village[M]. Cambridge: Cambridge University Press, 1988.

[132] Ochs E, Schieffelin B B. Language Acquisition and Socialization: Three Developmental stories and their implications [C]//R A Schweder, R A LeVine (eds.). Culture Theory: Essays on Mind, Self, and Emotion. Cambridge: Cambridge University Press, 1984.

[133] Ochs E, Schieffelin B B. The Impact of Language Socialization on

Grammatical Development[M]//P Fletcher, B MacWhinney (eds.). The Handbook of Child Language. Oxford: Blackwell, 1995.

[134] Ochs E, Schieffelin B B. The theory of language socialization[C]// A Duranti, E Ochs, B B Schieffelin(eds.). The Handbook of Language Socialization. West Sussex: Wiley-Blackwell, 2012.

[135] Oh J S, Fuligni A J. The role of heritage language development in the ethnic identity and family relationships of adolescents from immigrant backgrounds[J]. Social Development, 2010(1).

[136] Park H, Tsai K M, Liu L L,et al. Transactional associations between supportive family climate and young children's heritage language proficiency in immigrant families[J]. International Journal of Behavioral Development, 2012(3).

[137] Paugh A L. Learning about work at dinnertime: Language socialization in dual-earner, American families[J]. Discourse & Society, 2005(1).

[138] Penfield W, Roberts L. Speech and Brain Mechanism[M]. New York: Atheneum Press, 1959.

[139] Premsrirat S, Uniansasmita S. Planning and implementing Patani Malay in bilingual education in Southern Thailand[J]. Journal of the Southeast Asian Linguistics Society, 2012(5).

[140] Riley K C. Language socialization[M]//B Spolsky, F M Hult (eds.). Handbook of Educational Linguistics. Malden: Blackwell, 2008.

[141] Ruth, Kanagy. Interactional routines as a mechanism for L2 acquisition and socialization in an immersion context[J]. Journal of Pragmatics, 1999(11).

[142] Saito A. Is English a nuisance or an asset? Japanese youths' discursive constructions of language attitudes[J]. System, 2014(44).

［143］Schecter S R，Bayley R. Language socialization practices and cultural identity：Case studies of mexican-descent families in California and Texas［J］. TESOL Quarterly，1997(3).

［144］Schieffelin B B，Ochs E. Language Socialization Across Cultures［M］. Cambridge：Cambridge University Press，1986.

［145］Schieffelin B B，Ochs E. Language socialization［J］. Annual Review of Anthropology，2003(1).

［146］Schieffelin B B，Woolward K，Kroskrity P. Language Ideologies：Practice and Theroy［M］. New York：Oxford University Press，1998.

［147］Sheldon A. Kings areroyaler than queens'：Language and socialization［J］. Young Children，1990(2).

［148］Siegal，M. The role of larner subjectivity in second language sociolinguistic competency：Western women learning Japanese［J］. Applied Linguistics，1996(3).

［149］Silvia M P. The role of the family in Heritage language use and learning：Impact on Heritage language policies［J］. International Journal of Bilingual Education and Bilingualism，2015(1).

［150］Thornton R，Wexler K. Principle B，VP Ellipsis，and Interpretation in Child Grammar［M］. Cambridge：MIT Press，1999.

［151］Tracy K，Robles J S. Everyday Talk：Building and Reflecting Identities［M］. New York：Guilford Press，2013.

［152］Ubalde J，Alarcon A，Lapresta C. Evolution and determinants of language attitudes among Catalan adolescents［J］. International Journal of Intercultural Relations，2017(60).

［153］Wang L，King K. Language ideologies，language policies，and shifting regional dialect proficiencies in three Chinese cities［J/OL］. Journal of Multilingual and Multicultural Development，2022［2022 -

12 - 20].http://doi.org/10.1080/01434632.2022.2044339.

[154] Watson-Gegeo K A, Nielsen S E. Language socialization in SLA [C]// C Doughty, M H Long (eds.). The Handbook of Second Language Acquisition. Oxford: Blackwell, 2003.

[155] Watson-Gegeo, K. A. Mind, language, and epistemology: Toward a language socialization paradigm for SLA [J]. The Modern Language Journal, 2004(88).

[156] Wong K F, Xiao Y. Diversity and difference: Identity issues of Chinese heritage language learners from dialect backgrounds[J]. Heritage Language Journal, 2010(2).

[157] Wortham S. Socialization beyond the speech event[J]. Journal of Linguistic Anthropology, 2005(1).

[158] Xiao Y. Home literacy environment in CHL development[M]// A W He, Y Xiao(eds.),Chinese as a Heritage Language: Fostering Rooted World Citizenry. Honolulu: University of Hawaii Press, 2008.

附　录

附录一　新生代的访谈问题

1. 请问你现在多大？ Can you tell me how old you are now?

2. 你现在读书,还是在工作？ Are you studying or working now?

3. 你家住在哪个区？ 你们住的小区本地人多吗？ Which district do you live in? Are there many local people in your community?

4. 请问你会说本地方言吗？ 你觉得你的本地方言说得怎么样？ Can you speak the local dialect? What do you think of your local dialect?

5. 除了本地方言,你还会说什么话？ Apart from the local dialect, what else can you speak?

6. 你家里现在几口人,都有谁？ How many people are there in your family now?

7. 你的家里人都是本地人吗？ 都会说本地方言吗？ Are your family all local? Do they speak local dialect?

8. 你小时候是谁带大的？ Who brought you up as a child?

9. 你能想一想,在你小的时候,在家里,你们家人之间都说什么话？ 和你说什么话？ Can you think about what language variety your family used

to talk to each other，or talk to you，at home when you were a child?

10. 小的时候，你的家里人有没有教你说过什么话？或者特别要求你在家里说什么话？ When you were a child，your family specifically taught you to speak what language variety? Or they asked you to speak what language variety at home?

11. 你小的时候，在你住的小区里，人们都说什么话？你和他们说什么话？ When you were a child，what language variety did people speak in your neighborhood? What language variety did you use to them?

12. 小时候，你和亲戚们在一起时，你会和他们说什么话？你爸爸妈妈或者爷爷奶奶和他们会说什么话？ When you were a child，what language variety did you use to your relatives? What language variety did your parents or your grandparents use to them?

13. 你还记得，上学以后，你在学校里都说什么话？老师和同学们在课堂上都说什么话？在学校里，老师、同学们会说本地方言吗？ Did you remember what language variety you used when you went to school? What language variety your teachers and your classmates used in class at that time? At that time，did your teachers and your classmates speak local dialect?

14. 从小到大，你印象中，有什么事或者什么经历，是跟说什么话有关的？ From childhood to adulthood，what did you have in mind or experience is related to what language variety you used?

15. 现在你主要说什么话？什么时候，和谁在一起会说本地方言？ What language variety do you mainly use now? When and with whom do you speak the local dialect?

16. 与小时候相比，你在说本地方言或者说普通话方面，有没有变化？ Compared with when you were a child，do you have any changes in speaking local dialect or Putonghua?

17. 你对本地方言有什么看法？你觉得本地人必须得会说本地方言吗？

What do you think of the local dialect? Do you think local people have to speak the local dialect?

18. 如果以后你有了自己的小孩，你会让他学习本地方言吗？ If you have your own child in the future，will you let him learn the local dialect?

附录二 新生代父母的访谈问题

1. 您好,能告诉我您多大年纪吗? Can you tell me how old you are?

2. 您是做什么工作的? What do you do now?

3. 您是本地人吗? 您会说本地方言吗? Are you from the local? Can you speak local dialect?

4. 您爱人和您年龄差不多吗? 是做什么工作的? Is your wife (or husband) about your age? What's her(or his) job?

5. 您的爱人是本地人吗? 会不会说本地方言? Is your wife(or your husband) local people? Can she (or he)speak local dialect?

6. 您有几个孩子? 都多大了? How many kids do you have? How old are they?

7. 您家现在哪个区? 您住的小区本地人多吗? 你们一直在这个小区住吗? Which district your home belongs to now? Are there many local people in your community? Have you been living in this neighborhood?

8. 您的孩子,是您和爱人自己抚养长大的吗? 有其他人帮忙抚养吗? Was your child brought up by you and your wife(or your husband)? was there anyone else to help raise your kids?

9. 您的孩子会说本地方言吗? Can your kids speak local dialect?

10. 您孩子小的时候,你们家里主要说什么话? 您和孩子会说什么话? 你家里的其他人都和孩子说什么话? When your child was young, what language variety did your family use at home? What language variety you used to your child? What language variety the rest of your family used to your child?

11. 您孩子小的时候,在家里,您和您爱人之间说什么话? 您和您的爸爸妈妈说什么话? When your child was young, what language variety you

used to your couple at home? What language variety you used to your parents?

12. 您孩子小的时候,你或者其他人(比如,您的爱人等)有没有要求他(或她)在家里说什么话? 或者教他说过什么话(本地方言或者普通话)? When your child was young, did you or other people (such as your couple) ask him(or her) to say some language variety at home? Or taught your kid some language variety (such as local dialect or Putonghua)?

13. 您孩子小的时候,在您居住的小区里,人们主要说什么话? 您在小区里和他们说什么话? When your child was a child, what language variety did people speak in your neighborhood? What language variety did you use to them?

14. 您工作的时候说什么话? 您和朋友、亲戚在一起时,主要说什么话? What language variety do you speak at work? What language variety do you speak when you are with friends or your relatives?

15. 您孩子小的时候,印象中有发生过什么事或者什么经历,是跟说什么话有关的? Did you have any impression or experience which was related to speak some language variety when your child was a child?

16. 与小时候相比,您觉得您的孩子,在说本地方言或者说普通话方面,有没有变化? Compared with when your kid was a child, you notice whether some change has taken place in your child's local dialect proficiency or Putonghua proficiency?

17. 您对本地方言有什么看法? 您觉得住在这里的人,都必须要会说本地方言吗? What do you think of the local dialect? Do you think people living here must be able to speak the local dialect?

18. 如果未来您的孩子也有了自己的孩子,您觉得您的孙子、外孙(或者孙女、外孙女)应该要学习说本地方言吗? If your children have their own children in the future, do you think your grandson (or granddaughter) should learn to speak the local dialect?

附录三　调查问卷一

本问卷主要想了解您在生活中语言使用的一些状况,请您如实问答,答案没有好坏对错之分。调查结果主要用于学术研究。非常感谢您的支持和配合!

1. 您的性别:〔单选题〕

A. 男

B. 女

2. 您的专业属于:〔单选题〕

A. 文科

B. 理科

C.工科

D. 其他(请填写):_____

3. 您的受教育程度是:〔单选题〕

A. 本科

B. 研究生及以上

4. 您的年龄是:〔单选题〕

A. 18—22 岁

B. 23—26 岁

C. 27—30 岁

5. 18 岁以前,您的常住地是:_____〔填空题〕

6. 您的常住地属于:〔单选题〕

A. 乡镇

B. 小城市

C. 中等城市

D. 大城市

E. 其他(请填写)：_____

7. 您是目前常住地的本地人吗？[单选题]

A. 是

B. 不是,请问您的家乡及家乡话是：_____

8. 您的常住地的方言是：[填空题]

_____

9. 您的父亲是常住地的本地人吗？[单选题]

A. 是

B. 否

10. 您的父亲会说什么话？[填空题]

_____

11. 您的母亲是常住地的本地人吗？[单选题]

A. 是

B. 否

12. 您的母亲会说什么话？[填空题]

_____

13. 您会说常住地的话吗？[多选题]

A. 会

B. 不会,原因是_____

备注：_____

14. 您现在会说哪些话？[多选题]

A. 普通话

B. 18 岁以前常住地的话

C. 家乡话

D. 英语

E. 其他方言(或少数民族语言),请填写：_____

F. 其他外语,请填写:_____

G. 我不会说家乡话,原因是_____

15. 您是什么时候开始学说以下这些话的?[矩阵多选题]

	7 岁及以前	8—18 岁	19—22 岁	23—30 岁	我没有学过	请填写
普通话						
家乡话						
常住地方言						
其他方言						
英语						
第二外语						
第三外语						
其他						

16. 请您对下列这些话的掌握情况打分:[矩阵多选题]

(1=听不懂也不会说;2=能听懂一部分,但基本不会说;3=能听得懂,但说得不熟练;4=比较流利,能基本交流;5=非常熟练,能流畅交流)

	1	2	3	4	5	请填写
普通话						
常住地方言						
家乡话						
其他方言						
英语						
第二外语						
第三外语						
其他						

17. 下列学会"说方言"的具体情况,您的选择是:[矩阵单选题]

(1=非常不符合;2=比较不符合;3=一般符合;4.比较符合;5=非常符合)

	1	2	3	4	5	备注
主要在和家里人的交流中学会						
主要是在学校里学会						
与家庭、学校外的人交流时学会						
通过网站、APP 或其他途径学会						

18. 下列学会"说普通话"的具体情况,您的选择是:[矩阵单选题]

（1＝非常不符合;2＝比较不符合;3＝一般符合;4.比较符合;5＝非常符合）

	1	2	3	4	5	备注
主要在和家里人的交流中学会						
主要是在学校里学会						
与家庭、学校外的人交流时学会						
通过网站、APP 或其他途径学会						

19. 下列学会"说外语"的具体情况,您的选择是:[矩阵单选题]

（1＝非常不符合;2＝比较不符合;3＝一般符合;4.比较符合;5＝非常符合）

	1	2	3	4	5	备注
主要在和家里人的交流中学会						
主要是在学校里学会						
与家庭、学校外的人交流时学会						
通过网站、APP 或其他途径学会						

20. 在下列情景中,请选择您倾向于使用哪种话与人交流[矩阵多选题]

	普通话	常住地方言/家乡话	少数民族语言	其他语言或汉语方言	备注
在 18 岁前的常住地与同学交流					
在 18 岁前的常住地与老师交流					
在 18 岁前的常住地与陌生人交流					
在 18 岁前的常住地与同辈交流					
在家乡与同学交流					
在家乡与老师交流					
在家乡与陌生人交流					
在家乡与同辈交流					
与父母交流					
与祖父辈交流					

21. 您觉得现在年轻人有必要学会自己的家乡话(或者常住地的方言吗)?[多选题]

A. 有必要,原因:_____

B. 没有必要,原因:_____

C. 其他看法:_____

22. 您认为当代年轻人有必要掌握哪些话? 原因分别是?[填空题]

_____

附录四　调查问卷二

本问卷主要想了解您在生活中语言使用的一些状况,请您如实问答,答案没有好坏对错之分。调查结果主要用于学术研究。非常感谢您的支持和配合!

1. 您的性别:［单选题］

A. 男　　　　　　　　B. 女

2. 您的年龄［单选题］

A. 35—45

B. 46—55

C. 56—65

D. 66—75

3. 您的学历［单选题］

A. 初中及以下

B. 高中及中专

C. 大学及大专

D. 硕士及以上

4. 您的职业［单选题］

A. 国家机关、党群组织、企事业单位负责人

B. 专业技术人员

C. 办事人员和有关人员

D. 商业、服务人员(含个体工商户)

E. 生产、运输设备操作及有关人员

F. 农、林、牧、渔、水利生产人员

G. 其他自由职业

5. 您爱人的年龄 [单选题]

A. 35—45 岁

B. 46—55 岁

C. 56—65 岁

D. 66—75 岁

6. 您爱人的学历 [单选题]

A. 初中及以下

B. 高中及中专

C. 大学及大专

D. 硕士及以上

7. 您爱人的职业 [单选题]

A. 国家机关、党群组织、企事业单位负责人

B. 专业技术人员

C. 办事人员和有关人员

D. 商业、服务人员(含个体工商户)

E. 生产、运输设备操作及有关人员

F. 农、林、牧、渔、水利生产人员

G. 其他自由职业

8. 您是本地人吗? [单选题]

A. 是

B. 否

9. 您的籍贯 [填空题]

___

10. 您会讲方言吗? [单选题]

A. 完全不会

B. 听懂但不会说

C. 听懂,能进行简单交流

D. 非常熟练

11. 是否会说其他话［多选题］

A. 普通话

B. 其他方言＿＿＿＿＿＿＿

12. 您爱人是南京本地人吗?［单选题］

A. 是

B. 否

13. 您爱人的籍贯［填空题］

___

14. 您爱人会讲南京话吗?［单选题］

A. 完全不会

B. 听懂但不会说

C. 听懂,能进行简单交流

D. 非常熟练

15. 是否会说其他话［多选题］

A. 普通话

B. 其他方言＿＿＿＿＿＿＿＿＿

16. 您居住的小区地段［单选题］

A. 市中心

B. 不是市中心,仍然在主城区

C. 郊区

D. 其他区域(请填写):＿＿＿＿＿＿＿＿

17. 您住所的社区环境［单选题］

A. 当地人为主

B. 外地人为主

C. 什么人都有

D. 其他(请填写):＿＿＿＿

18. 您孩子的性别［单选题］

A. 男

B. 女

19. 您孩子多大了 ［单选题］

A. 14 岁及以下

B. 15—25 岁

C. 26—35 岁

20. 您家现在几口人,都有谁? ［填空题］

_____

21. 孩子是谁带大的? ［填空题］

_____

22. 孩子会讲南京话吗? ［单选题］

A. 完全不会

B. 听懂但不会说

C. 听懂,能进行简单交流

D. 非常熟练

23. 是否会说其他话 ［多选题］

A. 普通话

B. 其他方言_____

24. 您工作时说什么话?

原因是_____。

25. 您爱人工作时说什么话?

原因是_____。

26. 在家里,您和爱人之间说什么话?

原因是_____。

27. 您和您爸爸说什么话?

原因是_____。

28. 您和您妈妈说什么话?

原因是_____。

29. 您在公共场所说什么话?

原因是_____。

30. 您在家里和孩子说什么话?

原因是_____。

31. 您在公共场所和孩子说什么话?

原因是_____。

32. 您是否刻意教过孩子方言?

A. 是。怎么教的? _____。

B. 否。为什么不教? _____。

33. 您是否刻意教过孩子普通话?

A. 是。怎么教的? _____。

B. 否。为什么不教? _____。

34. 您觉得你们的方言怎么样?

_____。

35. 您认为在某一个城市生活有必要学习那个城市的方言吗?

_____。

36. 您觉得将来还会有很多人说方言吗? 为什么?

_____。

37. 对待您孩子的下一代,您会选择教他说方言吗?

_____。

图书在版编目（CIP）数据

语言社会化与城市新生代语言传承 / 王玲著. 一南
京：南京大学出版社，2023.8
ISBN 978 - 7 - 305 - 27229 - 5

Ⅰ.①语… Ⅱ.①王… Ⅲ.①城市－社会语言学－研
究 Ⅳ.①H0 - 05

中国国家版本馆 CIP 数据核字（2023）第 155199 号

出版发行 南京大学出版社
社 址 南京市汉口路 22 号 邮 编 210093
出 版 人 王文军

YUYAN SHEHUIHUA YU CHENGSHI XINSHENGDAI YUYAN CHUANCHENG
书 名 **语言社会化与城市新生代语言传承**
著 者 王 玲
责任编辑 荣卫红 编辑热线 025 - 83685720

照 排 南京紫藤制版印务中心
印 刷 徐州绪权印刷有限公司
开 本 718 mm×1000 mm 1/16 印张 17 字数 252 千
版 次 2023 年 8 月第 1 版 2023 年 8 月第 1 次印刷
ISBN 978 - 7 - 305 - 27229 - 5
定 价 72.00 元

网 址:http://www.njupco.com
官方微博:http://weibo.com/njupco
官方微信:njupress
销售咨询热线:(025)83594756